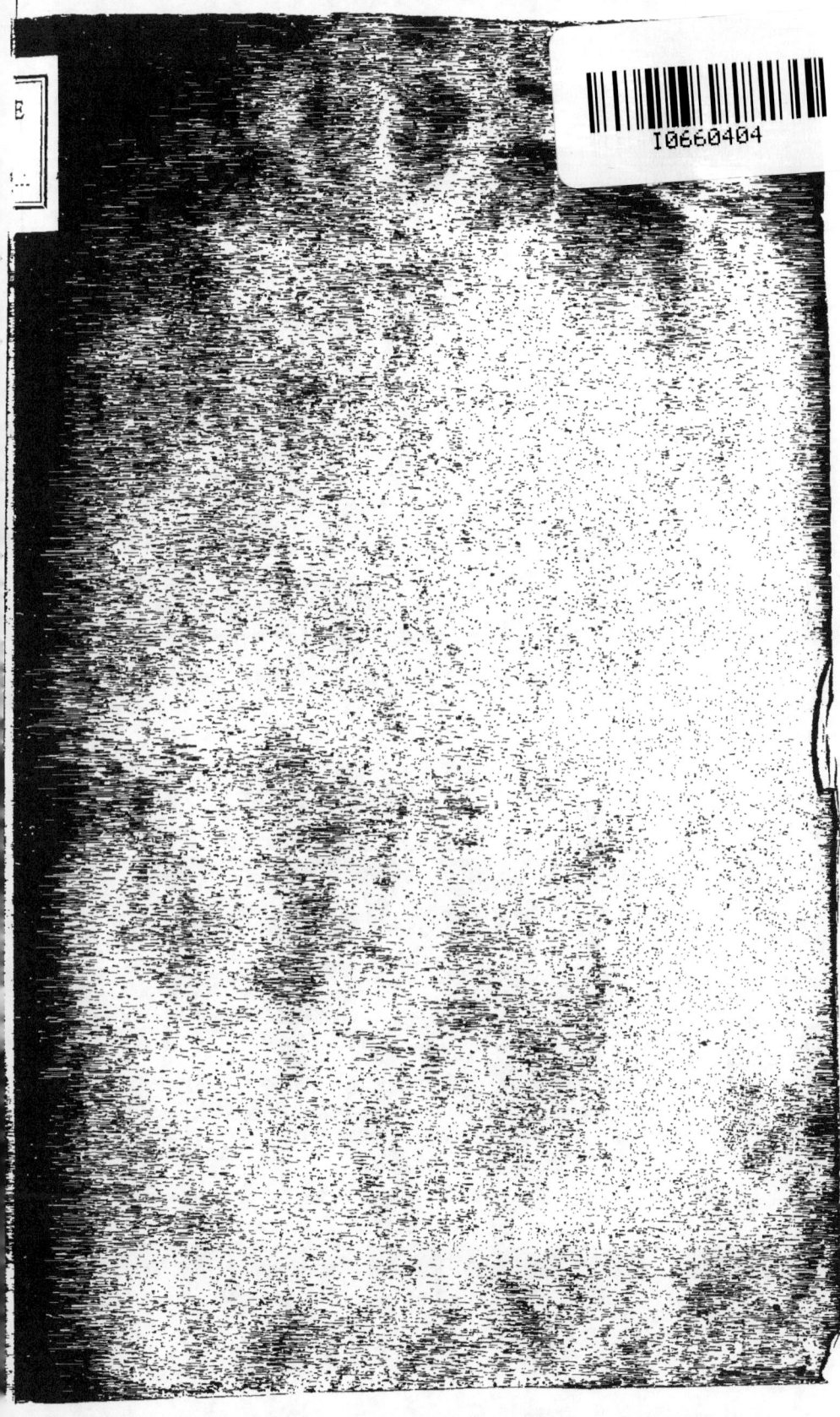

HISTOIRE ANCIENNE.

ON TROUVE A LA MÊME LIBRAIRIE.

COURS D'HISTOIRE ET DE GÉOGRAPHIE, à l'usage des élèves des **Collèges** et des **Aspirants au baccalauréat ès-lettres**, par MM. FÉ-LIX ANSART et AMBROISE RENDU fils, publié en 8 livraisons ou volumes, que l'on pourra toujours se procurer séparément, et qui comprennent chacun une portion complète du Cours. Chaque volume est précédé du Tableau des Questions renfermées dans le programme de l'Université, et suivi d'une table alphabétique de tous les noms cités dans le volume.

Les diverses matières dont se compose le Cours sont réparties entre les huit volumes de la manière suivante, savoir :

Tome I. — *Histoire* ANCIENNE, 2e édition.
Tome II. — *Histoire* ROMAINE.
Tome III. — *Histoire du* MOYEN AGE.
Tome IV. — *Histoire* MODERNE.
Tome V. — *Histoire de* FRANCE *pendant le* MOYEN AGE.
Tome VI. — *Histoire de* FRANCE *pendant les* TEMPS MODERNES.
Tome VII. — GÉOGRAPHIE HISTORIQUE, ANCIENNE, *du* MOYEN AGE *et des* TEMPS MODERNES.
Tome VIII. — GÉOGRAPHIE CONTEMPORAINE.
Prix de chaque volume in-12 de 350 à 400 pages, broché,   2 fr. 50 c.
Cartonné,   2 fr. 75 c.

COURS D'HISTOIRE ET DE GÉOGRAPHIE, publié par les mêmes auteurs pour l'usage des *Écoles Normales Primaires*, et rédigé d'après le programme arrêté pour cet enseignement par le Conseil Royal de l'Instruction publique. Ce Cours, adopté par l'Université pour les écoles normales et pour les bibliothèques des collèges, et moins développé que le précédent, se compose seulement de 4 vol. in-12 de 500 pages environ, entre lesquels les diverses matières de l'enseignement se trouvent réparties ainsi qu'il suit, savoir :

Tome I. — Histoire Ancienne et Histoire Romaine.
Tome II. — Histoire du Moyen Age et Histoire Moderne.
Tome III. — Histoire de France.
Tome IV. — Géographie Historique et Contemporaine.
— Prix de chaque volume in-12, broché,   1 fr. 50 c.
Cartonné,   1 fr. 75 c.

Ce Cours est accompagné d'un *Petit Atlas historique et géographique, autorisé par l'Université*, rédigé par M. ANSART, et divisé en 3 parties, savoir :

Ire partie. — *Petit Atlas* HISTORIQUE *Ancien*, correspondant au tome I et à la première partie du tome IV du Cours, et contenant les douze cartes les plus nécessaires pour l'intelligence de l'*Histoire Ancienne* et de l'*Histoire Romaine*.

IIe partie. — *Petit Atlas* HISTORIQUE *Moderne*, correspondant aux tomes II et III et à la deuxième partie du tome IV du Cours, et composé de douze cartes, dont quatre relatives à l'*Histoire du Moyen Age*, quatre à l'*Histoire Moderne*, et quatre à l'*Histoire de France*.

IIIe partie. — *Petit Atlas Moderne*, correspondant à la troisième partie du tome IV du Cours, et renfermant les quatorze cartes les plus nécessaires pour l'intelligence de la *Géographie actuelle* de toutes les parties du monde.
— Prix de chaque partie formant 1 vol. in-8°, cartonné avec soin, 2 fr. 50
Les trois parties réunies.   7 fr.

NOTA. Les personnes qui feront la demande de volumes détachés de l'un des Cours d'Histoire ci-dessus voudront bien avoir l'attention d'indiquer si ceux qu'elles désirent sont des volumes du COURS DES ECOLES NORMALES à 1 fr. 50, ou du COURS plus développé DES COLLÉGES, à 2 fr. 50 c. le vol.

Imprimerie de veuve Doudey-Dupré, rue Saint-Louis, 46, au Marais.

COURS
D'HISTOIRE ET DE GÉOGRAPHIE

RÉDIGÉ

POUR L'USAGE DES COLLÉGES

et des aspirants au baccalauréat ès-lettres,

ET D'APRÈS

le nouveau Programme arrêté pour cet enseignement par
le Conseil Royal de l'Instruction publique,

PAR

MM. Félix **ANSART** et Ambroise **RENDU** Fils.

Tome Premier.

HISTOIRE ANCIENNE,

PAR M. A. RENDU.

DEUXIÈME ÉDITION REVUE ET AUGMENTÉE.

PARIS.
LIBRAIRIE ECCLÉSIASTIQUE, CLASSIQUE, ÉLÉMENTAIRE,
DE ÉDOUARD TETU et Cie,
3, rue Jean-Jacques Rousseau.

1844
1843

OUVRAGES DE L. J. GEORGE,

SECRÉTAIRE DE L'ACADÉMIE DE BESANÇON.

1⁰ Ouvrages autorisés par le Conseil Royal de l'Instruction publique pour l'enseignement dans les colléges de l'Université.

COURS D'ARITHMÉTIQUE THÉORIQUE et PRATIQUE, rédigé pour l'usage des aspirants aux *grades de bacheliers ès-lettres* et *ès-sciences*, des Colléges, de la Marine, etc., etc.; 13ᵉ édition, 1844. Ouvrage autorisé par l'Université. 1 vol. in 8⁰, broc.   3 fr.

ÉLÉMENTS D'ALGÈBRE, rédigés à l'usage des aspirants au *grade de bachelier ès-lettres*, et aux écoles de Saint-Cyr, de la Marine, etc., 6ᵉ édition. 1844. Ouvrage autorisé par l'Université. 1 vol. in-8⁰, broché.   3 fr. 75 c.

2⁰ Sciences Mathématiques.

ARITHMÉTIQUE DES ÉCOLES PRIMAIRES en 45 leçons, in-8, broché.   1 fr. »

ARITHMÉTIQUE DES ÉCOLES NORMALES PRIMAIRES en 80 leçons, rédigée d'après le programme adopté par l'Université, renfermant les matières exigées pour obtenir le brevet élémentaire et le brevet supérieur. 1 vol. grand in-12, broché.   2 fr. »
   Cartonné.   2 fr. 25 c.

COURS DE GÉOMÉTRIE PRATIQUE, à l'usage des Colléges, des Cours Industriels et des Écoles Normales Primaires, 9ᵉ édit. 1 vol. in-8⁰, broc.   3 fr. 75 c.

RECUEIL DE PROBLÈMES NUMÉRICO-ALGÉBRIQUES, relatifs aux équations des deux premiers degrés, à l'usage des élèves, 3ᵉ édition. 1 vol. in-8⁰, broc.   3 fr.

3⁰ Sciences physiques.

COURS DE PHYSIQUE GÉNÉRALE, appliquée aux arts et à l'industrie, 4ᵉ édit. 1 vol. in-8⁰, broc.   3 fr. 50 c.

LEÇONS D'ASTRONOMIE PHYSIQUE, ou *Cosmographie élémentaire*, 3ᵉ édit. 1 vol. in-8⁰, broc.   3 fr. 50 c.

NOTIONS ÉLÉMENTAIRES DE PHYSIQUE, 3ᵉ édit. 1844, augmentée. 1 vol. in-12, broc.   2 fr.

Nota. Les figures ont été refaites avec soin et distribuées sur deux planches, conformément aux observations communiquées par M. le Ministre de l'Instruction publique.

NOTIONS ÉLÉMENTAIRES DE MÉCANIQUE. 1 v. in-8⁰. 1 fr. 50 c.

Ces deux derniers ouvrages sont indispensables aux Commissions d'examens, aux écoles Modèles, aux écoles supérieures primaires, et à tout instituteur qui désire obtenir un *brevet supérieur.*

Tout exemplaire non revêtu de la signature des éditeurs sera réputé contrefait.

AVERTISSEMENT.

Depuis que les études historiques ont reçu, dans tous les établissements d'instruction publique, le développement que mérite leur importance aujourd'hui universellement reconnue, cet enseignement a subi de grandes modifications, comme le prouvent les programmes si nombreux et si différents qui ont été successivement publiés par l'autorité universitaire. C'est qu'il ne suffit pas d'avoir posé en principe que l'histoire doit être enseignée dans nos écoles publiques. Il s'agit d'un objet d'instruction si vaste, qu'embrassant à la fois tous les temps et tous les lieux, il ne peut être présenté aux jeunes élèves que d'une manière incomplète et restreinte. Et c'est un problème difficile à résoudre que celui de trouver une méthode qui, dans le choix à faire au milieu d'un nombre infini d'événements, sacrifie le moins utile, et réserve l'essentiel, qui élague les détails superflus pour ne s'attacher qu'aux ensembles, sans toutefois les dépouiller de ces traits particuliers qui leur donnent à la fois et leur caractère, et leur couleur, et leur intérêt spécial. Le temps et l'expérience pouvaient seuls amener la solution de cette grave difficulté. L'Université l'a compris, et elle n'a pas reculé devant les inconvénients réels qu'entraînent de fréquentes variations

pas dû oublier que le programme destiné à être le
sommaire de tout l'enseignement historique et géographique dans les colléges était, plus spécialement,
l'exposé de toutes les matières de l'examen du Baccalauréat. Sans rien omettre de ce qu'il fallait faire
connaître aux élèves pour les mettre en état de
subir cette épreuve, qui doit être la pierre de touche
des bonnes études, nous n'avons pas pensé que l'enseignement complet des colléges pût être toujours
strictement emprisonné dans le cercle des questions
qui font le sujet de cet examen terminal. Nous
avons donc cherché, avant tout, à éviter le reproche
de réduire cet enseignement à ce qui n'en doit être
en réalité que le résumé. Nous n'avons pas voulu
que notre livre fût purement et simplement un
Memento ou un Manuel à l'usage des aspirants au
Baccalauréat. C'est pourquoi nous ne nous sommes
pas fait scrupule de combler quelques lacunes, et
d'insister plus particulièrement sur quelques questions qu'on peut négliger dans un examen général,
mais qu'on ne saurait omettre dans un enseignement spécial, aussi étendu que l'est celui des colléges.
Ainsi nous avons cru devoir ajouter à la partie
géographique quelques chapitres destinés à faire
connaître la géographie historique des temps modernes.

Une modification beaucoup plus importante encore se rapporte à l'*Histoire de France*, qui n'est
envisagée dans le programme universitaire que
comme une des sections de l'histoire générale du
moyen âge et des temps modernes. Les dimensions

étroites d'un programme et la nécessité d'y éviter des répétitions l'exigeaient sans doute ainsi. Pour nous, composant un cours complet d'histoire, nous avons dû songer que la France n'est pas seulement un des états les plus importants du monde, mais que c'est la patrie, et qu'à ce titre son histoire doit être aussi pour un Français l'objet d'une étude toute spéciale. L'Université, en réservant pour l'année de rhétorique le cours d'histoire de France, nous a indiqué la marche que nous avions à suivre. Il fallait qu'une des parties de notre Cours s'adaptât spécialement à l'enseignement de l'histoire nationale en rhétorique, et que cette partie reçût des développements proportionnés à l'importance du sujet. Aussi lui avons-nous consacré deux volumes. Mais, par crainte de redites inutiles, nous nous sommes bornés, en traitant en général l'histoire du moyen âge et celle des temps modernes, à faire bien saisir les rapports de la France avec le reste du monde, et à faire apprécier l'immense influence qu'elle a dans tous les temps exercée sur les destinées et la civilisation des autres États. Dans la partie du Cours où cette histoire est traitée avec plus de suite et avec plus de développements, nous nous appliquons surtout à faire connaître les institutions qui ont assuré à notre patrie cette glorieuse influence.

Pour rendre cet ouvrage d'un usage plus commode, nous avons eu soin d'y joindre, comme nous l'avions fait pour le Cours des Écoles normales, des *tableaux synchroniques* qui rapprochent et présentent à la fois les faits simultanés dans l'ordre des temps , que le récit historique avait dû nécessairement séparer. Nous avons terminé tous les volumes par des *tables alphabétiques*, tant *historiques* que *géographiques*, à l'aide desquelles les recherches deviendront d'une grande facilité, même pour l'élève le moins familiarisé avec ces matières. Nous avons cru aussi qu'il ne serait pas sans utilité de placer en tête de chaque chapitre un sommaire de ce qu'il contient. Ce sommaire, qui sera pour ainsi dire le canevas de la leçon du professeur, aidera les élèves à se rappeler et à rédiger avec ordre et méthode les détails que le maître leur aura présentés de vive voix. Les questions qui dans chaque époque nous ont paru mériter des développements particuliers sont imprimées en *caractères italiques*. Enfin on trouvera à la fin de tous les chapitres l'indication des ouvrages qu'on peut consulter avec le plus de fruit. — A ces ouvrages on pourra joindre utilement, surtout pour les détails biographiques relatifs à tous les personnages qui ont joué un rôle important aux diverses époques de l'histoire, l'excellent *Dictionnaire universel d'histoire et de géographie* de M. BOUILLET, livre que son mérite, l'extrême commodité dont il est pour toutes les recherches et l'adoption universitaire ont déjà rendu tout à fait classique.

QUESTIONS D'HISTOIRE ANCIENNE.

PROLÉGOMÈNES.

HISTOIRE ANCIENNE.

PROLÉGOMÈNES.

DE L'HISTOIRE EN GÉNÉRAL. — DIVISIONS DE L'HISTOIRE
UNIVERSELLE.

SOMMAIRE.

§ I. DÉFINITION DE L'HISTOIRE, SON OBJET.

L'histoire est la science des faits. Elle a pour but non-
seulement de les faire connaître en eux-mêmes, mais d'en
donner l'explication, en recherchant les causes qui les ont
produits, et les conséquences qui en sont résultées.
Bornée à la simple exposition des événements, l'histoire
perdrait à la fois son plus grand intérêt et sa plus réelle
utilité ; car les faits n'arrivent pas isolément en ce monde,
mais ils se suivent et s'enchaînent, se complètent et se développent les uns par les autres. Il faut faire apercevoir ces
liens, ces rapports multipliés qui forment un tout et un ensemble ; et c'est ainsi seulement que l'historien peut donner
à ses récits cette unité qui doit en être un des principaux
caractères. L'histoire, selon la belle définition de Cicéron,
doit être *la mémoire du passé et la leçon de l'avenir* ;
c'est-à-dire que, dans les grands événements par lesquels
se révèlent les desseins de la Providence sur l'humanité,

1

2 HISTOIRE GÉNÉRALE.

elle doit s'efforcer de découvrir les enseignements qui y
sont renfermés, les lois qui ont gouverné les temps passés
et qui s'appliqueront aussi à l'avenir, les principes de
bien ou de mal qui ont exercé sur les différents peuples
une influence heureuse ou funeste.

Pour atteindre ce but général des études historiques, il
faut savoir saisir les grandes divisions, apprécier les
résultats d'une réelle importance; tout en évitant un
double écueil « ou de s'engager dans une philosophie
» de l'histoire qui dégénérerait en notions systématiques
» parmi lesquelles les faits réels ne seraient plus recon-
» naissables, ou de se réduire à un enseignement minu-
» tieux qui accumulerait les faits sans ordre et sans lu-
» mière, et s'adresserait à la mémoire bien plus qu'à l'in-
» telligence (1). »

§ II. GRANDES DIVISIONS ET PÉRIODES LES PLUS REMARQUABLES
DE L'HISTOIRE UNIVERSELLE.

On est convenu de partager l'histoire universelle, c'est-
à-dire les annales de tous les peuples, en trois grandes
divisions :

1° L'*histoire ancienne*, qui commence avec le monde
(4963 ans avant J.-C.), et se termine à la grande invasion
des Barbares dans l'empire romain. Dans l'histoire ancienne sont comprises l'*histoire sainte*, ou histoire du
peuple juif, et l'*histoire romaine*. Nous emprunterons
sans réserve à l'histoire sainte les explications que seule
elle donne d'une manière certaine sur l'origine et les premiers âges du monde. Pour les autres époques, nous la
considérerons moins en elle-même que dans ses rapports
avec l'histoire générale. L'histoire romaine forme le complément nécessaire de l'histoire ancienne, dont elle ren-
ferme le dénouement; elle ne saurait donc être présentée

(1) Circulaire de M. le ministre de l'instruction publique.

comme formant une partie isolée de l'histoire du monde ancien ; mais elle doit y occuper une place proportionnée à son importance ;

2° L'*histoire du moyen âge*, qui embrasse la série des temps écoulés depuis la grande invasion jusqu'à la prise de Constantinople et la destruction de l'empire d'Occident (1453 ans après J.-C.) ;

3° L'*histoire moderne*, qui commence à la prise de Constantinople, et que l'on borne en général parmi nous à l'époque de la révolution française (1789). Les événements postérieurs, dont se compose l'histoire contemporaine, ne sont pas compris dans l'enseignement, et avec raison ; ils sont trop près de nous pour être bien appréciés, et ils se rattachent à une action puissante, dont tous les effets ne se sont point encore produits.

Pour coordonner les faits innombrables qui se sont succédé dans ces grandes périodes et en faciliter l'étude, les historiens ont établi des divisions secondaires.

Leurs classifications se fondent sur deux principes différents. On peut chercher dans l'histoire ces événements considérables, dont les résultats se font sentir pendant de longues années sur une grande partie de la terre, et former une époque de tout l'espace de temps qui reçoit de l'influence de l'un de ces faits un caractère spécial : telle est la *méthode synchronique*. On peut au contraire envisager les nations isolément, les suivre depuis leur origine jusqu'à leur fin, et présenter ainsi l'une après l'autre l'histoire spéciale de chaque état ; c'est en cela que consiste la *méthode ethnographique*. La première est sans doute la plus rationnelle ; mais il est difficile de trouver des faits qui aient réellement une assez vaste portée pour agir sur tout l'univers à la fois, et apporter simultanément quelques modifications considérables dans les destinées de tous les peuples. Il est donc à peu près impossible qu'un système ainsi conçu ne violente pas les événements, pour les plier à une classification nécessairement arbitraire. La méthode ethnographique est beaucoup plus aisée à suivre ;

mais en isolant les nations qui ont des destinées communes, en éloignant celles que les temps ont unies, en séparant les faits accomplis dans telle partie du monde des résultats qu'ils ont produits dans une autre, elle enlève à la science historique sa vérité et ses principales ressources, elle altère la physionomie des événements pour ne pouvoir les présenter dans leur ensemble. Ce n'est qu'en combinant ces deux méthodes, en les complétant l'une par l'autre, qu'on peut former un système historique satisfaisant pour la raison, et en même temps conforme à la réalité. Telle est l'idée sur laquelle se fondent les divisions suivantes.

I. De la création au déluge (4963-3308). — C'est l'histoire de l'origine du genre humain et de l'existence des hommes, alors qu'ils étaient groupés, non point en corps de nations, mais en familles, ne reconnaissant sur la terre d'autre autorité que le pouvoir paternel, n'ayant d'autre loi positive que la loi donnée directement par Dieu à notre premier père.

II. Asie et Afrique depuis le déluge jusqu'au moment de la plus grande puissance de l'empire des Perses (3308-500). — Après la catastrophe qui termine la première période, la race de Noé repeuple la terre; les hommes se multiplient, et sont forcés de se séparer. Chaque famille suit son chef, et l'autorité de ce chef devient l'autorité d'un roi, quand la famille développée et agrandie est devenue une société. Dans l'Asie et dans l'Égypte, que les anciens rattachaient à l'Asie, se forment les premières grandes sociétés, les premiers empires; des lois régulières deviennent indispensables pour maintenir l'ordre parmi ces réunions d'hommes de plus en plus nombreuses: les premières législations apparaissent peu à peu: la plus ancienne et la plus parfaite est la loi des Hébreux dictée par Dieu même à Moïse.

L'Orient, pendant de longs siècles, présente un aspect à peu près uniforme, malgré plusieurs révolutions. Quel-

ques vastes dominations se partagent l'Asie et l'Afrique.
Le sceptre passe des rois de Babylone à ceux de Ninive,
de ceux de Ninive à ceux de Babylone, de ces derniers au
chef des Perses, sans que l'on remarque de changements
importants dans la nature et la forme des gouvernements,
fondés sur l'asservissement des sujets et le despotisme
absolu des souverains. Seulement, de siècle en siècle, les
diverses contrées de l'Orient tendent à se réunir sous une
même domination, et à la fin de la période, la Lydie, l'Égypte
elle-même sont soumises à l'empire des Perses, dont la Judée
ne se distingue plus. Cependant aux extrémités de l'Asie
subsistent, pour toute la suite des temps, les royaumes de la
Chine et de l'Inde, trop isolés des autres peuples pour que
leur histoire prenne dans l'enseignement une place spéciale.

III. EUROPE PENDANT LA MÊME PÉRIODE. — Cette
période est celle de la constitution des premières nations
occidentales : les anciens états de Grèce, d'Italie, d'Espagne et de Gaule d'abord, Carthage ensuite, et enfin Rome.
Tout différent du monde oriental, le monde occidental se
fractionne et se morcelle. L'image la plus frappante de
cette extrême division des nations européennes est offerte
par la Grèce, dont les diverses cités, affermies par de sages législations, étendues par les colonies, fortifiées par des
luttes fréquentes, ornées de l'éclat de la civilisation, parviennent à la fin de cette époque à un haut degré de puissance et de gloire.

IV. LUTTE DES GRECS CONTRE LES PERSES JUS-
QU'AUX CONQUÊTES D'ALEXANDRE (500-323). — Les
conséquences des événements accomplis séparément en
Grèce et en Asie, pendant la période qui précède, se développent dans celle-ci ; les nations de l'Orient et de l'Occident sont en présence, et leur rapprochement rend plus
manifestes la diversité et le contraste de leur caractère et
de leur physionomie. En Asie, les peuples habitués à passer d'une domination à l'autre, comme un troupeau

chassé par la verge du pasteur, n'ont que la soumission
des esclaves ; ils n'ont ni patriotisme ni énergie. En
Grèce, de fortes institutions, des combats perpétuels ont
affermi les courages, exalté, par le péril, l'amour de la liberté et de la patrie. Athènes et Sparte ouvrent avec avantage la lutte contre le colossal empire des Perses. Mais malgré
ces glorieux commencements, les divisions des Grecs, les
rivalités qui les arment sans cesse les uns contre les autres,
empêchent le triomphe décisif de l'Occident sur l'Orient.
Il est réservé à Philippe et à Alexandre, en ralliant la Grèce
à la Macédoine, en fondant l'unité de toute la péninsule, de
constituer la puissance qui renversera l'empire de Cyrus.

**V. La Grèce, l'Asie et l'Afrique, depuis
Alexandre jusqu'à la conquête romaine.** —
Alexandre, en mêlant les nations d'Europe, d'Asie et d'Afrique, a détruit l'unité du monde oriental et a changé son
antique immobilité en une agitation universelle. A la mort du
conquérant, l'Asie se morcelle pour la première fois. Mais
l'énergie manque toujours à ces nations renouvelées. Les
royaumes d'Égypte, de Syrie, de Bactriane, de Pont,
élevés et soutenus un instant par le génie de quelques
hommes, ne tardent pas à tomber en décadence : la soumission générale de l'Orient se prépare. La Grèce est
déchue elle-même du haut rang qu'elle a occupé. L'époque se termine par la réunion successive de tous les peuples sous la domination romaine.

Deux périodes, parallèles, pour ainsi dire, aux précé-
dentes, sont remplies par les événements de l'histoire des
Romains, isolés longtemps des autres nations.

**VI. De la fondation de Rome a la première
guerre Punique (754-264).** — Cette époque est mar-
quée par l'établissement de la puissance romaine en Italie.
Rome, plus faible à son origine que tous les peuples qui
l'avoisinent, est bientôt placée à leur tête par l'habile poli-

tique de ses premiers chefs. Arrêtée tout à coup dans ses
progrès par la révolution qui renverse les rois, par les
désastres de l'invasion gauloise, Rome tend opiniâtrément à
son but, qu'elle atteint enfin après cinq cents ans de luttes et d'efforts. Pendant cette même période, la constitution intérieure s'élabore et s'achève. La forme républicaine
se substitue à la forme monarchique, sans que ce changement altère les éléments principaux du gouvernement,
d'abord exclusivement aristocratique, jusqu'à ce que l'é-
galité introduite dans les lois, la création d'une magistra-
ture destinée à défendre les intérêts du peuple, enfin
l'admission de tous les citoyens à toutes les dignités, aient
rétabli l'équilibre entre les ordres de l'état. L'époque se
termine par la fin de la double lutte extérieure et intérieure, lutte de Rome contre les peuples d'Italie, lutte
des plébéiens contre les patriciens.

**VII. De la première guerre Punique a l'éta-
blissement de l'empire (264-30).** — C'est la brillante
période où Rome, de conquête en conquête, étend sa domination sur la plupart des peuples connus. Modifiée
elle-même dans ses mœurs publiques et privées par les nations qu'elle a soumises, si elle se polit au contact d'une
civilisation plus avancée, elle se corrompt par la contagion
de tous les vices. A l'intérieur, la lutte politique des deux
ordres a cessé ; les tentatives infructueuse des Gracques
prouvent l'impuissance du parti populaire et national ; les
ambitions particulières, au contraire, triomphent au milieu
du soulèvement de toutes les passions, et l'anarchie des
derniers temps prépare, par la lassitude générale, la soumission au pouvoir absolu d'un seul.

**VIII. De l'avénement d'Auguste et la nais-
sance de Jésus-Christ, a la division de l'empire
après Théodose (29 av. J.-C.-395 ap. J.-C.).** — Le
vaste empire romain subsiste dans tout son éclat pendant

un siècle; mais la destruction de tous les pouvoirs légaux par la tyrannie des princes, livre le monde Romain à l'empire de la force et de la violence. Le despotisme militaire se fortifie peu à peu, luttant d'abord avec l'autorité du sénat et des lois, bientôt seul souverain ; jusqu'à ce que, affaibli par ses excès même, le règne des soldats cesse pour faire place à un ordre de succession régulière. Mais la division du gouvernement, établie par Dioclétien pour assurer la défense des provinces, prépare la division de l'empire lui-même, et Constantin, en voulant anéantir à jamais l'influence militaire, dégarnit les frontières et les prive de leurs défenseurs. L'empire ne se maintient plus que par son imposante grandeur, soutenue encore un instant par le génie de Théodose. Une foule de peuples barbares se sont réunis sur les confins de ses provinces, qu'ils harcèlent sans cesse, et qu'ils vont bouleverser tout à coup après la mort de Théodose.

Cette époque de la décadence de la vieille société romaine voit naître et grandir, au milieu des obstacles et des persécutions, une société divine, l'Église de Jésus-Christ, qui doit régénérer les peuples, et élever sur des principes de vie un monde nouveau à la place du monde ancien, frappé de mort avec le paganisme vaincu. Après une lutte de trois siècles, le christianisme triomphant est assis sur le trône impérial.

IX. Du partage définitif de l'empire a Charlemagne (395-800). — C'est l'époque des invasions barbares, de la transformation de l'univers par une révolution générale dans les gouvernements, les lois et les mœurs. A peine la division définitive de l'empire en a-t-elle révélé l'affaiblissement et la décadence, qu'il devient la proie d'une foule de peuples barbares. Ces nations nouvelles, précipitées au sein du monde romain où elles introduisent avec elles des institutions inconnues jusqu'alors, sont adoucies et façonnées elles-mêmes par le christianisme. Dans l'Espagne, les Gaules, l'Italie, l'Afrique, de jeunes empires s'élèvent. Celui d'Occident tombe dans ce grand ébranlement. L'empire d'Orient reste seul debout, mais il s'efforce en vain de reprendre au dehors le sceptre qui lui échappe. Bientôt un terrible coup le frappe. Le mahométisme, issu de l'Arabie, s'élance le sabre à la main, imposant ses dogmes et ses lois à l'Asie, à l'Afrique, à l'Espagne même, arrachant au christianisme les lieux qui furent son berceau, et menaçant de replonger l'univers dans la barbarie. L'Asie est détachée de l'empire d'Orient. L'Occident est attaqué ensuite ; mais l'effort du mahométisme se brise contre la résistance de la race franque et germanique, qui a pris la suprématie en Europe. Le petit-fils du vainqueur des Sarrasins, Charlemagne arrête le mouvement des peuples du Nord et de l'Orient, par son triomphe sur les Saxons et les Huns. L'empire d'Occident, que les invasions ont renversé au commencement de la période, se relève à la fin pour marquer le terme du bouleversement des nations.

X. De Charlemagne a Grégoire vii (800-1073).— L'empire de Charlemagne se dissout après ce grand homme, et se divise en plusieurs états, bientôt fractionnés eux-mêmes en une foule de principautés particulières. Le règne de la féodalité commence en Europe. Le pouvoir royal, au lieu de s'étendre sur toute la nation, voit les principaux seigneurs s'affranchir de toute dépendance, et ne se maintient plus guère que sur quelques domaines particuliers. Le souverain n'est presque plus qu'un simple suzerain. L'autorité royale subsiste pourtant encore en Allemagne sous Otton le Grand, tandis qu'il semble anéanti chez les autres nations de l'Europe Occidentale. Mais la victoire de la féodalité parmi les peuples Germaniques, pour être retardée, n'en est que plus complète. Les invasions de quelques tribus du Nord, les Northmans, achèvent le morcellement général de l'Europe. L'unité de la domination musulmane elle-même est rompue, et sa division prépare sa décadence.

XI. De Grégoire vii a Boniface viii. Influence

1.

PONTIFICALE (1073-1294). — Un immense besoin d'u-
nité se fait sentir au milieu de ces crises et de ces déchirements. Un seul pouvoir, régulier, invariable, existe dans
le monde : c'est le pouvoir des papes. Appelés par les événements à reconstituer l'Europe, à organiser la société
nouvelle, les papes obtiennent une influence universelle
par les services qu'ils rendent au monde chrétien, et domi-
nent peu à peu dans l'ordre politique, ainsi que dans l'ordre
spirituel. Ils sont invoqués comme arbitres par les rois,
par les peuples comme protecteurs de leurs droits et de
leur liberté. L'action du saint-siége se fait sentir surtout
par les croisades, cette grande manifestation de l'enthousiasme religieux, de l'ardente foi du moyen âge. En politique, les résultats des croisades sont immenses. Elles
affermissent le pouvoir royal et affaiblissent la féodalité, en
ramenant l'unité dans les nations, dont elles réunissent
toutes les populations sous le même étendard, en rétablissant
parmi elles les liens de subordination, en favorisant le
développement et l'affranchissement des communes.

**XII. De Boniface viii a la prise de Constanti-
nople par les Turks (1294-1453).** — Dès que l'autorité
des souverains renaît parmi les peuples, la puissance tempo-
relle échappe aux mains du prince de l'Église. La royauté
triomphe dans toute l'Europe. La décadence de la domination musulmane continue en Espagne ; mais le mahométisme regagne à l'orient ce qu'il perd à l'occident. La
puissance des Turks ottomans grandit et renverse, après
une longue lutte, le faible empire d'Orient.

La prise de Constantinople, qui termine l'histoire du
moyen âge, est le dernier résultat des invasions barbares.
La conquête des Turks a introduit la dernière de ces tribus étrangères, qui prendront place parmi les nations de
l'Europe moderne.

XIII. De la prise de Constantinople a la paix

DE WESTPHALIE (1453-1648). — Les derniers temps du moyen âge ont été signalés par un mouvement remarquable vers la civilisation et les lumières, depuis que l'ordre et la paix ont commencé à se rétablir parmi les peuples. L'Italie marche dans cette voie à la tête de toute l'Europe. La dispersion des savants de la Grèce, après la prise de Constantinople, et bientôt après de grandes et fécondes découvertes, donnent à cette *renaissance* des lettres, des sciences, des arts, une impulsion nouvelle. Mais le progrès est tout à coup compromis par la *réforme*, qui jette partout des germes de division, et ramène sous le prétexte religieux toutes les rivalités politiques. Les princes de la maison d'Autriche, en se déclarant les champions du catholicisme, s'efforcent d'arriver à la monarchie universelle; tandis que les princes protestants, en se donnant pour les défenseurs de la liberté des religions, parviennent à détruire l'unité de l'empire Germanique. Le mahométisme veut profiter de ces grandes querelles pour tenter un dernier effort; mais la bataille de Lépante lui porte un coup fatal. Toutes les contrées de l'Europe centrale continuent à être successivement le théâtre des luttes entre les catholiques et les protestants. La guerre de trente ans, dernier épisode de ce drame terrible, se termine par la paix de Westphalie, qui, au lieu de l'arbitrage qu'ont jadis exercé les papes pendant le moyen âge, fonde en Europe le système d'équilibre.

XIV. DE LA PAIX DE WESTPHALIE A LA RÉVOLUTION FRANÇAISE (1648-1789). — La paix de Westphalie a réglé définitivement l'état de l'Europe moderne. L'établissement du système d'équilibre empêche la France, triomphante sous Louis XIV, de parvenir à une domination universelle. Mais il est loin encore de produire tous les heureux résultats qu'il a semblé promettre. Dès le siècle suivant, il est impuissant à prévenir une série de guerres injustes qui ensanglantent le centre de l'Europe, à contenir le développement rapide de la puissance russe, qui assure sa prépondérance dans le nord par l'anéantissement de la nationalité polonaise. C'est alors que le principe de libre discussion exalté par la réforme, les idées exagérées d'égalité nées des excès de l'influence aristocratique, sont exploités par le philosophisme, qui, au lieu de se borner à combattre des abus réels, attaque et la foi et les mœurs, ébranle toutes les bases de la religion et de la société, et prépare les crises terribles qui marquent la fin du dix-huitième siècle.

HISTOIRE ANCIENNE.

CHAPITRE PRÉLIMINAIRE.

ÉNUMÉRATION DES DIFFÉRENTS PEUPLES. — LEUR IMPORTANCE RESPECTIVE.

SOMMAIRE.

§ Ier. Étendue de l'histoire ancienne. — Énumération des divers états dans l'ordre géographique et synchronique. En Afrique : Égyptiens, Carthaginois. En Asie : Chinois, Indiens ; Babylone, Ninive ; Phénicie , Phrygie , Troie, Lydie; Israélites, Syriens, Arabes. Premier et deuxième empire d'Assyrie ; Médie, Perse, Syrie, Arménie, Pont, Bactriane, Parthiène, etc. En Europe : Grèce, Macédoine ; Thraces, Illyriens, Germains, Gaulois, Espagnols, Bretons, etc.; Romains.

§ II. Importance respective des divers états. Domination successive des Assyriens et des Perses. Importance toute spéciale de la Judée. Influence commerciale de la Phénicie, de Carthage. L'Égypte centre de civilisation et de science. Morcellement de l'occident en face de l'unité des dominations orientales. Prépondérance de la Macédoine. Division de l'empire macédonien. Puissance éphémère du Pont. Accroissement progressif de l'empire romain, qui s'élève sur les ruines de tous les autres états. Situation de la Parthiène vis-à-vis l'empire romain.

§ I. ÉTENDUE DE L'HISTOIRE ANCIENNE. — ÉNUMÉRATION DES DIVERS ÉTATS, SURTOUT DES GRANDS EMPIRES , DANS LEUR ORDRE GÉOGRAPHIQUE ET CHRONOLOGIQUE.

L'histoire ancienne, qui comprend, comme nous l'avons dit , les cinquante-trois siècles écoulés depuis la création jusqu'à la division de l'empire Romain (4963-395 ap. J. C.), se compose des annales d'une multitude d'états divers , qui se sont succédé pendant cette vaste période , après avoir apparu avec plus ou moins d'éclat , après avoir subsisté pendant un temps plus ou moins long.

Dans la partie septentrionale de l'AFRIQUE , la seule connue dans ces temps anciens, nous trouvons : à l'Est le peuple *Égyptien*, dont nous retracerons l'histoire depuis les temps les plus reculés jusqu'à l'époque de la ré-

duction de l'Égypte en province Romaine, l'an 30 avant
J.-C. ; et vers l'Occident la république de *Carthage*, dont
l'existence bien plus courte a commencé l'an 860, et se termine en 146 avant J. C. Nous ne nous occuperons des nations secondaires, telles que celles des *Éthiopiens*, des
Numides, que dans leurs rapports avec les principaux états.

L'ASIE, berceau du genre humain, voit la première se
constituer de vastes et puissantes dominations. Sans parler
de la *Chine* et de l'*Inde*, qui, malgré leur immensité, restent à peu près étrangères aux événements principaux de
l'Asie, ni de la nation des *Scythes*, qui, répandue dans les
plaines immenses de l'Asie septentrionale, n'eut jamais
d'organisation régulière ; les empires de *Babylone* et de
Ninive, d'abord divisés, puis réunis (2690-759), embras-
sent toute l'Asie centrale ; la *Phénicie* (2760), l'ancien
empire de *Phrygie*, les royaumes de *Troie* (1614) et de
Lydie (1579) occupent la partie occidentale de l'Asie,
entre le mont Taurus et la mer Égée ; tandis que les
Israélites sortis d'Égypte (1645) s'établissent et se main-
tiennent au milieu des peuples de la *Syrie*, des tribus de
l'*Arabie*, près des rivages de la Méditerranée et de la mer
Rouge. Le second empire d'*Assyrie* se forme des débris
du premier (759), en même temps que la *Médie* et la
Perse se constituent vers le Nord ; ces deux états restent
isolés jusqu'à ce que Cyrus soumette l'Asie presque entière
à l'empire des Perses. A cette puissance succède l'empire
Macédonien, dont les parties, imparfaitement unies entre
elles par Alexandre, se séparent à sa mort (323), et forment un grand nombre de nouveaux royaumes, bientôt
subdivisés eux-mêmes : la *Syrie*, des rives de l'Euphrate
et du Tigre à la Méditerranée, l'*Arménie*, le *Pont*, la
Cappadoce, la *Bithynie*, dans l'Asie mineure, la *Bactriane*, la *Parthiène*, dans l'Asie supérieure.

En EUROPE, une foule de colonies africaines et asiatiques peuplent la *Grèce*, où plusieurs républiques, surtout
celles de *Sparte* et d'*Athènes*, subsistent avec éclat à l'o-
rient de l'Europe, où grandit tout à coup l'empire de

Macédoine. Les *Thraces*, les *Illyriens*, au nord de la
Grèce, les *Germains* sur les bords du Danube et du Rhin,
les *Gaulois*, les *Espagnols*, les *Bretons*, au delà du détroit qui les sépare du continent, se partagent l'Europe
centrale et occidentale. Les *Romains* (1), appelés à dominer
toutes ces nations diverses, ont apparu en 754 au nombre
des plus faibles peuplades de l'Italie. (Voir, pour compléter
cette énumération des peuples anciens et déterminer leur
position respective, notre Géographie ancienne, 7ᵉ vol.
de ce cours.)

§ II. IMPORTANCE RESPECTIVE DES DIVERS ÉTATS DANS L'HISTOIRE
ANCIENNE.

Les peuples de l'Orient et ceux de l'Occident subsistèrent longtemps séparés sans communication directe des
uns avec les autres. Ils n'étaient guère en contact que par
leurs colonies avant les guerres médiques et la conquête
d'Alexandre, qui seule renversa entièrement les barrières
qui les séparaient.

La fondation de l'empire d'Assyrie, qui assujettit tant
de nations asiatiques au même joug, établit entre elles,
par la force et le despotisme, une union qui fut à peine
troublée pendant plusieurs siècles ; ce long asservissement
détermina le caractère et les mœurs de ces populations ;
et désormais toute la partie centrale conserva, à travers
toutes les révolutions, sa mollesse et sa voluptueuse apathie. Dans des temps reculés, les Arabes avaient bouleversé
l'Asie et l'Égypte ; mais le passage de ces rapides conquérants laissa peu de traces dans ces contrées. La puissance
des Perses elle-même, qui fut la plus forte de toutes les
puissances asiatiques dans l'ancien monde, s'altéra par l'influence même des nations qu'elle vainquit ; et l'Asie centrale, sous le dernier successeur de Cyrus, était encore ce
qu'elle avait été sous les héritiers de Sémiramis. Au milieu

(1) Le deuxième volume de ce Cours est consacré à l'histoire
romaine.

des nations de l'Asie occidentale, les Juifs, sans parler de la mission toute spéciale qu'ils avaient reçue de Dieu, eurent la prépondérance sous David et Salomon. Mais ils se renfermèrent dans leurs limites comme tous les peuples de Syrie et d'Asie Mineure, où la Phrygie autrefois, puis la Lydie avaient occupé le premier rang. Sur les bords de la Méditerranée, un des états les plus faibles et les plus petits, a joué cependant un rôle plus important peut-être que tous les autres. La Phénicie, multipliant partout ses colonies, envoyant ses flottes visiter tous les rivages, propageant de tous côtés les utiles découvertes, fut longtemps le lien commun de l'Asie, de l'Afrique et de l'Europe. La grande colonie de Tyr, Carthage, eut une importance commerciale non moins grande que la Phénicie ; elle fut en outre une des premières dominations continentales de l'Occident.

L'Égypte, placée entre les deux mondes, d'ailleurs bien plus étendue que la Phénicie, exerça comme elle à l'extérieur une action profonde. Si ses guerres et ses invasions en Asie eurent peu de résultats, elle fut pour tout le monde ancien un centre de civilisation et de science.

L'Occident n'offrait à la même époque aucune domination semblable à celles qui se partageaient l'Orient.

Une foule de nations barbares se disputaient l'Europe. Seule civilisée à une époque reculée, la Grèce guerrière et commerçante, forte par les ressources que plusieurs cités tiraient de leur marine, ardente pour toutes les grandes entreprises, se préparait à la destinée si brillante et si haute qu'elle devait remplir. Pendant longtemps la Grèce, ainsi que la Phénicie, ne domina guère à l'extérieur que par ses colonies. Mais, bien différents des colonies phéniciennes qui, pour la plupart, si l'on en excepte Carthage, n'étaient que des entrepôts de commerce, presque tous les établissements des Grecs prirent un caractère politique et devinrent le centre d'états importants qui firent régner sur les rivages de l'Asie occidentale et de l'Europe méridionale les mœurs, le génie et la civilisation de la Grèce.

Elle agit sur le monde par l'intelligence plus profondément encore que Rome par la force des armes. La constitution intérieure de la Grèce la rendait, d'un autre côté, supérieure à toutes les nations voisines, comme elle le prouva dans les guerres médiques; pourtant ce ne fut que par la fusion de la Grèce et de la Macédoine, sous Philippe et Alexandre, que la race Hellénique put devenir conquérante, et étendre au loin sa domination.

Après la conquête d'Alexandre, les monarchies les plus importantes qui se formèrent des ruines de l'empire Macédonien furent : en Europe, le royaume de Macédoine; en Afrique, la monarchie Égyptienne; en Asie, la Syrie, qui fut, sous les premiers successeurs de Séleucus, la plus grande puissance de l'Orient. Parmi les provinces qui s'en séparèrent bientôt pour former des nations distinctes, le Pont joua, par le génie d'un seul homme, le rôle le plus brillant, mais pendant quelques années à peine. La Syrie, comme tous les états qui s'en étaient détachés, allait disparaître absorbée dans l'empire Romain. Un seul royaume subsista indépendant, celui des Parthes, qui disputa toujours aux Romains la prépondérance en Asie, jusqu'au moment où il fut remplacé par le nouvel empire des Perses.

La dernière et la plus grande des dominations antiques, celle qui s'élève au-dessus de toutes les autres, après les avoir toutes absorbées en elle-même, est la domination romaine. Rome a une gloire qu'aucune cité n'a jamais partagée avec elle. Elle est, dans les temps anciens, le centre de l'univers, l'arbitre des puissances, la reine des peuples; dans les temps modernes, elle est encore la capitale du monde chrétien.

OUVRAGES A CONSULTER. — *Discours sur l'Histoire Universelle,* par Bossuet. *Cahiers d'Histoire Ancienne*, par Th. Burette. *La Géographie historique*, de M. Ansart, qui forme le 7e volume de ce cours, etc. Voir les ouvrages indiqués ultérieurement. (Ce chapitre n'est qu'un sommaire, qui sera développé dans les chapitres suivants.)

CHAPITRE PREMIER.

HISTOIRE DU MONDE DEPUIS LA CRÉATION JUSQU'A LA FORMATION DES PREMIERS EMPIRES.

SOMMAIRE.

Accord des découvertes de la science et des traditions historiques
avec le récit des livres saints, qui seuls expliquent d'une manière complète l'origine du monde et de l'humanité.
§ Ier. Origine de l'univers et de l'homme d'après l'Écriture.
Création en six jours. L'homme créé le sixième jour. Le paradis terrestre. Chute de l'homme. Adam et Ève chassés du
paradis terrestre. Caïn et Abel. Meurtre d'Abel. Seth. Enfants
de Dieu, enfants des hommes. Leurs alliances. Corruption de
la race humaine. Noé. L'arche. Le déluge. Sem, Cham, Japhet.
§ II. Tour de Babel. Dispersion des hommes. Les descendants
de Sem, dans l'Asie centrale; de Cham, dans la terre de Chanaan et l'Afrique; de Japhet, dans l'Asie occidentale et l'Europe. — Subdivision des races primitives. Formation des
premiers empires: Inde, Chine, Égypte, Phrygie, Chaldée, etc.
Migrations des Ibères, des Galls, des Pélasges. Colonies. —
Unité de la race humaine; ses principales variétés.

Les plus anciennes traditions historiques, les témoignages si éclatants de la géologie se réunissent à l'autorité
des saintes Écritures pour prouver l'origine récente de
l'humanité, et la création de notre univers à une époque
révélée par des traces profondes qui ont subsisté jusqu'à nos
jours. La question de l'origine du monde a préoccupé constamment les religions et les philosophies anciennes: mais
conservant à peine un souvenir altéré de cette vérité primitive que la Bible seule nous a transmise entière, elles
n'ont pu qu'imaginer des hypothèses souvent absurdes
pour donner la raison de ce grand phénomène. L'idée de
la création se trouve dans toutes les cosmogonies de l'O-
rient, le berceau même de l'humanité. Les unes nous re-
présentent le monde sortant d'un œuf produit par une

force souveraine, ou enfanté par un animal, ou encore composé des membres dispersés d'un génie vaincu par un être supérieur. Les autres, s'approchant un peu plus de la réalité, attribuent à Brahma, ministre du Tout-Puissant et engendré par lui, l'œuvre de la création. La philosophie occidentale ne put s'élever jusqu'à la pensée d'une puissance suprême, donnant naissance à l'univers par un acte de sa volonté; incapable d'expliquer la création, elle aima mieux ne la pas reconnaître. Un grand nombre de philosophes, Aristote à leur tête, affirmèrent la nécessité de l'existence éternelle de la matière, et supposèrent tous les êtres produits par la fermentation des éléments. Les plus sages, et Platon avec eux, n'exprimaient qu'en hésitant leur opinion sur l'auteur des choses, et n'osaient guère reconnaître en lui que l'organisateur et non le créateur de l'univers : l'intelligence humaine avait touché ses dernières limites; elle fléchissait sous un trop grand effort.

Dieu est venu au secours de notre ignorance, il a éclairé le chaos des opinions, fixé toutes les incertitudes. Le livre qu'il a inspiré à Moïse nous offre, en quelques mots d'une simplicité sublime, la solution du plus grave des problèmes : et la science vient chaque jour rendre de nouveaux hommages à la vérité de cette magnifique histoire.

§ I. ORIGINE DE L'UNIVERS ET DE L'HOMME D'APRÈS L'ÉCRITURE.

Au commencement, Dieu créa le ciel et la terre.

La terre était informe et nue, les ténèbres couvraient la face de l'abîme, et l'esprit de Dieu était porté sur les eaux. Or, Dieu dit : Que la lumière soit; et la lumière fut. Et Dieu vit que la lumière était bonne, et il sépara la lumière des ténèbres. Et il appela la lumière jour, et les ténèbres nuit; et du soir et du matin se fit le premier jour (1). Dieu dit aussi : Que le firmament soit fait au

---

(1) Le mot hébreu que l'on a traduit par *jour* signifie également un espace de temps indéterminé. Ceux qu'on a traduits

milieu des eaux, et qu'il sépare les eaux d'avec les eaux.
Et Dieu appela le firmament ciel ; et du soir et du matin
se fit le second jour. Dieu dit encore : Que les eaux qui
sont sous le ciel se rassemblent en un seul lieu, et que
l'aride paraisse. Et cela se fit ainsi.

Dieu donna à l'aride le nom de terre, et il appela mers
toutes les eaux assemblées, et il vit que cela était bon.
Dieu dit encore : Que la terre produise de l'herbe verte
qui porte de la graine, et des arbres fruitiers qui portent
du fruit, chacun selon son espèce, et qui renferment leur
semence en eux-mêmes pour se reproduire sur la terre.
Et cela se fit ainsi. Et du soir et du matin se fit le troisième jour. Dieu dit aussi : Que des corps de lumière
soient faits dans le firmament du ciel, afin qu'ils séparent
le jour d'avec la nuit, et qu'ils servent de signes pour
marquer les temps et les saisons, les jours et les années ;
qu'ils luisent dans le firmament du ciel, et qu'ils éclairent
la terre. Et cela se fit ainsi. Dieu fit donc deux grands
corps lumineux, l'un plus grand pour présider au jour,
et l'autre moindre pour présider à la nuit. Il fit aussi les
étoiles. Et du soir et du matin se fit le quatrième jour.
Dieu dit encore : Que les eaux produisent des animaux vivants qui nagent dans l'eau, et des oiseaux qui volent sur
la terre sous le firmament du ciel. Dieu créa donc les
grands poissons et tous les animaux qui ont la vie et le mouvement, que les eaux produisirent, chacun selon son espèce,
et il créa aussi tous les oiseaux selon leur espèce. Et il vit

---

par *soir* et *matin* veulent dire aussi *désordre* et *ordre*. On peut
donc, avec plusieurs pères de l'Église, entendre par les *six
jours*, six grandes périodes pendant lesquelles se seraient ac-
complies les révolutions dont on a reconnu dans notre globe les
traces évidentes, suivant un ordre semblable à celui des diverses
phases de la création dans la Genèse. D'après un autre système
qui a aussi pour lui des autorités imposantes, les *six jours*
n'auraient eu que la durée des journées ordinaires, mais ils
auraient été précédés d'un long espace de temps auquel les deux
premiers versets de la Genèse semblent faire allusion.

que cela était bon. Et il les bénit en disant: Croissez et
multipliez-vous, et remplissez les eaux de la mer, et que
les oiseaux se multiplient sur la terre. Et du soir et du
matin se fit le cinquième jour. Dieu dit aussi : Que la terre
produise des animaux vivants, chacun selon son espèce,
les animaux domestiques, les reptiles et les bêtes sauvages
de la terre, selon leurs différentes espèces. Et cela se fit
ainsi. Il dit ensuite : Faisons l'homme à notre image et à
notre ressemblance, et qu'il commande aux poissons de la
mer et aux oiseaux du ciel, aux bêtes de toute la terre et à
tous les reptiles qui se meuvent sur la terre. Dieu créa
donc l'homme à son image : il le créa à l'image de Dieu.
Et il les créa mâle et femelle. Le Seigneur Dieu forma
l'homme du limon de la terre, et il souffla sur sa face un
souffle de vie, et l'homme devint vivant et animé.

Dieu, après avoir créé l'homme, qu'il nomma *Adam*,
le plaça dans un jardin délicieux, appelé le *Paradis terrestre*, lui permettant de manger les fruits de tous les arbres qui s'y trouvaient, à l'exception du fruit de l'arbre de
la science du bien et du mal. « Si tu en manges, lui dit le
Seigneur, tu mourras. » — Mais Adam se trouvait tout
seul dans ce beau jardin, avec les animaux de toute espèce,
à chacun desquels il venait de donner un nom. Dieu dit :
— « Il n'est pas bon que l'homme soit seul, » et, tandis
qu'Adam était endormi, il lui prit une de ses côtes, en
forma la femme, et, à son réveil, il la lui présenta. —
« Voilà l'os de mes os, s'écria Adam, et la chair de ma chair. »
Il lui donna le nom d'*Ève*, qui signifie qu'elle devait être
la mère de tout le genre humain.

Telle est, dans son ensemble, la vérité, dont on retrouve quelques parcelles au milieu de l'erreur générale,
quand, faisant justice des fables les plus grossières, comme
celles des pierres de Deucalion, du crocodile des Molu-
quois, ou des vers féconds des Caraïbes, on considère le
mythe de Prométhée qui dérobe le feu du ciel pour ani-
mer une statue de boue, ou celui des divinités scan-
dinaves qui donnent l'âme et le sang à des troncs d'arbre.

Revenons au récit de la Bible :

Adam et Ève avaient été créés immortels, et dans un
état parfait de pureté et d'innocence : exempts de peines
et de maladies, ils devaient jouir dans le Paradis terrestre
d'un bonheur sans mélange, s'ils observaient la défense
que Dieu leur avait faite de manger du fruit de l'arbre de
la science du bien et du mal. Ils étaient nus, mais ils n'en
avaient point de honte, parce que leur corps était aussi
pur que leur cœur. Le démon, jaloux de leur bonheur,
résolut de les perdre en les excitant à désobéir à Dieu. Il
entra dans le corps du serpent, et dit à la femme : Pourquoi ne mangez-vous pas du fruit de l'arbre de la science
du bien et du mal ? — Ève répondit : « Dieu nous a dit
que si nous y touchions, nous mourrions. — Vous ne
mourrez pas, dit le serpent, mais vous serez comme des
Dieux, connaissant le bien et le mal. » Ève, considérant
la beauté de ce fruit, en cueillit, en mangea et en donna
à son mari, qui en mangea pareillement.

Alors Dieu prononça contre les prévaricateurs cette
terrible condamnation, source de tous les maux du genre
humain; mais qu'il accompagna de la promesse d'un rédempteur.

Il dit au serpent : « Tu seras maudit entre tous les animaux; tu ramperas sur ton ventre, et tu mangeras la
terre. Je mettrai des inimitiés entre toi et la femme et
entre sa race et la tienne : elle t'écrasera la tête, et toi tu
lui mordras le talon. » — Puis il dit à la femme : « Je t'ac-
cablerai de peines et de malheurs; tu enfanteras tes fils
dans la douleur, et tu seras sous la puissance de ton mari. »
— Enfin il dit à Adam : « Puisque tu as écouté les discours de ta femme, et que tu as mangé du fruit que je t'a-
vais défendu, la terre sera maudite pour toi, tu la travailleras tous les jours de ta vie; elle produira des épines
et des ronces, et tu mangeras ton pain à la sueur de ton
visage, jusqu'à ce que tu retournes dans cette terre dont
tu as été formé; car tu es poussière, et tu retourneras en
poussière. »

Ensuite Dieu chassa Adam et Ève du Paradis terrestre, et plaça à l'entrée un ange armé d'une épée flamboyante.

Les premiers enfants d'Adam et d'Ève furent *Caïn* et *Abel*. Caïn s'appliqua à cultiver la terre et Abel à élever des troupeaux. Tous deux offrirent des sacrifices au Seigneur : Caïn lui présenta des fruits de la terre, et Abel les plus beaux d'entre ses agneaux. L'offrande d'Abel fut agréable au Seigneur, qui rejeta celle de Caïn. Celui-ci en conçut contre son frère une violente jalousie. « Allons nous promener, » lui dit-il. Mais à peine furent-ils dans la campagne, que Caïn se jeta sur Abel et le tua. Bientôt après le Seigneur lui apparut : « Où est ton frère Abel ? » lui demanda-t-il. — « Je n'en sais rien, répondit Caïn : suis-je le gardien de mon frère ? » Dieu lui dit alors : « Le sang de ton frère crie vers moi. Tu seras maudit sur cette terre que tu as forcée de boire le sang de ton frère ; vainement tu la travailleras, elle ne te produira aucun fruit. Tu seras errant dans tout l'univers. » Caïn s'écria : « Mon crime est trop grand pour que j'en obtienne le pardon. » Et fuyant la présence du Seigneur, il alla habiter un pays éloigné, où il devint père de plusieurs enfants.

Après la mort d'Abel, Adam eut un autre fils nommé *Seth* (4834-3934), et plusieurs filles qui devinrent les épouses de leurs frères. Les descendants de Caïn inventèrent les instruments de musique et l'art de travailler les métaux ; mais ils furent méchants comme leur père, et reçurent le nom d'*enfants des hommes*. Les descendants de Seth, au contraire, méritèrent par la pureté de leur vie d'être appelés *enfants de Dieu*. *Hénoch* (4342-3978), l'un d'eux, plut tellement au Seigneur par sa piété, que Dieu l'enleva au Ciel sans lui faire subir la mort, après qu'il eut passé trois cent soixante-quinze ans sur la terre. Il laissait un fils nommé *Mathusalem* (4277-3308), qui vécut neuf cent soixante-neuf ans. Adam était mort deux cent quarante-quatre ans après la naissance de Mathusalem, à l'âge de neuf cent trente ans.

La postérité de Seth elle-même fut bientôt infidèle. Les

enfants de Dieu ayant vu les filles des enfants des hommes, et les trouvant belles, les prirent pour femmes; de ces mariages naquirent les géants, hommes forts et puissants, mais corrompus et méchants. Dieu, voyant que la malice des hommes était extrême et que toutes leurs pensées étaient sans cesse tournées vers le mal, se repentit de les avoir créés, et résolut de les exterminer de dessus la terre.

Cependant il existait parmi les descendants de Seth un homme juste, appelé *Noé* (3908-2958), fils de Lamech, et qui avait lui-même trois fils, nommés *Sem*, *Cham* et *Japhet*. Le Seigneur, devant qui il avait trouvé grâce, l'avertit qu'il allait faire périr tous les hommes et les animaux en les engloutissant sous les eaux, et lui commanda de construire un grand vaisseau en forme de coffre, qui fut appelé l'*Arche*. Noé travailla cent ans à le construire; et quand il fut achevé, il y fit entrer sa femme, ses fils avec leurs femmes, et un couple de tous les animaux. Sept jours après, toutes les eaux de la terre débordèrent, et il tomba pendant quarante jours et quarante nuits une pluie si abondante, que les eaux s'élevèrent de quinze coudées au-dessus du sommet des plus hautes montagnes. Tous les hommes, que Noé avait vainement exhortés à faire pénitence, périrent avec les animaux, et il n'y eut de sauvé que ce qui se trouvait renfermé dans l'Arche (3308).

Cent cinquante jours après que le déluge eut submergé la terre, les eaux ayant commencé à diminuer, l'Arche s'arrêta, vers la fin du septième mois, sur les montagnes du pays d'Ararat (1). Bientôt le vert rameau d'olivier

---

(1) « C'est-à-dire peut-être, non pas les monts ainsi nommés en Arménie, mais ceux qui *à l'Orient*, comme dit la Bible, sont les plus élevés du monde, et se trouvent placés entre les trois nations qui prétendent à la plus haute antiquité, entre les Assyriens, les Chinois et les Indous : les monts *Hymalaia*. » (M. ANSART.)

qu'apporta la colombe avertit Noé que la terre était redevenue habitable. Il sortit de l'Arche avec sa famille, et offrit à Dieu un sacrifice solennel d'actions de grâces. Ce sacrifice fut agréable au Seigneur, qui promit à Noé de ne plus détruire le genre humain. En même temps il le bénit, ainsi que ses enfants, et leur dit : « Croissez et multipliez, et remplissez la terre. Nourrissez-vous de la chair de tous les animaux comme des plantes de la terre ; mais gardez-vous de verser le sang humain. Tout homme qui aura versé le sang d'un autre homme sera lui-même puni de mort ; car l'homme a été fait à l'image de Dieu. » Le Seigneur dit ensuite à Noé et à ses enfants qu'il voulait faire alliance avec eux, et il ajouta que l'arc-en-ciel serait le signe de cette alliance.

Après le Déluge, les trois fils de Noé, Sem, Cham et Japhet, eurent de nombreux enfants, qui devinrent eux-mêmes les pères des diverses nations ; mais ils demeurèrent longtemps réunis en une seule famille au pied même des montagnes sur lesquelles l'Arche s'était arrêtée.

Ce fut alors que Noé, qui ne connaissait pas les effets du vin, s'étant enivré par mégarde, Cham mérita par sa conduite irrévérente envers son père d'être maudit dans la personne de *Chanaan*. La postérité de ce fils de Cham devait dans la suite être exterminée ou réduite en esclavage par les descendants de Sem et de Japhet.

Noé mourut à l'âge de neuf cent cinquante ans (1). Après lui la durée de la vie des hommes diminua rapide-

---

(1) « De si longues vies rapprochèrent presque autant l'ori-
» gine du monde du temps de Moïse que si la chose s'était
» passée depuis deux ou trois siècles entre des personnes d'une vie
» ordinaire. Les plus anciennes traditions étaient donc encore
» toutes récentes au temps de Moïse ; ses premières années sont
» peu distantes des dernières d'Abraham, dont la naissance
» concourt avec la mort de Noé, qui a vécu plusieurs siècles
» avec Mathusalem et Lamech, tous deux contemporains d'A-
» dam. »   DUGUET.

2

ment, et bientôt elle fut renfermée dans les limites qu'elle ne dépasse plus aujourd'hui (1).

§ II. DISSÉMINATION DU GENRE HUMAIN APRÈS LE DÉLUGE. — ORIGINE DES DIFFÉRENTES RACES.

Les descendants de Noé, partis de l'Orient, dit l'Écriture, vinrent habiter les plaines de Sennaar, entre le Tigre et l'Euphrate, où ils se multiplièrent à tel point qu'il leur fut impossible de continuer à demeurer ensemble. Ils se dirent alors les uns aux autres : « Bâtissons une ville et une tour dont le sommet s'élève jusqu'au ciel, et éternisons la mémoire de notre nom avant de nous disperser sur la terre. » Mais Dieu rendit vains leurs projets en confondant leur langage, de sorte qu'ils ne s'entendirent plus entre eux. La tour, demeurée imparfaite, fut appelée *Babel,* c'est-à-dire *confusion.* Forcés ainsi de se séparer les uns des autres, les descendants de Noé allèrent peupler les différentes parties de la terre.

Les fils de Sem, *Elam, Assur, Lud, Aram* et *Arphaxad* aïeul *d'Héber,* se dispersèrent dans toute l'Asie centrale et orientale. Plusieurs grandes nations leur durent leur origine et leur nom (Élamites ou Perses, Assyriens, Hébreux, Lydiens, etc.); la famille de Cham peupla la contrée désignée sous le nom de *pays de Chanaan,* l'Égypte où vécut Mesraïm (peut-être le roi Ménès), et sans doute aussi la plus grande partie de l'Afrique; enfin les descendants de Japhet s'établirent dans l'Asie Mineure, dans le nord de l'Asie, et occupèrent, selon l'Écriture, « toutes les îles des nations, » c'est-à-dire, à ce que l'on croit, les diverses contrées de l'Europe.

Le monde s'ouvrait tout entier devant la race humaine. De longues migrations, dont le souvenir est à jamais perdu, entraînèrent les familles dispersées, d'un côté jusqu'aux limites orientales de l'Asie, et, même au delà, jus-

---

(1) Les plus forts, dit David dans ses Psaumes, vivent jusqu'à quatre-vingts ans; au delà ce n'est que peine et douleur.

qu'au milieu des plaines de l'Amérique, où les nations vivront et mourront ignorées; d'un autre côté, jusqu'aux rivages occidentaux de l'Europe, et jusqu'aux déserts du midi de l'Afrique.

§ III. FORMATION DES PEUPLES PAR MIGRATION ET PAR COLONIES.

Cette séparation des races primitives, cette formation des premiers peuples, ou plutôt des premières tribus, s'opèrent au milieu de luttes et de révolutions qui ont à peine laissé quelques traces dans l'histoire. L'Asie se fonde et s'organise la première. La Chaldée et la Syrie au centre se peuplent rapidement, et envoient quelques familles nomades dans les plaines de la Scythie, où elles restent perpétuellement mobiles et flottantes; . tandis qu'au contraire, les peuplades qui s'arrêtent dans la Chine et dans l'Inde commencent dès l'origine cette vie immobile et monotone qui a fait croire aux historiens de ces pays que leur origine remontait à des époques immémoriales.

Auprès de ces grandes familles, les tribus vagabondes des Arabes s'agitent au midi, renversant tout ce qu'elles rencontrent dans leurs violentes et rapides invasions, et refoulant sur les confins de l'Égypte les races éthiopiennes issues des descendants de Cham, qui prennent peu à peu possession de l'Afrique centrale. Vers l'Europe, les fils de Japhet se dirigent en trois bandes. Les *Ibères* errent longtemps autour du Caucase et de la mer Caspienne, et vont enfin s'établir près des Alpes et des Pyrénées. Les *Galls*, venus plus tard, apparaissent au milieu des pays déjà occupés par les Ibères, et leur arrachent, par la force des armes, une partie de leur domaine; les *Pélasges*, hardis constructeurs, arrivent lentement d'Asie Mineure, et se fixent sur les rivages occidentaux et méridionaux de l'Europe, où leurs lourds édifices ont marqué pour jamais leur passage.

Toutes ces tribus se pressent, se repoussent, se divisent jusqu'à ce que, réunies par la nécessité, agglomérées sous une autorité commune, elles s'organisent régulièrement et constituent les premiers empires.

Ces états, formés par les migrations primitives, donnent eux-mêmes naissance à des nations nouvelles; mais ce ne sont plus les races entières qui se transportent. L'excès de la population, les besoins du commerce, l'esprit aventureux des navigateurs et la crainte de l'oppression, arrachent à leur patrie quelques familles, qui vont porter sur un rivage lointain leur religion, leurs mœurs, leur langage; telles sont les colonies, dont quelques-unes restent unies à leurs métropoles, mais dont la plupart forment des cités indépendantes.

Il est constant pour nous, d'après le témoignage formel de l'Écriture, que toutes ces races sortent d'une souche commune, du couple unique formé par la main de Dieu. Malgré cette unité d'origine, diverses influences, principalement celle du climat, ont modifié profondément la couleur et la physionomie de l'espèce humaine dans certains lieux, et ont produit plusieurs variétés remarquables. On les ramène en général à trois types principaux, le *blanc* ou *Caucasien*, le *jaune* ou *Mongole*, le *noir* ou *Ethiopien*. D'autres distinguent les races *caucasienne, mongole, malaise, éthiopique* et *américaine*. Nous n'insisterons pas sur ces classifications qui appartiennent plutôt à à la physiologie qu'à l'histoire.

OUVRAGES A CONSULTER. — *Rapport à l'Institut*, par Cuvier; *les six jours*, par Duguet; *Géologie*, par Buckland; *Cosmogonie de la Genèse* (préface); *Geologie*, par M. Beudant (Voir le chapitre intitulé : *État de l'Europe aux diverses époques de formation*); *les six jours Génésiaques*, par M. Drach; *Précis d'Histoire Ancienne*, par MM. Poirson et Cayx. Le Bas, *Histoire Ancienne; Soirée de Monthléry*, par M. Desdouits. I. Avant tout la *Genèse*.

CHAPITRE DEUXIÈME.

HISTOIRE DU PEUPLE DE DIEU DEPUIS ABRAHAM JUSQU'A L'ÉTABLISSEMENT DE LA ROYAUTÉ.

SOMMAIRE.

§ Ier. Les patriarches. Vocation d'Abraham. Loth ; ils se séparent. Abraham secourt Loth. Melchisédech. Promesses de Dieu à Abraham. Agar. Ismaël. Circoncision. Ruine de Sodome, Gomorrhe, etc. Origine des Ammonites et des Moabites. Naissance d'Isaac, fils de Sara. Ismaël chassé. Sacrifice d'Abraham. Isaac épouse Rébecca. Naissance d'Esaü et de Jacob. *Vie des familles patriarcales. Autorité des patriarches.* Esaü cède son droit d'aînesse. Jacob béni. Promesses de Dieu à Jacob. Jacob chez Laban ; il épouse Lia et Rachel. Naissance de ses douze fils. Massacre des Sichémites. Joseph vendu par ses frères. Joseph en Égypte, chez Putiphar, en prison. Songes de Pharaon. Joseph ministre de Pharaon. Disette. Les frères de Joseph en Égypte.

§ II. Les descendants de Jacob ou Israël se multiplient. Promesses faites par Dieu à Juda. Oppression des Israélites. *Naissance de Moïse; son éducation. Le buisson ardent. Moïse et Aaron devant Pharaon. Les plaies d'Égypte. La pâque. Départ des Israélites. Passage de la mer Rouge. Les Israélites dans le désert La manne. Le Sinaï.*

§ III. *Législation de Moïse;* elle tend à isoler entièrement le peuple de Dieu des nations idolâtres.— *Lois civiles;* sévérité des châtiments; punitions pour la violation des commandements de Dieu. Loi du talion. Égalité devant la loi. Protection à la veuve, à l'orphelin, au pauvre, à l'étranger. Le divorce permis, mais difficile; l'usure défendue. Adoucissement de l'esclavage. Année sabbatique. Jubilé.— *Loi religieuse.* Les dix commandements. Organisation du culte. — *Hiérarchie sacerdotale.* Lévites, prêtres, grand prêtre Le sabbat; les quatre grandes fêtes.— Le veau d'or. Murmures et infidélités des Israélites. Mort de Moïse.

§ IV. Josué. Passage du Jourdain. Prise de Jéricho. Conquête de la terre de Chanaan. Partage entre les tribus. Josué organise le gouvernement. *Les Anciens.*

§ V. *Gouvernement des Juges.* Première servitude: Othoniel. 2ᵉ servitude, sous les Moabites: Aod. 3ᵉ servitude, sous les Chananéens: Débora et Barach. 4ᵉ servitude, sous les Madianites: *Gédéon; ses exploits.* 5ᵉ servitude, sous les Ammonites: Jephté. Mariage de Booz et de Ruth. 6ᵉ servitude, sous les Philistins: *histoire de Samson.* Désordres dans le pays d'Israël. Le grand prêtre Héli. Le jeune Samuel. Bataille de Silo. Samuel gouverne. Les Israélites demandent un roi.

§ I. PATRIARCHES.

Les hommes, en s'éloignant des lieux qu'avaient habités leurs premiers pères, n'avaient pas tardé à oublier le Dieu qui avait tiré le monde du néant, le Dieu qui avait sauvé Noé et sa race du châtiment mérité par les crimes de la race humaine. Bientôt la corruption devint plus grande encore qu'avant le Déluge; les hommes s'abandonnèrent à toutes leurs passions et prostituèrent à d'indignes idoles le culte qu'ils ne devaient qu'au Seigneur. La vertu et la vérité semblaient sur le point de disparaître à jamais de l'univers. Le Seigneur résolut de se choisir un peuple qui gardât sans altération le dépôt des divines croyances, qui conservât au milieu des ténèbres la lumière de la vérité éternelle. Un homme juste, nommé Abraham, fut destiné à être le chef de cette nation privilégiée.

Abraham (2366-2191) était né à Ur, ville des Chaldéens; il en sortit par l'ordre de Dieu, avec Tharé, son père, et Loth, son neveu, pour se rendre dans la terre de Chanaan (2296). Arrivé dans la ville de Haran, il y perdit son père. Mais Dieu lui ordonna de continuer sa route vers la terre de Chanaan. Abraham y parvint enfin avec sa femme *Sara*, son neveu *Loth*, et tous ses serviteurs; et il s'établit au lieu appelé *Sichem*. Là, Dieu, lui promit de donner à ses descendants cette terre, qui, depuis cette époque, fut appelée la *Terre promise.*

Une famine força Abraham à passer en Égypte; puis il

retourna dans le pays de Chanaan, et s'établit d'abord près de Béthel, où Dieu lui promit de rendre sa postérité aussi nombreuse que les grains de poussière qui couvrent la terre.

Pendant qu'Abraham était à Béthel, une querelle survenue entre ses bergers et ceux de son neveu détermina Loth à s'éloigner pour aller demeurer dans la ville de Sodome. Peu de temps après, cette ville fut prise par Codorlahomor, roi des Élamites, et par trois autres rois, qui emmenèrent Loth en captivité. Abraham, à cette nouvelle, arme ses trois cent dix-huit serviteurs et ses amis; puis, se mettant à la poursuite des vainqueurs, il tombe sur eux à l'improviste pendant la nuit, leur reprend tout leur butin, et délivre son neveu. A son retour, il reçut la bénédiction de *Melchisédech*, roi de Salem et prêtre du Très-Haut, qui offrait à Dieu le pain et le vin; et il lui donna la dîme des richesses enlevées à l'ennemi. Quelque temps après sa victoire sur les rois confédérés, Dieu lui apparut en songe, et lui dit : « Lève les yeux au ciel et compte les étoiles, si tu le peux; ta race en égalera le nombre. » Cependant Abraham était déjà vieux; sa femme Sara se voyait stérile; elle l'engagea à prendre pour épouse, suivant la coutume de l'Orient, sa servante *Agar*. Celle-ci donna le jour à un fils qui fut nommé *Ismaël*. Mais ce fils de l'esclave ne devait pas être l'héritier des promesses du Seigneur. Dieu renouvela son alliance avec Abraham, en lui ordonnant de pratiquer la circoncision, comme la marque de cette alliance, et réitéra la promesse qu'il avait déjà faite plusieurs fois de le rendre père d'une nombreuse postérité. En effet, bientôt après, sa femme Sara, malgré son âge avancé, mit au monde un fils qui fut circoncis le huitième jour, et reçut le nom d'*Isaac* (2266).

Vers cette même époque, Dieu frappa d'un châtiment terrible la ville de Sodome, qui s'était rendue abominable par ses iniquités. Après en avoir fait sortir Loth et sa famille, le Seigneur envoya une pluie de soufre et de feu sur Sodome, et sur les villes voisines de Gomorrhe, de Seboïm et d'Adama, condamnées pour les mêmes crimes. Ces cités furent détruites, et le sol où elles s'élevaient devint un lac aux eaux impures et bitumineuses.

Échappé à ce désastre, Loth eut deux fils qui donnèrent naissance à deux grands peuples: les *Ammonites* et les *Moabites;* ils devaient habiter à l'Orient de la terre de Chanaan.

Cependant Abraham, connaissant la volonté de Dieu, avait chassé de sa maison Ismaël et sa mère. Agar erra longtemps avec lui dans le désert : un ange vint l'y consoler et lui annoncer que son fils serait le chef d'un peuple nombreux. Ismaël, devenu grand, se fixa dans le pays de Pharan, et il devint adroit à tirer de l'arc; il épousa une femme égyptienne, et devint le père des *Ismaélites* ou Agarasins, si célèbres plus tard sous le nom de Sarrazins.

Isaac, l'enfant de la vieillesse d'Abraham, était l'héritier des promesses divines. Cependant, Dieu voulant éprouver la foi du saint patriarche, lui ordonna d'immoler son fils. Abraham allait accomplir le sacrifice; mais Dieu, content de son obéissance, arrêta son bras, et lui promit de bénir en sa postérité toutes les nations de la terre, c'est-à-dire de faire sortir d'elle le Sauveur, qui devait racheter le genre humain.

Abraham, voulant marier son fils, craignit de mêler sa race aux nations idolâtres au milieu desquelles il vivait ; il envoya son serviteur Eliézer en Mésopotamie, où demeurait sa famille, afin d'en ramener une femme pour Isaac. Eliézer partit avec des chameaux chargés de présents, et arrivé près de la ville qu'habitaient les parents de son maître, il rencontra *Rébecca,* petite-fille de Nachor, frère d'Abraham, qui puisait de l'eau à une fontaine. Conduit chez *Laban,* père de Rébecca, il exposa l'objet de son voyage, offrit à la jeune fille et à toute sa famille des anneaux d'or, des vases précieux et des vêtements magnifiques. Puis il repartit avec Rébecca pour la terre de Chanaan, où Abraham l'unit à son fils Isaac.

Vingt ans après, Rébecca mit au monde deux fils ju—

meaux, dont l'un fut appelé *Esaü*, parce qu'il était roux et couvert de poil; l'autre reçut le nom de *Jacob* (2206). Abraham mourut bientôt, laissant ses trois cents serviteurs, ses troupeaux et ses richesses au seul Isaac.

Ainsi se perpétuait cette race des patriarches, de laquelle devait sortir le peuple Hébreu. Chef d'une famille et non d'une nation, soumis à Dieu seul, le patriarche avait toute autorité sur sa femme, ses enfans, ses serviteurs, et obtenait de tous une obéissance absolue. Il représentait Dieu lui-même sur la terre; il avait pouvoir de bénir et de maudire, il offrait les sacrifices au nom de tous, et consacrait par ses prières le mariage de ses enfants; lui seul avait la propriété dans la famille : à lui appartenaient les troupeaux et les fruits de la terre. Les troupeaux étaient sa principale richesse; il errait avec eux de plaine en plaine , et se fixait au milieu du pays qui lui offrait les plus gras pâturages. Le patriarche était le protecteur de toute sa famille; il armait ses serviteurs pour repousser les attaques des étrangers, c'est-à-dire de quelques chefs de famille qui convoitaient le même domaine ou qui avaient enlevé ses troupeaux. Telle fut la vie des hommes avant la formation des premiers états; tel est encore l'état des familles arabes, dont le chef, indépendant et souverain, règne dans sa tente, au milieu des déserts, comme sur un trône, et décide à son gré des destinées de sa tribu.

Isaac recueillit l'autorité patriarcale, après la mort d'Abraham. De ses deux fils, il préférait Esaü, qui était un adroit chasseur , et il voulait lui laisser sa bénédiction et son héritage. Mais Esaü avait vendu son droit d'aînesse à son frère Jacob, le fils chéri de Rébecca. Par une ruse de sa mère, Jacob obtint la bénédiction que son père, dans sa vieillesse, réservait à Esaü. Celui-ci, irrévocablement privé des priviléges attachés à cette bénédiction suprême, conçut une haine violente contre son frère.

Rébecca, craignant pour la vie de Jacob, l'envoya en Mésopotamie, chez son oncle Laban. Pendant son voyage, il s'arrêta sur le soir au lieu qui fut appelé depuis Béthel;

2.

il mit une pierre sous sa tête, et, s'étant endormi, il vit
en songe le Seigneur qui lui dit: « Je suis le Dieu d'Abra-
bam et d'Isaac. Je te donnerai, à toi et à tes descendants,
cette terre où tu sommeilles, et je bénirai en toi toutes les
nations de la terre. » Jacob, à son réveil, consacra au Seigneur la pierre sur laquelle il avait reposé, et, continuant
sa route , arriva en Mésopotamie, auprès de la ville de
Haran, où demeurait son oncle Laban.

Jacob, ayant rencontré sa cousine *Rachel*, près d'un
puits où elle menait boire ses troupeaux, fut reçu par
Laban, dont il obtint les deux filles en mariage, en gar-
dant pendant quatorze années les troupeaux de leur père.
Outre Lia et Rachel, il prit aussi pour épouses deux ser-
vantes, Zelpha et Bala, et il eut de ces quatre femmes
douze fils que l'on appelle les douze patriarches : *Ruben*,
Siméon, *Lévi*, *Juda*, *Issachar*, *Zabulon*, fils de Lia ; *Dan*
et *Nephtali*, fils de Bala ; *Gad* et *Azer*, fils de Zelpha ;
et enfin *Joseph* et *Benjamin*, fils de Rachel.

Jacob, s'étant enrichi au service de son beau-père, désira revoir sa patrie, et, emmenant avec lui ses troupeaux,
il retourna dans la terre de Chanaan. Il apprit en chemin
qu'Esaü venait à sa rencontre, à la tête de quatre cents
hommes armés. Saisi de crainte, il lui envoya des présents.
Mais le Seigneur releva son courage en faisant descendre
vers lui un ange, qui, sous la figure d'un homme, lutta
contre lui sans pouvoir le terrasser ; c'est pourquoi il fut
appelé *Israël*, nom qui signifie fort contre Dieu. Esaü,
de son côté, sentit expirer sa colère en revoyant son frère ;
et, après s'être réconcilié avec lui, il retourna dans la terre
d'Edom, c'est-à-dire dans l'Idumée, où il habitait, tandis
que Jacob allait s'établir dans la terre de Chanaan, auprès
de la ville de Salem, dans le pays du roi de Sichem.

Le fils du roi de Sichem ayant vu Dina, fille de Lia, la
fit enlever. Ses frères, pour venger cet outrage, entrèrent
par surprise dans la ville des Sichemites, en massacrèrent
les habitants et la saccagèrent. Cette cruelle vengeance
rendit Jacob et sa famille odieux dans toute cette contrée

ils la quittèrent pour aller demeurer à Béthel. Ce fut là que Rachel mourut en donnant le jour à Benjamin, le dernier des fils de Jacob. Dix ans après, Jacob perdit aussi son père Isaac, âgé de cent quatre-vingts ans (2086).

Jacob aimait Joseph plus que ses autres fils, parce qu'il l'avait eu dans sa vieillesse. Cette préférence excita contre lui la jalousie de ses frères; et leur haine s'augmenta encore quand il leur eut raconté des songes qui annonçaient sa grandeur future. Un jour Jacob ayant envoyé Joseph, âgé de seize ans, visiter ses frères qui faisaient paître leurs troupeaux dans un lieu éloigné, ils le précipitèrent dans une vieille citerne pour l'y laisser mourir. Mais apercevant des marchands ismaélites qui se rendaient en Egypte, ils le tirèrent de la citerne, et le vendirent pour vingt pièces d'argent; puis ils envoyèrent à leur père une robe ensanglantée afin de lui persuader qu'une bête féroce avait dévoré Joseph.

Les marchands ismaélites conduisirent Joseph en Egypte, où il fut acheté par Putiphar, un des principaux officiers du roi. Dieu favorisa Putiphar à cause de Joseph, qui obtint bientôt la confiance entière de son maître, et fut placé par lui à la tête de toute sa maison. Mais victime des accusations calomnieuses de la femme de Putiphar, dont il avait repoussé les criminelles propositions, il fut jeté dans une prison. Là se trouvaient deux officiers du roi, le grand échanson et le grand panetier, à qui Joseph prédit leurs destinées futures en interprétant leurs songes.

Deux ans après, le Pharaon (1) lui-même eut deux songes étranges. Il lui sembla être assis auprès du Nil. Il vit sortir du fleuve sept vaches grasses qui se mirent à paître sur ses bords. Bientôt il en sortit sept autres d'une extrême maigreur qui dévorèrent les premières. Il crut voir aussi une tige qui portait sept épis de blé beaux et bien remplis; mais tout à coup il sortit de cette même tige sept autres épis maigres et vides qui firent périr les premiers. A son

---

(1) C'est ainsi qu'on appelait les rois d'Égypte.

réveil, le Pharaon consulta vainement tous les devins de
l'Egypte; aucun ne put lui expliquer le sens de sa vision.
Le grand échanson, qui avait été mis en liberté selon que
Joseph l'avait annoncé, parla de lui au roi, qui le fit appeler et lui raconta ses songes.

Joseph lui répondit que sept années d'abondance, puis
sept années de famine, allaient se succéder en Egypte; et
il l'engagea à établir sur tout le royaume un homme prudent qui préparât pendant les premières années des provisions pour le temps de la disette. Le Pharaon, admirant la
sagesse de Joseph, lui mit au doigt son anneau, le fit asseoir
auprès de lui sur son char, le nomma le *Sauveur du monde*,
et lui confia le gouvernement du royaume. (Voir chapitre
cinquième.)

Pendant les sept années d'abondance, Joseph parcourut toute l'Egypte, et fit remplir dans toutes les villes les
greniers publics; de sorte que, la famine arrivant, il put
vendre aux Egyptiens le blé dont ils avaient besoin. La
disette fut si grande, que les Egyptiens, après avoir payé
le froment avec leurs richesses, furent réduits à livrer en
échange leurs champs et même leurs personnes; eux et
leurs biens devinrent la propriété du roi.

La famine s'étant étendue au delà de la terre d'Egypte,
et particulièrement dans celle de Chanaan, où habitait
Jacob, il envoya ses fils en Egypte pour y acheter du blé.
Les frères de Joseph se prosternèrent aux pieds du ministre, bien éloignés de croire que cet homme puissant fût
celui qu'ils avaient vendu comme esclave à des Ismaélites.
Mais Joseph reconnut ses frères; il leur pardonna leur
conduite criminelle, et les renvoya dans leur pays, avec
l'ordre de ramener en Egypte son père Jacob et toute sa
famille, qui était composée alors de soixante-six personnes.

§ II. SÉJOUR EN ÉGYPTE.

Joseph obtint du roi, pour y établir son père et ses frères,
la terre de Gessen, la plus fertile de toute l'Egypte, la plus

abondante en pâturages. Jacob y vécut encore dix-sept ans. Avant de mourir, le saint patriarche, qui connaissait les promesses divines, exigea de Joseph le serment qu'il transporterait ses restes dans la terre de Chanaan. Il expira au milieu de ses enfants, après les avoir bénis tous, et avoir prédit à chacun sa destinée (2059), adressant à Juda ces paroles prophétiques : *Le sceptre appartient à Juda; et il ne sortira pas de Juda, jusqu'à ce que vienne* CELUI QUI DOIT VENIR ET QUI SERA L'ATTENTE DES NATIONS.

Joseph conserva à ses frères sa protection puissante jusqu'à sa mort. Il leur annonça que Dieu visiterait leur postérité, et qu'il la ferait sortir de la terre d'Egypte, pour la conduire dans celle qu'il avait promise à Abraham, à Isaac et à Jacob. Comme son père, il leur fit jurer qu'à leur sortie d'Egypte ils emporteraient ses os avec eux, et il mourut à l'âge de cent dix ans.

La postérité de Jacob ou Israël se multiplia tellement, qu'elle forma un peuple assez nombreux pour inspirer des craintes aux Egyptiens. Les anciens habitants l'enveloppèrent dans la haine qu'ils portaient aux arabes pasteurs ou hycsos (voy. *Hist. d'Egypte*), qui s'étaient établis violemment parmi eux. Un roi, qui n'avait pas connu Joseph, commença à persécuter les Israélites en les accablant des plus rudes travaux, et comme, malgré ces vexations, leur nombre continuait à s'accroître de jour en jour, il donna ordre de précipiter dans le Nil tous leurs enfants mâles au moment même de leur naissance. Ce fut alors qu'une femme de la tribu de Lévi, ne pouvant plus cacher son fils qu'elle avait pendant trois mois soustrait à toutes les recherches, le mit dans une corbeille de jonc, et l'exposa au milieu des roseaux qui couvraient les bords du Nil. Dieu veilla sur ce frêle berceau qui portait le libérateur d'Israël. La fille du Pharaon, étant venue au fleuve pour se baigner, aperçut la corbeille ; elle se la fit apporter, et voyant le petit enfant qui criait, elle le recueillit, le fit élever près d'elle, et quand il fut grand, elle l'adopta, en lui donnant le nom de *Moïse*, c'est-à-dire sauvé des eaux (1725).

Moïse fut entouré de richesses et d'honneurs, et apprit toutes les sciences des Egyptiens; mais il se rappelait son origine, et voyait avec douleur les maux que souffraient les Israélites ses frères. Ayant tué un Egyptien qui maltraitait un Hébreu, il fut obligé de fuir dans le pays des Madianites, chez un prêtre nommé Jéthro, dont il épousa la fille.

Tandis qu'il gardait les troupeaux de son beau-père, au pied du mont Horeb, Dieu lui apparut dans un buisson ardent, et lui dit : « Je suis le Dieu d'Abraham, d'Isaac et de Jacob; j'ai vu l'affliction de mon peuple en Egypte, et ses cris sont parvenus jusqu'à moi; je le délivrerai, et c'est toi que je charge d'aller trouver le Pharaon et de tirer de l'Egypte les fils d'Israël. »

Les ordres formels du Seigneur, les prodiges qu'il fit devant Moïse, vainquirent son hésitation, et il revint en Egypte avec son frère *Aaron*, que Dieu avait associé à sa mission sainte.

Malgré les miracles qui furent opérés en sa présence, Pharaon ne répondit à la première demande de Moïse qu'en accablant les Israélites d'un joug plus pesant encore. Alors Moïse implora le Seigneur, et neuf fléaux terribles fondirent successivement sur l'Egypte, sans pouvoir triompher de l'obstination du roi. Enfin Dieu envoya la dixième et la plus épouvantable de toutes les plaies. L'ange exterminateur passa sur la terre d'Égypte, et dans une nuit il frappa tous les premiers-nés, depuis le fils du roi assis sur son trône jusqu'au fils de l'esclave et jusqu'aux premiers-nés de tous les animaux : et un gémissement universel s'éleva dans l'Égypte. Durant cette même nuit, les Israélites, d'après l'ordre de Dieu, s'étaient réunis par familles pour manger la chair rôtie d'un agneau, avec du pain sans levain, et des laitues amères, ayant les reins ceints, des souliers aux pieds et un bâton à la main, comme des voyageurs; et ils s'étaient hâtés en mangeant; car c'était la *Pâque*, c'est-à-dire *le passage du Seigneur*. Ils avaient teint leurs portes du sang de l'agneau pascal, et, selon la parole de Dieu, l'ange exterminateur en voyant ce signe avait épargné les enfants des Hébreux.

Le Pharaon, épouvanté, ordonna à Moïse et à Aaron d'emmener promptement les enfants d'Israël. Ils partirent au nombre de six cent mille hommes (1645).

Les Israélites se dirigèrent vers les bords de la mer Rouge, conduits par une colonne de nuées, obscure le jour et lumineuse la nuit. Le roi d'Égypte, instruit du départ des Israélites, se repentit de les avoir laissés aller: il rassembla son armée, se mit à leur poursuite, et les atteignit au moment où ils venaient d'arriver sur les bords de la mer Rouge. Le peuple, saisi de crainte, se mit à murmurer contre Moïse. Mais, sur l'ordre du Seigneur, Moïse étendit la main au-dessus des eaux : tout à coup un vent violent, s'étant élevé, dessécha le fond de la mer, et les Israélites la traversèrent, voyant avec admiration ses flots suspendus comme des murailles à leur droite et à leur gauche. Déjà ils touchaient le rivage opposé, lorsque le Pharaon entra à son tour dans le lit de la mer pour les poursuivre ; mais Moïse étendant une seconde fois la main, les flots se rejoignirent et engloutirent le roi avec toute son armée. Moïse et les Israélites célébrèrent le miracle de leur délivrance par un cantique d'action de grâces.

Les Isaélites, après avoir traversé la mer Rouge, se trouvèrent dans un vaste désert, où ils devaient errer pendant quarante ans. Dieu voulait préparer par de longues fatigues le peuple hébreu à lutter contre les vaillantes populations de la terre promise. Les épreuves et les privations commencèrent bientôt. Manquant de nourriture, les Israélites regrettèrent les légumes et le pain que les Egyptiens leur donnaient dans leur esclavage. Mais Dieu les nourrit, en leur envoyant la *manne*, aliment miraculeux qui, chaque matin, tombait sur la terre avant le lever du soleil, et en faisant couler des sources abondantes du sein des rochers arides.

§ III. LÉGISLATION DE MOÏSE.

Une victoire sur les Amalécites fut encore une preuve de la protection divine, que Moïse avait implorée pendant tout le combat. Le peuple Israélite étant bientôt après arrivé au pied du mont Sinaï, le Seigneur lui donna cette législation universelle qui devait régler à la fois tous les rapports politiques, civils, moraux et religieux des juifs, cette législation qui, à la différence de toutes les autres, au lieu d'être élaborée par de longs et pénibles essais, apparaît tout à coup dans son majestueux ensemble pour ne subir jamais aucun changement.

« Partout les lois ont fléchi sous les circonstances; partout elles ont éprouvé les vicissitudes qu'entraînent les révolutions des mœurs et du gouvernement; celles des juifs sont restées immuables; des défaites nombreuses, une longue servitude, la nécessité d'une vie errante, l'excès du malheur et de la misère, n'y ont rien changé; elles n'ont pas même été altérées par leur suppression du rang des peuples, et leur dégradation civile et politique. » (M. DE PASTORET.)

« Dieu lui-même, dit Bossuet, est le fond de cette admirable législation qui liait la société des hommes entre eux par la sainte société de l'homme avec Dieu. » Les Israélites, en effet, étaient le peuple du Seigneur : et Dieu était le seul souverain des juifs. De lui seul émanaient directement toutes leurs lois. Le gouvernement théocratique fut établi parmi les Hébreux dans toute sa pureté. Malgré quelques modifications dans la forme extérieure, le principe se maintint sans s'altérer. Le tabernacle était à la fois le sanctuaire et le trône. Les prêtres étaient les ministres ordinaires du pouvoir, le grand pontife était le ministre suprême. « Les autres peuples firent des dieux de leurs rois; les juifs firent un roi de leur Dieu. »

La loi de Moïse offre un caractère général de sévérité et de rigueur, bien que déjà tempéré par une douceur inconnue aux législateurs antiques : cette rigueur était nécessaire quand il s'agissait d'enchaîner un peuple tel que les juifs. « La Bible atteste leur esprit de désobéissance et de révolte ; leurs annales sont fréquemment l'histoire de leur ingratitude : aucun peuple ne fut plus inquiet, plus défiant, plus indocile. D'Abraham à Joseph, de la naissance de Moïse à la mort de Josué, presque tout est miracle ; et un des plus extraordinaires sans doute est cette obstination, cette incrédulité, cet abandon perpétuel du Dieu qui les affranchissait, pour les dieux de cette terre où ils avaient vécu sous le plus terrible esclavage. »

Tous les crimes sont sévèrement punis ; la mort, accompagnée de supplices divers, est un châtiment ordinaire, mais justement appliqué. Une liaison intime existait nécessairement entre les dogmes et les lois, et toute désobéissance des sujets portait à la fois atteinte à l'ordre civil et à l'ordre religieux. Ainsi la peine de mort est prononcée contre celui qui viole les commandements de Dieu, code suprême des Israélites ; contre celui qui a frappé ou maudit son père ou sa mère ; contre celui qui s'est emparé d'un homme et qui l'a vendu ; contre tout homicide enfin, et même contre le meurtrier d'un esclave.

La loi du talion est posée en principe : œil pour œil, dent pour dent, blessure pour blessure. Point de pitié pour le vice. Nulle part la séduction, l'adultère, ne sont aussi sévèrement punis. Le vol, ce crime si naturel aux races arabes qu'il passait pour une coutume, si habituel dans tout l'Orient que la sage Égypte finit par le tolérer, est réprimé par la loi de Moïse. Celui qui abuse de la confiance de son prochain sera condamné à restituer le double, le triple, le quadruple de ce qu'il aura pris, et si ses biens ne suffisent pas à la restitution, il sera vendu lui-même. Une parfaite équité doit régner entre tous les membres de la société humaine. Justice est faite aux pauvres comme aux riches.

Les parents n'ont pas ce droit de vie et de mort sur leurs enfants, qu'on retrouve partout ailleurs. La femme est la compagne de l'homme, comme Ève fut celle d'Adam, non son esclave. Le divorce est toléré, mais entouré de formalités qui le rendent plus difficile et plus rare. Le frère épouse la veuve de son frère mort, pour qu'elle ne soit pas sans secours. Dieu lui même se déclare le protecteur de la veuve et de l'orphelin, et terrible sera la punition de quiconque opprimera leur faiblesse. La vengeance est défendue; si quelqu'un rencontre sur son chemin l'âne ou le bœuf égaré de son ennemi, il doit le ramener; s'il voit son ennemi accablé sous le faix, il doit l'aider et le secourir.

La pauvreté, vice et honte chez les nations païennes, est relevée ici, et de touchantes recommandations sont adressées à tous en sa faveur : vous ne pourrez retenir, même en gage, plus tard que le soleil couché, le vêtement de votre frère pauvre ; car ce vêtement lui est nécessaire. Vous ne prêterez pas à usure ; l'usure est coupable. Si vous avez oublié une gerbe dans votre champ à l'époque de la moisson, laissez-la pour ceux qui n'ont pas de champ. Vous ne couperez pas les épis trop près de terre, vous en laisserez dans la campagne pour que les pauvres puissent glaner suivant leurs besoins.

L'esclavage, cette plaie de la société antique, est restreint, adouci ; il y a plutôt chez les juifs des serviteurs que des esclaves. Le meurtre de l'esclave est puni comme celui de l'homme libre ; celui à qui son maître a crevé un œil est libre par ce fait. Nul ne peut se vendre à toujours ; c'est en grande partie pour l'esclave qu'est institué le repos du septième jour, une des plus inflexibles ordonnances de la loi. Puis vient au bout de sept ans l'année sabbatique : cette année rend la liberté à tout esclave ; alors aussi on fait une nouvelle répartition des champs, et tout ce qu'ils produisent cette année-là est aux pauvres. La grande année du jubilé, encore plus solennelle, revient au bout de cinquante ans.

Enfin, si Moïse sépare les Israélites de toutes les autres nations, si ce peuple, que Dieu avait choisi pour être le dépositaire unique de la vérité, est isolé des autres par ses mœurs, son culte, ses lois, la législation mosaïque, qui exclut toute coutume, toute institution du dehors, fait exception en faveur des personnes. « N'affligez pas l'étranger, disent les livres saints, et rappelez-vous que vous-mêmes vous fûtes étrangers dans la terre d'Égypte. » Et alors pourtant en Asie, en Égypte, en Grèce, partout, l'étranger était un ennemi (1).

Le premier caractère de la loi religieuse des Juifs, c'est la haine de l'idolâtrie, ce grand vice de toutes les religions du monde ancien. Au milieu d'une foule de nations païennes, dont les Juifs, légers, inconstants et ingrats, n'étaient que trop portés à imiter les déplorables erreurs, il fallait graver profondément ce dogme de l'unité de Dieu dans l'esprit d'un peuple destiné à sauver ce principe suprême du naufrage universel des vérités. Moïse interdit tout ce qui ressemble aux pratiques de l'idolâtrie. Il prescrit tout ce qui rappelle l'unité de Dieu : un seul autel avait été élevé dans le désert ; plus tard un seul tabernacle est érigé, un seul temple rebâti, une seul tribu est vouée au service des autels. Moïse défend d'immoler des victimes dans les bois et sur les montagnes, si souvent témoins des hommages que rendaient les mortels aux divinités qu'ils avaient créées eux-mêmes. La croyance à l'unité de Dieu est prescrite dès les premiers mots du Décalogue, qui contient toute l'essence de la religion juive.

I. Je suis le Seigneur votre Dieu, qui vous ai tiré de l'Égypte, de la maison de servitude.

Vous n'aurez point de Dieu étranger devant moi. Vous ne ferez pas d'image taillée, ni aucune figure, et vous ne l'adorerez pas.

II. Vous ne prendrez pas en vain le nom du Seigneur votre Dieu.

(1) Cet exposé de la législation mosaïque est emprunté en grande partie a l'*Histoire du monde* de MM. H. et Ch. de Riancey.

III. Souvenez-vous de sanctifier le jour du sabbat.

IV. Honorez votre père et votre mère, afin que vous viviez longtemps sur la terre.

V. Vous ne tuerez pas.

VI. Vous ne commettrez pas de fornication.

VII. Vous ne déroberez pas.

VIII. Vous ne porterez pas de faux témoignages contre votre prochain.

IX. Vous ne désirerez pas la maison de votre prochain.

X. Vous ne désirerez pas la femme de votre prochain, ni son serviteur, ni sa servante, ni son âne ni son bœuf, ni rien qui soit à lui.

Après avoir publié ces grands préceptes, Dieu régla lui-même les cérémonies du culte, les solennités par lesquelles il voulait être honoré. Tout y semble encore tendre à ce but général de la législation des Hébreux, de rendre impossible le mélange du peuple choisi de Dieu avec les autres peuples. La circoncision, devoir religieux pour les enfants d'Israël, est un de leurs signes distinctifs. La vie entière des Hébreux est chargée de pratiques religieuses qui les unissent entre eux en les séparant des autres hommes. Dans leur culte tout est invariablement fixé par les préceptes du Seigneur, rien n'est laissé à l'incertitude des volontés humaines. Le service des autels est exclusivement confié à la tribu des Lévites. Le premier né parmi les descendants du fils d'Aaron exerce le souverain pontificat; les autres membres de cette famille sont destinés au sacerdoce. Le reste des Lévites remplit les emplois inférieurs. De nombreuses prérogatives, mais aussi des devoirs rigoureux, sont attachés au sacerdoce. Les prêtres doivent expliquer au peuple la loi divine, guider sa conduite par des exemples irréprochables; ils expient leurs fautes par des peines d'une extrême sévérité. Les lévites, entièrement voués à Dieu, ne s'occupent pas de la culture de la terre, et aucune propriété ne leur est attribuée ; mais ils ont droit à la dixième partie des grains et des fruits que recueillent les autres Israélites.

Une des charges les plus importantes des prêtres était la garde du *tabernacle*; c'était là qu'était renfermée l'*arche d'alliance* qui contenait les tables où était gravée la loi divine, et un vase rempli de manne, en mémoire des prodiges que Dieu avait opérés en faveur de son peuple.

Les fêtes de la religion, spéciales par leur caractère au peuple hébreu, avaient pour objet de rappeler quelque époque signalée plus particulièrement par les bienfaits de Dieu. Elles étaient consacrées, pour la plupart, aux pieux souvenirs, aux devoirs de reconnaissance.

Outre le sabbat, ou repos du septième jour, institué en mémoire du repos de Dieu après la création, les principales fêtes étaient : la *Pâque*, établie pour célébrer la délivrance du peuple hébreu et le passage de la mer Rouge ; la *Pentecôte*, célébrée cinquante jours après la Pâque, en commémoration du jour où Dieu avait publié sa loi ; la fête des *Tabernacles*, pendant laquelle les Israélites devaient habiter sous des tentes, comme leurs pères dans le désert : elle se célébrait après la récolte des fruits ; la fête des *Expiations*, où tout le peuple, par un jeûne solennel, implorait le pardon de ses fautes. C'était le seul jour de l'année où le grand-prêtre entrât dans la partie la plus reculée et la plus sacrée du temple, qu'on appelait le *Saint des Saints*. Quand il en était sorti, on lui amenait des boucs, dont l'un était immolé au Seigneur, et l'autre, le *bouc émissaire*, était chassé dans le désert après avoir été chargé avec imprécation de tous les péchés d'Israël.

Dieu avait promulgué sa loi sur le mont Sinaï, au milieu des foudres et des éclairs, pour frapper plus vivement l'esprit grossier et mobile des enfants d'Israël. Et cependant, à peine Moïse, ayant fait jurer au peuple obéissance aux préceptes divins, était-il monté seul sur la montagne pour recevoir le complément des ordres du Seigneur, que les Hébreux au pied même du Sinaï, forcèrent Aaron de leur fabriquer un veau d'or pour lui offrir leurs adorations. Moïse, descendant de la montagne avec les deux tables de pierre, où Dieu avait inscrit sa loi, les brisa, dans son indignation, à la vue de la monstrueuse ingratitude de son peuple. Il réduisit en poudre le veau d'or et fit massacrer trois mille des prévaricateurs par le glaive des Lévites, avant de redemander à Dieu deux nouvelles tables pour remplacer les premières.

Malgré ce terrible exemple, les infidélités des Israélites se renouvelèrent souvent, et chaque fois il fallut que Dieu les châtiât d'une manière rigoureuse pour les ramener à l'obéissance.

Les deux fils aînés d'Aaron lui-même furent dévorés par un feu intérieur, pour avoir, au mépris de la loi, allumé leurs encensoirs avec une flamme profane. Une maladie contagieuse enleva une foule d'Israélites qui regrettaient encore les viandes et les oignons d'Égypte. Ceux qui murmuraient de la longueur du voyage furent livrés aux morsures brûlantes de serpents venimeux, et ne purent se guérir qu'en regardant le serpent d'airain élevé par Moïse, symbole du Rédempteur des hommes. Vingt-quatre mille périrent dans le pays des Madianites pour avoir adoré les idoles de ce peuple. Coré, Dathan et Abiron, qui voulaient usurper les fonctions sacerdotales attribuées par le Seigneur à la famille d'Aaron, furent dévorés par les flammes avec les deux cent cinquante complices de leur révolte.

Cependant les Israélites touchaient aux frontières du pays de Chanaan, cette terre promise à leurs pères. Mais des espions envoyés par Moïse, en leur rapportant les productions merveilleuses de ce fertile pays, *où coulaient le lait et le miel,* les épouvantèrent en exagérant la force et le nombre des hommes qui l'habitaient. Le peuple douta encore une fois des promesses du Tout-Puissant, et recommença ses murmures. Dieu le punit en déclarant que nul de ceux qui étaient sortis d'Égypte ne verrait la terre

promise, si ce n'est Caleb et Josué, qui avaient eu foi dans
sa parole : tout le peuple dut errer encore pendant quarante ans dans le désert. Moïse lui-même et son frère
Aaron se rendirent indignes d'entrer dans la terre promise, par leur hésitation à accomplir un ordre du Seigneur.

Aaron mourut peu de temps après. Quant à Moïse, il
fit la conquête de toute la contrée à l'orient du Jourdain, où s'établirent les tribus de Ruben et de Gad et
une partie de celle de Manassé; puis, après avoir béni
toutes les tribus, il monta sur la montagne de Nébo, d'où
le Seigneur lui fit voir, au delà du Jourdain, la terre
promise à Abraham, à Isaac et à Jacob, mais où il ne
devait pas pénétrer. Ensuite Moïse mourut, et jamais
homme n'a connu le lieu de sa sépulture (1605).

§ IV. JOSUÉ. — CONQUÊTE ET PARTAGE DE LA TERRE SAINTE.

Moïse avait, par l'ordre du Seigneur, choisi *Josué* pour
son successeur. Le fils d'Aaron, Eléazar avait été de même
désigné par Moïse pour remplacer son père dans la dignité
de grand-prêtre. Ce fut sous ces deux chefs que les Israélites furent mis en possession de la terre de Chanaan.
Dès que Josué eut pris la direction du peuple d'Israël,
Dieu lui promit sa protection, et lui ordonna de passer
le Jourdain. Josué aussitôt se mit en marche en faisant
porter l'arche d'alliance devant le peuple. Les prêtres entrèrent avec elle dans le lit du fleuve. Aussitôt les eaux se
divisèrent, et le peuple traversa le Jourdain à pied sec.

Les Hébreux se trouvaient alors près de Jéricho, ville
puissante, entourée de fortes murailles : Dieu confirma
par un second miracle la mission qu'il avait donnée à Josué. D'après l'ordre du Seigneur, l'armée fit plusieurs
fois le tour des remparts, précédée par l'arche d'alliance;
tout à coup, au seul bruit des trompettes, les murs
de la ville s'écroulèrent avec fracas. Les Israélites s'y précipitèrent, et passèrent les habitants au fil de l'épée.

La protection de Dieu ne cessait d'accompagner son peuple. Toutes les tribus de Chanaan qui osèrent résister furent vaincues et détruites. Les Gabaonites seuls firent alliance avec Josué, qui leur accorda ses secours. C'est en combattant contre les ennemis des Gabaonites que Josué, voulant terminer la victoire que la nuit allait interrompre, ordonna au soleil de s'arrêter et de prolonger le jour jusqu'à ce que la défaite des ennemis fût complète.

Après des luttes presque toujours fatales à leurs ennemis, les Israélites avaient triomphé de trente-cinq rois et conquis la terre de Chanaan. Ce pays fut alors partagé par Josué entre les douze tribus d'Israël. Trois hommes de chaque tribu furent choisis pour faire ce partage. Ainsi que nous l'avons dit, celle de Lévi n'eut point de terres, parce que Dieu lui avait attribué la dîme et les prémices de tout ce que la terre produisait. On lui assigna seulement pour demeure quarante-huit villes disséminées dans le territoire des diverses tribus. Les deux tribus de Manassé et d'Éphraïm (fils de Joseph et adoptés par Jacob) reçurent leurs parts comme les autres tribus d'Israël, et même celle de Manassé eut deux parts, l'une à l'orient et l'autre à l'occident du Jourdain. Josué régla ensuite le gouvernement et l'administration intérieure. Il organisa les tribunaux, fixa la juridiction des magistrats, et détermina leurs attributions diverses. Il mourut à l'âge de cent dix ans, après avoir établi l'ordre et la paix dans Israël (1580).

Lorsque Josué fut mort, les Israélites cessèrent d'obéir à un chef unique et régulièrement institué. Le gouvernement passa aux mains des anciens de chaque tribu, qui se réunissaient en conseil pour délibérer sur les affaires publiques. La seule influence du grand prêtre maintenait quelque lien au milieu de cette division du pouvoir. Peu à peu cependant l'anarchie fit des progrès; le peuple, livré à lui-même, oublia la loi du Seigneur, et commença à s'allier avec les tribus voisines qui adoraient encore les idoles.

Dieu le punit en permettant qu'il fût vaincu et réduit plusieurs fois en servitude. Cependant il lui envoya de temps en temps, pour le tirer de l'oppression, des hommes justes et animés de son esprit, qui furent appelés juges.

§ V. GOUVERNEMENT DES JUGES.

Les juges n'avaient pas une autorité déterminée et constante ; suscités dans le danger commun, ils devenaient les chefs de leurs compatriotes après les avoir délivrés ; ils commandaient tantôt à une partie des Israélites, tantôt à une autre. Parfois la dignité de juge était donnée à une personne renommée par sa sagesse, quel que fût du reste son rang, et on la vit même entre les mains d'une femme. Cependant le plus souvent ce pouvoir était plutôt celui d'un général que celui d'un magistrat. « Sous » le nom de juge, dit l'historien Josèphe, on mettait à la » tête du peuple le citoyen le plus distingué par son cou- » rage et par ses talents guerriers. » Du reste, quand le péril était passé et que le libérateur était mort, on ne lui donnait pas habituellement de successeur, et le gouvernement des tribus revenait aux anciens.

Les juges les plus célèbres furent Othoniel, Aod, Débora, Gédéon, Jephté, Samson, Héli et Samuel.

Le roi de Mésopotamie Chusan-Rasathaïm ayant assujetti les Israélites au tribut, Dieu au bout de huit ans eut pitié d'eux et mit à leur tête *Othoniel* (1554-1514), qui les délivra et gouverna pendant quarante années. Après lui, le peuple retomba dans l'idolâtrie, et Dieu le laissa pendant dix-huit ans sous le joug d'Églon, roi des Moabites. A peine *Aod* (1496-1416) les avait-il tirés de cette dure captivité, qu'ils revinrent à leurs anciennes iniquités, et méritèrent d'être punis par une troisième servitude. Pendant vingt ans ils furent soumis à Jabin, roi puissant, qui avait une armée nombreuse et neuf cents chars armés de faux. Dans ce temps, une femme, la prophétesse *Débora*, assise au pied

3

d'un palmier sur la montagne d'Éphraïm, jugeait le peuple d'Israël. Elle se mit avec le général *Barac* à la tête de l'armée, et marcha contre Sisara, chef des troupes de Jabin. Sisara fut vaincu, et tué dans sa fuite par une femme nommée Jahel. Débora et Barac célébrèrent par un cantique la délivrance des Israélites.

Mais toujours ingrats envers le Seigneur, les Israélites l'offensèrent de nouveau, et retombèrent au pouvoir des Madianites. Au bout de sept années de la plus dure servitude, Dieu suscita pour leur délivrance *Gédéon* (1349), qui pour preuve de sa mission obtint du Seigneur plusieurs miracles. Ce nouveau juge d'Israël rassembla une armée de cent mille guerriers ; mais Dieu ne voulant pas que son peuple attribuât sa délivrance à ses propres forces, réduisit l'armée à trois cents hommes. Gédéon les ayant munis de trompettes et de pots de terre renfermant des lampes allumées, pénétra avec eux dans le camp des Madianites, en criant : « L'épée de Dieu et de Gédéon ! » En même temps le bruit des trompettes et l'éclat des lampes jetèrent l'effroi parmi les Madianites, qui s'égorgèrent les uns les autres, ou prirent la fuite. Gédéon mourut après avoir gouverné pendant quarante ans, sans vouloir prendre le titre de roi ; car *c'était le Seigneur qui était roi dans Israël.* Il laissait soixante et onze fils. *Abimélech*, l'un d'eux, se fit reconnaître roi dans Sichem, et égorgea tous ses frères, à l'exception d'un seul. Mais sa tyrannie souleva contre lui tout le peuple, et il fut tué par les révoltés (1306). Bientôt après les Ammonites, profitant des divisions des Israélites, les soumirent à une cinquième servitude. Le Seigneur leur envoya pour les délivrer *Jephté* (1243-1237), du pays de Galaad, qui vainquit les Ammonites.

Vers cette époque, Dieu conduisit *Ruth*, pauvre femme moabite vers un homme riche de Bethléhem, nommé *Booz*, qui, touché de son amour pour sa belle-mère *Noémi*, la prit en mariage. De cette union devait naître Obed, qui donna le jour à Isaïe ou Jessé, père du roi David.

Les Israélites, toujours infidèles, avaient été livrés aux Philistins, lorsque naquit un enfant annoncé par les anges comme le futur libérateur d'Israël : *Samson*, nazaréen (c'est-à-dire consacré au Seigneur) avant sa naissance, et sur la tête duquel le rasoir ne devait pas passer. A dix-huit ans, Samson fit connaître sa force prodigieuse en mettant en pièces un jeune lion ; bientôt, déclarant la guerre aux oppresseurs de son peuple, il tua à Ascalon trente Philistins ; irrité de se voir trahi par la femme qu'il avait épousée parmi ce peuple, il s'en déclara l'ennemi le plus acharné. Il brûla les moissons des Philistins et en tua mille avec une mâchoire d'âne. Quelque temps après, enfermé dans Gaza, il se retira emportant sur ses épaules les portes de la ville.

Les Philistins ne purent se rendre maîtres de Samson que lorsqu'une femme, nommée Dalila, lui eut coupé les cheveux, dans lesquels résidait sa force. Mais ses ennemis l'ayant amené au milieu d'un temple où ils célébraient la fête de leur idole, Samson, à qui sa vigueur était revenue avec sa chevelure, renversa deux colonnes qui soutenaient tout l'édifice, et s'ensevelit sous les ruines du temple avec trois mille Philistins (1152).

Cependant le pouvoir s'affaiblissait de plus en plus parmi les Israélites, l'union se relâchait, l'idolâtrie pénétrait sans cesse parmi les tribus. « Chacun faisait dans » Israël ce qu'il voulait, » dit l'Écriture. On vit les descendants de Benjamin insulter un lévite, et faire périr sa femme après l'avoir accablée d'outrages. Le lévite coupa le cadavre en morceaux, et envoya ces débris sanglants à toutes les tribus. Ce fut un cri d'horreur dans le pays d'Israël. Toutes les tribus prirent les armes ; les Benjamites furent presque tous exterminés.

Les désordres ne firent qu'augmenter par la faiblesse du grand prêtre *Héli*. Les deux fils d'Héli eux-mêmes, Ophni et Phinées, profanaient le lieu saint, détournaient les offrandes faites au Seigneur, et excitaient les murmures de tout le peuple. Le Seigneur, irrité contre Héli, lui envoya un prophète pour lui annoncer qu'il allait enlever le pouvoir à sa famille, faire périr en un jour ses deux fils, et le punir lui-même de sa lâcheté. Déjà un enfant était chargé de redire au grand prêtre ces menaces, et était associé aux desseins de Dieu. C'était le jeune *Samuel*, accordé aux vœux de sa mère après une longue stérilité, et élevé dans le tabernacle, où il servait le grand prêtre à l'autel des sacrifices. La prédiction répétée par la bouche de Samuel ne tarda pas à s'accomplir. Les coupables enfants d'Israël furent vaincus près de Silo, malgré la présence de l'arche sainte. Trente mille hommes, avec les deux fils d'Héli, restèrent sur le champ de bataille, et l'arche fut prise par les Philistins. Héli à cette fatale nouvelle tomba à la renverse et se fracassa la tête (1142).

Samuel fut nommé juge d'Israël quelques années après la mort d'Héli (1092). Il renouvela l'alliance des Israélites avec le Seigneur, en les déterminant à rejeter les dieux étrangers dont le culte s'était introduit parmi eux, et dès lors ils triomphèrent de leurs ennemis. Les Philistins avaient été forcés de renvoyer l'arche d'alliance, qui était pour eux une cause de calamités. Peu de temps après, ils vinrent attaquer les Israélites; mais ils furent battus complétement, et, humiliés par cette défaite, ils n'osèrent plus attaquer le peuple de Dieu pendant plusieurs années.

Quand Samuel fut devenu vieux, les anciens du peuple, mécontents du gouvernement de ses fils, lui demandèrent de leur choisir un roi, pour juger les Israélites et combattre à leur tête. Samuel consulta le Seigneur, qui lui répondit : « Donnez-leur un roi. »

OUVRAGES A CONSULTER. — *Exode, Lévitique, Deutéronome, Nombres. Livre de Josué, Juges, Rois. — Législation des Hébreux*, par M. de Pastoret. — Bossuet. — *Histoire du monde*, par MM. de Riancey. *Mœurs des Israélites*, par Fleury. *Histoire Sainte*, de M. Ansart. *Égypte*, par Champollion-Figeac (dans l'Univers pittoresque). *Lettres de quelques Juifs*, par l'abbé Guénée. Josèphe, *Réponse à Apion.*

CHAPITRE TROISIÈME.

HISTOIRE DES HÉBREUX DEPUIS L'ÉTABLISSEMENT DE LA ROYAUTÉ JUSQU'A LA FIN DE LA CAPTIVITÉ DE BABYLONE.

SOMMAIRE.

§ I. Saül, premier roi, sacré par Samuel. Ses victoires sur les peuples voisins. Ses infidélités. David sacré par Samuel. Goliath vaincu par David. Jalousie de Saül contre David. Bataille de Gelboé; mort de Saül. — *Règne de David.* Guerre contre Isboseth; contre les Jébuséens; prise de Jérusalem. Promesses de Dieu à David. *Victoires de David sur les Philistins, les Moabites, les Ammonites, les Iduméens, les Syriens. Conquêtes. Puissance du royaume d'Israël.* Double crime et pénitence de David. Révolte d'Absalon, d'Adonias. Mort de David. — *Règne de Salomon.* Construction du temple. — *Le royaume d'Israël s'étend de l'Egypte à l'Euphrate. Son commerce, ses richesses.* Alliance avec la Phénicie. La reine de Saba. Infidélité de Salomon.

§ II. Roboam. Schisme des dix tribus. Jéroboam, roi d'Israël. Invasion de Sésac en Judée. Abiam, Asa, rois de Juda. Défaite de Sabacon, roi d'Éthiopie. — Nadab, Baasa, Ela, Zamri, Amri, rois d'Israël; Achab, roi d'Israël, épouse Jézabel, fille du roi de Tyr. — Le pieux Josaphat, roi de Juda; il défait les Ammonites et les Moabites. Impiété d'Achab. — Le prophète Élie. Ochosias, Joram, rois d'Israël. — Joram, roi de Juda; sa femme Athalie fait massacrer les princes de la famille royale. Ochosias, roi de Juda. — Le roi de Syrie assiége Samarie. Le prophète Élisée. Jéhu fait mettre à mort le roi d'Israël Joram, Jézabel, et soixante-dix descendants d'Achab. Il est défait par les Syriens, ainsi que son fils Joachaz. — Joas rétabli sur le trône de Juda par le grand prêtre Joïada. Athalie mise à mort. Ingratitude de Joas. Amasias, roi de Juda, défait par le roi d'Israël. Osias, son fils, vainqueur des Arabes, des Ammonites, des Philistins. — Règne glorieux de Joas en Israël; il défait les Syriens. Jéroboam II lui succède. Infidélité constante des rois d'Israël. Avertissements des prophètes. Zacharie, Sellum, Manahem, Phacéïa, Phacée, se succèdent en peu de temps sur le trône

d'Israël. — Joathan, roi de Juda. Impiété de son fils Achaz. Le
saint roi Ézéchias lui succède. — Osée, roi d'Israël. Exploits du
roi d'Assyrie Théglath-Phalasar. *Salmanasar s'empare de Samarie. Fin du royaume d'Israël. Invasion de Sennachérib
en Judée. Ézéchias miraculeusement délivré.* Manassès emmené en captivité par Asar-Haddon. *Holopherne tué par Judith.*
Amon, roi de Juda. Josias tué à la bataille de Mageddo.
Néchao emmène en captivité Joachaz. Joachim. Prophéties de
Jérémie. Nabuchodonosor prend Jérusalem. — Captivité de Babylone. — Soulèvement des Juifs sous Jéchonias. Sédécias. *Destruction du royaume de Juda.* Le prophète Daniel à la cour
de Nabuchodonosor. Prise de Babylone par Cyrus. Fin de la
captivité.

§ 1. HISTOIRE DES HÉBREUX PENDANT LES RÈGNES DE SAÜL, DAVID
ET SALOMON.

Dieu envoya vers Samuel le jeune *Saül*, fils d'un homme
riche et puissant de la tribu de Benjamin, et le plus beau
des enfants d'Israël. Le prophète, connaissant que Saül
était celui qui était choisi pour régner sur le peuple de
Dieu, le sacra, en lui répandant une fiole d'huile sur la
tête. Quelques jours après, Samuel assembla le peuple à
Masphath, et après lui avoir reproché son ingratitude envers Dieu, qui seul avait été son roi jusqu'alors, il proposa de choisir par le sort le nouveau roi. Le sort confirmant
l'élection déjà faite par Samuel au nom du Seigneur, désigna Saül, fils de Cis; le peuple le proclama roi, et il commença à gouverner avec Samuel (1080).

Malgré la résistance de quelques-uns, la victoire affermit Saül sur le trône. Naas, roi des Ammonites, étant
venu mettre le siége devant Jabès de Galaad, Saül rassembla trois cent mille guerriers, et fondit sur les Ammonites,
qui furent complétement vaincus. Alors, tout le peuple se
réunissant à Galgala, salua pour la seconde fois le vainqueur comme roi d'Israël.

Mais la prospérité le détournait déjà de la crainte du
Seigneur. Attaqué par les Philistins, qui envahissaient le
territoire d'Israël avec une armée innombrable, Saül osa
offrir lui-même un sacrifice qui ne devait être offert que

par Samuel. Le prophète déclara à Saül que Dieu, en punition de sa faute, lui ôterait son royaume pour le donner à un homme selon son cœur, qu'il avait déjà choisi.

Cependant la valeur de Jonathas, fils de Saül, rendit encore les Israélites victorieux de leurs ennemis. Accompagné de son seul écuyer, il avait pénétré dans le camp des Philistins et jeté le trouble parmi eux. Saül voulut compléter la victoire, et se mit à la poursuite de l'ennemi, maudissant celui qui prendrait quelque nourriture avant que les Philistins fussent entièrement défaits. Jonathas désobéit par ignorance, et son père allait l'envoyer à la mort. Mais les Israélites forcèrent Saül à épargner celui qui avait sauvé le peuple, et le roi se retira sans poursuivre davantage les Philistins.

Bientôt Samuel lui ordonna, au nom de Dieu, de combattre les Amalécites et d'exterminer ce peuple, qui avait refusé de livrer passage aux Israélites, lorsqu'ils arrivaient d'Egypte pour s'établir dans la terre de Chanaan. Saül marcha contre eux à la tête d'une armée de deux cent dix mille hommes, les battit complétement, fit prisonnier leur roi Agag, et mit à mort tous les Amalécites; mais il épargna le roi et réserva tout ce qu'il y avait de meilleur dans les troupeaux et de plus précieux dans le butin. Samuel vint alors trouver Saül, il lui reprocha encore sa désobéissance, en lui disant que puisqu'il avait rejeté les ordres du Seigneur, le Seigneur l'avait rejeté à son tour, et qu'il cesserait d'être roi.

Aussitôt le prophète quitta Saül, et d'après l'ordre du Seigneur, il alla à Bethléhem sacrer *David*, le dernier des fils de Jessé ou Isaïe, qui déjà avait signalé son courage en défendant ses troupeaux contre les lions et les ours (1051). Dès lors, l'esprit de Dieu se reposa sur David, et abandonna au malin esprit le roi prévaricateur. Pour modérer sa cruelle agitation, on lui proposa de faire venir David, qui était fort habile à jouer de la harpe, et dont la mystérieuse élection était encore ignorée de tout Israël. Toutes les fois que l'esprit malin tourmentait Saül, David le calmait en jouant de la harpe; le roi le prit en affection et le nomma son écuyer.

Bientôt la défaite du géant Goliath fit connaître la valeur de David et la protection que lui accordait le Seigneur. Ce vaillant Philistin avait défié au combat les plus braves d'entre les Israélites, et nul n'osait lutter contre lui. Le jeune berger, n'ayant pour arme que sa fronde, renversa le géant d'un coup de pierre, et se jetant sur lui, saisit son épée et lui coupa la tête. Les Philistins, voyant que leur plus illustre guerrier était mort, s'enfuirent précipitamment. Les enfants d'Israël se mirent à leur poursuite, en tuèrent un nombre considérable et pillèrent leur camp (an 1048 avant J.-C.).

Saül, pour récompenser David de cette victoire, lui donna un commandement dans l'armée, et, bientôt après, à la suite d'un nouveau triomphe, il lui accorda sa fille Michol en mariage. Le fils de Saül, Jonathas, conçut pour David son compagnon d'armes une affection qui ne se démentit jamais. Mais la jalousie entra dans l'âme du roi, quand il entendit les Israélites célébrer les exploits de David, en disant : « Saül en a tué mille, et David en a tué dix mille. » Il dit alors : « Que ne lui donne-t-on aussi le titre de roi ? » et il commença à le haïr. Deux fois il voulut percer David de sa lance, dans le temps même où celui-ci jouait de la harpe devant lui pour calmer son mal. Peu de temps après, il envoya des soldats pour le tuer. David ne put échapper aux persécutions du roi qu'en prenant la fuite. Cependant il ne rendait à son ennemi que le bien pour le mal, se bornant à exhaler ses douleurs devant Dieu, et épargnant deux fois son persécuteur, dont il pouvait se défaire impunément. Saül, touché enfin de tant de générosité, promit de ne plus poursuivre David; mais il ne revint pas au Seigneur.

L'année 1040, les Philistins recommencèrent à attaquer les Israélites. Saül, abandonné de Dieu, alla trouver pendant la nuit la magicienne d'Endor, et lui ordonna d'évoquer l'ombre de Samuel, mort depuis deux ans. Le prophète apparut au roi, il lui reprocha ses crimes et lui prédit que le lendemain lui et ses fils seraient dans le tombeau. Le lendemain, en effet, les Philistins attaquèrent avec furie les Israélites sur la montagne de Gelboë. Jonathas et deux autres fils de Saül furent tués, lui-même fut blessé, et pour ne pas tomber vivant entre les mains des ennemis, il se jeta sur la pointe de son épée. David pleura amèrement son ennemi; il fit mettre à mort un Amalécite qui se vantait d'avoir donné le coup mortel à l'oint du Seigneur, et rendit tous les biens de Saül à un fils de Jonathas, nommé Miphiboseth.

David ayant consulté le Seigneur, se rendit à Hébron, où il fut sacré roi par ceux de la tribu de Juda, tandis que le général Abner faisait proclamer *Isboseth*, fils de Saül, par toutes les autres tribus. Une guerre éclata entre les deux princes, et se termina au bout de sept ans (1040-1033), par la mort d'Isboseth. Six mois après, les anciens d'Israël étant venus trouver David à Hébron, se soumirent à lui et le reconnurent comme roi de tout Israël (an 1033). Il avait alors trente-sept ans.

L'unité du royaume était fondée; mais il n'y avait pas encore de capitale qui fût le centre des douze tribus. David prit aux Jébuséens, le plus belliqueux des peuples de Chanaan, la citadelle de Jérusalem, sur la montagne de Sion. Ce fut là qu'il établit la demeure royale; il s'y fit bâtir un palais avec le bois de cèdre que lui envoya son allié Hiram, roi de Tyr (1031). Sion s'appela dès lors la cité de David. Mais le roi n'osant reposer sous des lambris dorés, tandis que l'arche du Seigneur demeurait sous une misérable tente, la fit entrer dans Jérusalem, au son des trompettes et aux acclamations de tout le peuple. David lui-même, vêtu d'une robe de lin, dansait, sa harpe à la main, devant l'arche du Seigneur.

Il avait formé le projet d'élever au Tout-Puissant un temple magnifique. Mais le Seigneur le lui défendit, parce qu'il était un roi guerrier et qu'il avait les mains souillées de sang; il réservait cet honneur au prince qui devait

3.

régner après David. Il lui promit toutefois qu'il ne retire-
rait pas sa miséricorde de sa maison, et que *son trône
serait éternel*. C'était annoncer le règne du Messie, qui
devait sortir de la race de David.

Ce prince, protégé par le Seigneur, étendit au loin la
puissance de son peuple. Après avoir délivré les Israélites
du joug des Philistins, qui leur faisaient payer tribut
(1028), il vainquit les Moabites, et soumit ceux qui ne
périrent pas dans la guerre ; les Ammonites furent défaits à
leur tour, et David vainqueur attaqua les peuples étrangers
qui avaient fourni des secours à ses ennemis de Chanaan.
Il fit une expédition sur l'Euphrate, battit les Iduméens
orientaux près de Palmyre, et prit un grand nombre de
leurs villes. Il triompha du roi de Mésopotamie, ainsi que
des Syriens de Damas et de ceux de Soba, qui retenaient
dans la captivité un grand nombre de familles israélites.
Le roi d'Emath vint s'humilier aux pieds de David, tandis
que le général Joab assiégeait la forte ville de Rabbath,
dont les habitants furent massacrés ou réduits en servitude. Les conquêtes de David s'étendirent jusqu'à la mer
Rouge. La prise des ports d'Élath et d'Asiongaber permit
aux Hébreux d'étendre leur commerce jusqu'aux pays les
plus reculés de l'Asie et de l'Afrique. A l'occident, les
Phéniciens de Tyr imploraient l'alliance du roi des Israélites, et Hiram lui livrait une flotte nombreuse. David
comptait dans son royaume treize cent mille hommes en
état de porter les armes.

C'est au milieu de cette gloire que David tomba tout à
coup dans un double crime, comme pour servir de leçon
à ceux qui s'enorgueillissent de leur grandeur et de leur
justice. Il fit périr un de ses officiers, nommé Urie, après
avoir séduit sa femme Bethsabée. Mais son repentir fut
égal à sa faute, quand le prophète Nathan lui eut fait ouvrir les yeux, et il accepta avec soumission tous les maux
dont Dieu frappa son serviteur coupable. Le premier fils
que lui donna Bethsabée mourut. Après la naissance d'un
autre fils nommé Salomon, toute la famille du roi fut trou-

blée par les discordes et les crimes de ses enfants. Une de
ses filles fut outragée par son frère Amnon, qui lui-même
fut tué par Absalon, autre fils de David. Le meurtrier souleva dix tribus contre son père. David, adorant la justice
divine, quitta Jérusalem, à pied, et fut insulté par un
homme de la maison de Saül, Séméi, qu'il ne voulut pas
punir ; mais bientôt tous ceux de ses sujets qui lui étaient
demeurés fidèles se réunirent autour de lui. Absalon livra
bataille aux troupes de son père dans la forêt d'Éphraïm.
Il fut vaincu et tué par Joab, général du roi (1010). David
avait commandé formellement d'épargner son fils rebelle.
En apprenant son sort funeste, il oublia sa propre victoire
et tomba dans une profonde douleur. Enfin il vit, l'année
même de sa mort, un autre de ses enfants, Adonias, se
révolter contre lui. David, qui par l'ordre du Seigneur
destinait la couronne à Salomon, le fit aussitôt sacrer, et
reconnaître par tout le peuple. Adonias, abandonné de
ses partisans à cette nouvelle, se soumit et obtint sa
grâce.

David mourut vers la fin de l'année 1001, après avoir
donné à son fils de sages instructions, et après lui avoir
remis le plan du temple qu'il devait élever au Seigneur.

Il est l'auteur de ces *psaumes* ou cantiques que l'Église
redit chaque jour dans ses prières, comme l'admirable
expression d'une vive reconnaissance, d'une piété ardente,
d'un profond repentir, et comme le tableau anticipé de la
gloire et des souffrances du Messie.

Salomon était dans sa dix-septième année quand il monta
sur le trône (1001). Il commença son règne par plusieurs
actes de rigueur, pour intimider les factieux dont les révoltes avaient troublé les derniers jours de son père. Adonias,
qui renouait ses intrigues, fut mis à mort, ainsi que Joab
et Séméi, à cause de leur coupable conduite à l'égard du
roi David. Affermi par ces exécutions sévères, Salomon
alla offrir mille victimes sur l'autel du Seigneur. Dieu reçut ses hommages, et lui apparut, en lui promettant de lui
accorder ce qu'il demanderait. Salomon désira la sagesse.

Dieu, pour le récompenser d'un tel vœu, lui donna en même temps les richesses et la puissance.

Salomon, en effet, fut le plus sage et le plus glorieux des rois. La pénétration de son esprit et l'équité de ses jugements remplirent ses sujets d'admiration et de respect.

Fidèle aux recommandations de David son père, il entreprit d'élever un temple au Seigneur sur la montagne de Moria, à l'orient de Jérusalem. Il employa près de deux cent mille hommes à cette construction, pour laquelle Hiram, son allié, lui fournit des bois de cèdre et de sapin qu'il faisait couper par ses ouvriers sur le mont Liban. Sept ans et demi furent employés à élever et à décorer ce superbe édifice, dont tous les murs étaient revêtus à l'intérieur de lambris de bois de cèdre et couverts de lames d'or. La huitième année (991), Salomon fit avec une grande pompe la dédicace du temple au milieu d'un immense concours de peuple, et désormais ce fut le seul lieu d'Israël où Dieu permît d'offrir des sacrifices.

Salomon éleva encore dans Jérusalem des palais magnifiques : il entoura sa capitale de fortes murailles ; il bâtit ou embellit Héser, Mageddo, Gazer, Baalath et la grande ville de Palmyre, au milieu d'un désert, pour recevoir les caravanes qui allaient de Damas à Babylone.

Plus puissant que son père David, il recula encore les limites du royaume d'Israël. Le roi d'Égypte fit alliance avec lui, et lui donna sa fille en mariage. Hiram lui fournit des vaisseaux, lui envoya des matelots et des pilotes, et ne demanda en retour que son amitié. Salomon affermit son empire sur les Amorrhéens, les Héthéens, les Hévéens, les Jébuséens. Il étendit sa domination sur les pays compris entre la mer intérieure et l'Euphrate aux environs de Thapsaque, et à l'occident jusqu'aux frontières de l'Égypte. La paix régnait en même temps dans l'intérieur du royaume, *et chacun vivait sans crainte sous sa vigne ou sous son figuier, de Dan à Bersabée.* Un commerce immense augmentait sans cesse les richesses du royaume. La flotte de Salomon, réunie à celle d'Hiram, allait chercher l'or, l'argent, l'ivoire, à Ophir et à Tarsis, c'est-à-dire, à ce que l'on croit, sur les rivages de l'Espagne et de l'Afrique. Au midi, des vaisseaux équipés à Élath et à Asionga-ber faisaient voile vers l'Éthiopie et toutes les côtes de l'Asie. Aussi les plus précieux métaux « étaient devenus à Jérusa-» lem communs comme les pierres, et on y voyait autant » de cèdres du Liban, qu'on voit de sycomores dans la cam-» pagne.» Les écuries de Salomon renfermaient quarante mille chevaux ; il avait douze mille chariots de guerre et une armée immense. Les rois des pays voisins venaient lui rendre hommage, et du fond de l'Arabie, la reine de Saba arriva en grande pompe à Jérusalem pour voir le prince dont la sagesse était célèbre dans tout l'Orient.

Mais ces immenses richesses, cette puissance formidable, corrompirent le cœur du roi, qui se laissa séduire par l'amour des plaisirs et oublia le dieu de ses pères. Il épousa un grand nombre de femmes étrangères, qui l'entraînèrent à l'idolâtrie ; et l'on vit le fils de David, celui à qui l'Esprit de Dieu avait inspiré le *Livre des Proverbes*, *l'Ecclésiaste*, *le Cantique des cantiques*, se prosterner devant Astarté, la déesse de Tyr, devant Moloch, le dieu des Ammonites, devant Chamos, adoré chez les Moabites.

Son esprit s'obscurcit au milieu de ces infamies, et son cœur se dégrada. Son pouvoir même s'ébranla, et plusieurs ambitieux commencèrent à agiter le royaume. Dieu apparut à Salomon, lui annonçant qu'en punition de son infidélité, ses états seraient déchirés après sa mort, et qu'il ne resterait que deux tribus à son fils Roboam. Le roi, avant de descendre dans le tombeau, vit l'Iduméen Adad armer le roi d'Égypte contre Israël, Razon se rendre indépendant à Damas, et Jéroboam, en excitant les tribus à la révolte, préparer la division du royaume.

§ 11. ROYAUMES DE JUDA ET D'ISRAEL, JUSQU'AU RETOUR DE LA CAPTIVITÉ, SOUS CYRUS.

Après la mort de Salomon (962), *Roboam* son fils se rendit à Sichem, où tout Israël s'était rassemblé pour le procla-

mer roi. Le peuple, ayant à sa tête Jéroboam, lui demanda
la diminution des impôts dont son père Salomon l'avait
chargé. Le roi, n'écoutant que les conseils insensés des
jeunes gens qui l'entouraient, repoussa avec dureté toutes
les réclamations. Le peuple, irrité, abandonna Roboam.
Deux tribus seulement, Juda et Benjamin, lui restèrent
fidèles : les dix autres élurent pour roi *Jéroboam* (962).
Ainsi fut consommée la séparation du royaume de *Juda*,
dont le siége resta fixé à Jérusalem, et du royaume d'*Israël*,
qui eut pour capitale d'abord Sichem, et ensuite Thersa,
où Jéroboam transporta sa résidence. Malgré l'extrême
disproportion du nombre des tribus qui formaient chacun
des deux royaumes, celui de Juda, composé des deux
tribus dont le territoire était le plus fertile et le plus peuplé,
était réellement plus puissant que celui d'Israël, qui comprenait les dix autres tribus.

Roboam imita l'idolâtrie de son père ; il en fut puni par
l'invasion de Sésac, roi d'Egypte, qui s'empara de plusieurs
villes et entra dans Jérusalem. Le vainqueur retourna en
Égypte, emportant avec lui les boucliers d'or de Salomon
et les richesses du temple (958). Roboam mourut peu
après, et eut pour successeur son fils *Abiam*, qui marcha
sur ses traces (946). Cependant il remporta une grande victoire sur Jéroboam. Après un règne de trois années, il laissa
le trône à son fils *Asa*, âgé de cinq ans. Maacha, aïeule
du jeune prince, favorisa l'idolâtrie ; mais Asa, étant parvenu à sa majorité, rétablit le culte du vrai Dieu. Aussi
triompha-t-il du roi d'Éthiopie, qui, après avoir subjugué
l'Égypte, envahissait la Judée avec une armée innombrable (935).

En Israël, les six premiers rois, dont les règnes égalèrent
en durée ceux des trois premiers rois de Juda, se signalè-
rent tous par leurs crimes et leur impiété. Afin de mieux
séparer ses sujets des tribus fidèles à la race de David, Jéroboam avait brisé tout lien avec Jérusalem en abolissant
dans ses états la religion de ses pères, et en élevant des

veaux d'or à Béthel et à Dan. Dieu frappa Jéroboam sans le convertir. Son fils *Nadab* (943), aussi impie que lui, fut, après deux ans de règne, assassiné par *Baasa*, qui fit périr toute la famille de Jéroboam, et occupa pendant vingt-quatre ans le trône d'Israël. Éla, fils de Baasa, lui succéda (919); mais ce prince et toute sa race furent exterminés par *Zamri*, qui ne jouit que sept jours du fruit de ses crimes. Assiégé dans Thersa par *Amri*, il fit mettre le feu à son palais, et s'y brûla avec toute sa famille (918). — Amri demeura douze ans sur le trône d'Israël, et bâtit la ville de Samarie (an 914). Il eut pour successeur son fils Achab.

Vers la même époque (904), le trône de Juda passait aux mains de *Josaphat*.

Josaphat, fils d'Asa, un des plus célèbres d'entre les rois de Juda par sa piété, ramena son peuple à l'observation exacte des lois de Moïse. Il triompha des Ammonites et des Moabites; mais il s'attira les châtiments de Dieu en contractant une étroite alliance avec l'impie Achab, roi d'Israël, et en faisant épouser à son fils Joram, Athalie, fille de ce même roi et de Jézabel. Dieu l'en punit par la perte d'une flotte qu'il avait équipée, de concert avec Achab, dans le port d'Asiongaber, pour aller commercer au loin (an 888). Il mourut après un règne de vingt-cinq ans. *Joram*, son fils, qu'il ne faut pas confondre avec le prince du même nom qui régnait alors en Israël, monta sur le trône de Juda, et, pour s'y affermir, il fit massacrer ses six frères et tous les amis de son père. Perverti par Athalie, sa femme, il imita l'impiété des rois d'Israël. Il battit les Iduméens révoltés, mais il ne put les remettre sous le joug, et il fut vaincu à son tour par les Philistins et les Arabes, qui prirent et pillèrent Jérusalem. Enfin, après un règne de sept ans, il mourut dans sa quarantième année, frappé par le Seigneur d'une horrible maladie en punition de ses crimes (877). *Ochosias*, son fils et son successeur, ne régna qu'un an, et fut tué par *Jéhu*, roi d'Israël, à la suite du siége de Ramoth de Galaad, qu'il avait attaqué avec le secours de Joram, roi d'Israël (876). Sous ce prince, l'Idumée se sépara définitivement du royaume de Juda. *Esaü brisa le joug de Jacob.*

Achab était monté sur le trône d'Israël trois ans avant que Josaphat succédât en Juda à son père Asa (907). Il surpassa tous ses prédécesseurs par ses crimes et par son impiété. Sa femme *Jézabel*, fille d'Ithobal, roi de Tyr, lui fit adopter, ainsi qu'à ses sujets, le culte de Baal et des autres divinités phéniciennes. Dieu punit son infidélité par une horrible famine qui dura trois ans, selon la prédiction d'Élie. Ce prophète aimé de Dieu, qui, fuyant la colère du roi d'Israël, fut nourri dans le désert par le pain que lui apportaient des corbeaux, qui récompensa la charité d'une pauvre veuve de Sarepta, en rendant ses provisions inépuisables et en ressuscitant son fils, Élie fit encore éclater la puissance du Seigneur en confondant les prêtres de Baal; il fit descendre à leurs yeux le feu du ciel, qu'ils avaient appelé en vain; et le peuple, rempli d'admiration pour le prophète, massacra les imposteurs. Mais Jézabel, irritée du triomphe d'Élie sur les ministres de son dieu, le força à fuir encore une fois dans le désert. Il n'en sortit que pour venir annoncer à Achab et à Jézabel le châtiment qu'ils avaient mérité en faisant mourir le pauvre Naboth pour s'emparer de sa vigne. Achab fut frappé le premier par la justice céleste; il mourut atteint d'une flèche tirée au hasard dans une bataille contre le roi de Syrie.

Après lui, régnèrent *Ochosias* (888), puis *Joram*, frère d'Ochosias (887), qui, allié aux rois de Juda et d'Idumée, rendit les Moabites tributaires. Mais le roi de Syrie, Ben-Hadad, l'assiégea lui-même dans Samarie sa capitale. Bientôt la ville fut en proie à une si horrible famine, que des mères mangèrent leurs enfants. Le roi eut recours à Élisée, disciple et successeur d'Élie. Tout à·coup, suivant la parole du prophète, les Syriens, saisis d'une terreur panique, levèrent précipitamment le siège, et les Samaritains

pillèrent leur camp abandonné. Ce fut alors que Joram
alla faire avec Ochosias, roi de Juda, le siége de Ramoth :
il fut blessé et se retira, laissant devant la ville son général
Jéhu. Celui-ci se fit sacrer roi par un disciple d'Élisée, et
vint tuer Joram près de Jezraël (876). La mère de Joram,
l'impie Jézabel, attendit le vainqueur dans son palais, couverte de ses plus riches parures ; mais Jéhu la fit précipiter
du haut d'une fenêtre, et son corps fut dévoré par les
chiens, ainsi que l'avait annoncé le prophète Élie.

Jéhu, instrument de la vengeance de Dieu contre la
race impie des rois d'Israël, fit mettre à mort soixante-
dix descendants d'Achab, et égorger les prêtres de Baal ;
mais il continua à adorer les veaux d'or, et Dieu le punit
en suscitant contre lui Hazaël, roi de Syrie, qui ravagea
ses provinces. Joachaz (848-832), fils et successeur de Jéhu,
et comme lui adorateur des idoles, fut constamment
vaincu par les Syriens.

Au moment où Jéhu s'emparait du trône d'Israël, la
fille de Jézabel, *Athalie*, veuve de Joram, succédait à son
fils Ochosias. Cette reine, plus impie et plus cruelle encore que sa mère, fit massacrer tous les enfants, tous les
parents du dernier roi, et établit dans Jérusalem le culte
de Baal. Elle jouit pendant six années du fruit de ses crimes ; mais un fils d'Ochosias, âgé d'un an seulement,
avait échappé au massacre des princes de la maison royale.
Sauvé par sa tante Josabeth, sœur d'Ochosias et épouse
du grand prêtre Joïada, *Joas* était élevé secrètement dans
l'enceinte du temple. La septième année du règne d'A-
thalie, au jour de la Pentecôte, le grand prêtre assemble
dans le temple les Lévites et les chefs de l'armée ; il leur
déclare qu'il reste un fils d'Ochosias, il leur fait jurer
de le reconnaître et de le défendre. A cette nouvelle,
Athalie elle-même accourt au temple ; mais elle est mise à
mort par ordre du pontife (870). Joas, guidé par les conseils
de Joïada, se montra fidèle à la loi du Seigneur : mais
après la mort du grand prêtre, oubliant ses sages avis,

il laissa rétablir le culte des idoles, et poussa l'ingratitude jusqu'à faire lapider, dans le vestibule même du temple, le pontife Zacharie, fils de son bienfaiteur : « Dieu me voit et me fera justice, » s'écria la victime en mourant. En effet, bientôt après, Hazaël, roi de Syrie, s'empara de Jérusalem, et accabla Joas d'outrages ; bientôt ce prince, méprisé de ses sujets, fut assassiné par deux de ses officiers (831). Il avait régné près de quarante ans.

Amasias (831-803), instruit par le funeste exemple de son père, fut d'abord fidèle au Seigneur, qui le rendit victorieux des Iduméens, dans la vallée des Salines; mais il osa attaquer Joas, roi d'Israël, sur un frivole prétexte : il fut vaincu, et chassé de sa capitale, qui fut prise et pillée par les ennemis. Bientôt après, une révolte le fit encore une fois tomber du trône où Joas l'avait laissé remonter; et il fut assassiné par les rebelles (803). — Son fils et son successeur *Ozias* ou *Azarias*, suivit les conseils du prophète Zacharie, et Dieu lui donna la victoire sur ses ennemis: il soumit les Arabes, les Ammonites, les Philistins, reprit même le port d'Elath sur la mer Rouge; mais enorgueilli par ses succès, il voulut usurper les fonctions du sacerdoce; Dieu le frappa de la lèpre, et il mourut misérablement après un règne de cinquante-deux ans (752).

Six princes se succédèrent en Israël, pendant qu'Amasias et Ozias occupaient le trône de Juda.

Joas (832-817), pendant seize ans d'un règne glorieux, vainquit trois fois le roi de Syrie, Ben-Hadad II, successeur d'Hazaël, lui reprit toutes les villes dont les Syriens s'étaient emparés, battit et fit prisonnier Amasias, successeur du roi de Juda, Joas, et laissa un trône florissant à son fils *Jéroboam II* (817-766), qui l'affermit encore par de nouvelles victoires sur les rois de Syrie. Mais son impiété et celle de ses sujets préparèrent les malheurs qui devaient fondre après lui sur les Israélites, et qui furent annoncés dès lors par les prophètes Jonas, Osée, Amos et Abdias. Israël ferma l'oreille à tous ces avertissements. Une ville étrangère se montrait plus docile : Ninive faisait pénitence à la voix de Jonas.

Le royaume d'Israël se précipitait vers sa ruine, malgré la gloire du règne de Jéroboam II. Ce prince eut pour successeur son fils *Zacharie* (766), qui fut remplacé par des usurpateurs : *Sellum* ne parut qu'un instant; *Manahem* (766-754) ne put se maintenir pendant douze ans qu'en payant tribut à Phul, roi d'Assyrie, pour obtenir les secours de ce prince étranger contre ses propres sujets. Le fils de Manahem, *Phacéia*, idolâtre comme son père, n'avait régné que deux ans, lorsqu'il fut pris et tué dans Samarie par son général *Phacée* (753).

Un prince non moins impie que les rois d'Israël tenait alors le sceptre de Juda ; c'était *Achaz* (737-723), successeur de *Joathan*, fils d'Ozias, que Dieu avait récompensé de sa piété en lui renouvelant par la voix des prophètes Michée et Isaïe la promesse d'un Messie, issu de sa race, qui devait naître à Bethléhem. Achaz oublia l'exemple de son père, pour adopter toutes les superstitions des peuples voisins. Aussi son règne ne fut marqué que par des désastres. Attaqué à la fois par Phacée, roi d'Israël, par Rasin, roi de Syrie, par les Iduméens et par les Philistins, il implora la protection de Théglath-Phalasar, roi d'Assyrie, qui lui fit payer ses secours en s'emparant du port commerçant d'Elath. Achaz ne put éloigner ce redoutable allié qu'en lui livrant tous les trésors du temple, dont il fit fermer les portes. Heureusement la piété du roi Ézéchias vint détourner de Juda le châtiment qui frappait Israël.

Phacée, assassin de son roi, avait lui-même été mis à mort par *Osée* (726), au moment où Théglath-Phalasar, vainqueur de la Syrie, menaçait Israël. Le successeur de Théglath-Phalasar, Salmanasar, marcha contre Osée, après avoir soumis toutes les contrées voisines de son royaume. Osée appela à son secours l'Éthiopien Sabacon, qui ve-

naît de s'emparer de l'Égypte. *L'Egyptien est un ro-*
seau qui plie et qui casse, dit Salmanasar, et il revint
assiéger Samarie. Les Assyriens emportèrent la ville après
un siége de trois ans, la ruinèrent de fond en comble (718),
égorgèrent un grand nombre d'habitants, et emmenèrent une foule de prisonniers. Osée lui-même fut chargé
de chaînes et traîné à la suite du vainqueur. Ainsi fut
anéanti le royaume d'Israël, qui avait duré deux cent
quarante-quatre ans, depuis la révolte de Jéroboam (962-
718). Quarante-six ans après, ceux des Israélites qui
n'avaient pas été transportés en Assyrie se soulevèrent
contre le roi Asar-Haddon : la révolte fut comprimée (672),
et les restes de la nation vaincue furent chassés au delà de
l'Euphrate.

C'est dans cette terre d'exil que les Israélites purent
expier leurs longues infidélités, consolés par les promesses des prophètes, soutenus par les exemples de résignation
et de courage de quelques hommes justes comme le pieux
Tobie et son fils.

Pendant que les enfants d'Israël gémissaient dans la
captivité, le royaume de Juda se relevait sous le règne
d'*Ezéchias* (723-694). Il avait repris aux Philistins la plupart
des villes qu'ils avaient enlevées à son père, quand Salmanasar, maître de Samarie, voulut exiger d'Ézéchias le tribut qu'Achaz lui avait payé. L'Assyrien mourut avant
d'avoir pu se venger du refus d'Ézéchias. Mais son successeur Sennachérib envahit la Judée et la mit à feu et à
sang. Ézéchias, pour délivrer son royaume, fut forcé
d'abandonner les trésors du temple.

Cependant Sennachérib, non content des richesses
qu'il avait enlevées aux Hébreux, voulut détruire le
royaume de Juda, comme son père avait détruit celui
d'Israël. Vainqueur des Egyptiens, il revint mettre le siége
devant Jérusalem avec une innombrable armée, au moment où Dieu venait de récompenser la foi d'Ézéchias,
en l'arrachant à une maladie mortelle, Dieu sauva le pieux

roi des mains de son ennemi. L'ange du Seigneur extermina cent quatre-vingt-cinq mille Assyriens, et Sennachérib épouvanté regagna précipitamment ses états (707). Cet événement rendit célèbre parmi toutes les nations le nom du saint roi Ézéchias, qui s'endormit avec ses pères après avoir régné vingt-neuf ans.

Il eut pour successeur son fils *Manassès* (694-640), qui, loin de suivre l'exemple de son père, fut, au contraire, un des rois les plus impies de Juda, et persécuta cruellement les prophètes envoyés de Dieu pour le rappeler de ses égarements. Dieu le punit de ses crimes en le livrant au roi d'Assyrie Asar-Haddon, qui envahit ses états et l'emmena en captivité (673). Ouvrant alors les yeux, Manassès demanda pardon au Seigneur, qui le rétablit sur son trône. Mais un nouveau roi d'Assyrie, nommé Saosduchin ou Nabuchodonosor Ier (Voir ch. VI, § Ier), voulut étendre ses conquêtes jusque sur le royaume de Juda, et envoya son général Holopherne, qui vint (en 659) mettre le siége devant Béthulie.

La ville manquait d'eau, et allait être forcée de se rendre. Elle fut sauvée par une femme inspirée de l'esprit de Dieu, nommée Judith. Jeune et parfaitement belle, elle alla trouver le général ennemi, qui la retint à souper avec lui. Mais tandis qu'appesanti par les vapeurs du vin, il dormait profondément dans sa tente, Judith, suppliant le Seigneur de lui prêter sa force, trancha la tête de l'Assyrien, et la porta pendant la nuit aux habitants de Béthulie. Les ennemis, privés de leur chef, s'enfuirent en désordre, et le royaume de Juda fut en paix jusqu'à la fin du règne de Manassès.

Amon (640), qui lui succéda, imita son impiété sans imiter sa pénitence : il fut assassiné la seconde année de son règne. Son fils *Josias* (639-609), au contraire, rétablit dans ses états, et même sur les terres d'Israël, le culte du vrai Dieu, et fit purifier son temple (622). Cependant le temps approchait où les catastrophes tant de fois prédites par les prophètes devaient fondre sur le peuple de Juda.

Contre l'ordre de Dieu, Josias s'allia avec le roi d'Assyrie pour combattre Néchao, roi d'Egypte. Il fut battu et tué à Mageddo (609). Le vainqueur continua sa marche triomphante ; après avoir ravagé l'Assyrie, il entra dans Jérusalem, qui ne put se défendre et emmena en captivité *Joachaz*, successeur de Josias. Il laissait le trône au frère aîné du dernier roi, *Joachim* ou *Eliacim* (608). Cependant les prophètes redoublaient leurs avertissements et leurs menaces, car ils voyaient la ruine prochaine de Juda. Jérémie répétait ces sublimes lamentations où il peignait avec des couleurs si lugubres les futures calamités de ses frères. Joachim répondit en mettant à mort ou en persécutant les prophètes. Mais les menaces ne s'en accomplirent pas moins. Nabuchodonosor envoyé par son père Nabopolassar contre l'Egypte (Voir ch. VI), revint triomphant vers Jérusalem, pilla la ville et le temple, et emmena en Assyrie Joachim, avec les principaux habitants (606). De ce moment date le commencement de la captivité de Babylone.

Toutefois le royaume de Juda n'était pas détruit encore : le roi d'Assyrie consentit peu de temps après à rendre à Joachim la liberté et la couronne, à condition qu'il se reconnaîtrait son tributaire. Mais Joachim osa se révolter contre Nabuchodonosor, espérant l'appui de Néchao, roi d'Egypte. Néchao fut vaincu à Charchemis. Nabuchodonosor entra de vive force dans Jérusalem, fit prisonnier Joachim, et bientôt après l'envoya au supplice. Les Juifs se soulevèrent encore sous le règne de Jéchonias. Jérusalem, assiégée une troisième fois par Nabuchodonosor, fut livrée à une famine si horrible, qu'un père y mangea son fils et une mère sa fille. La ville se rendit enfin, fut pillée de nouveau, ainsi que le temple, et brûlée en partie (598) : Jéchonias fut emmené en captivité.

Le dernier roi de Juda fut *Sédécias* (597-587), oncle de Jéchonias. Ce prince, que Nabuchodonosor mit sur le trône à la place de son neveu, imita ses prédécesseurs. Méprisant les conseils de Jérémie, qui prédit que la captivité durerait soixante-dix années, il forma avec les Ammonites, les Moabites, les Syriens, les Sidoniens et les Égyptiens, une ligue puissante contre Nabuchodonosor. Mais ce prince battit le roi d'Égypte, qui venait au secours des Juifs, et emporta Jérusalem d'assaut (587). Sédécias fut pris et conduit à Nabuchodonosor, qui fit massacrer ses deux fils en sa présence, ordonna qu'on lui arrachât les yeux, et qu'on le conduisît captif à Babylone, suivant cette prédiction de Jérémie, *qu'il serait mené à Babylone et qu'il ne la verrait pas.* Jérusalem fut réduite en cendres, et le vainqueur ne laissa en Judée que des vignerons et des laboureurs pour cultiver la terre. Ainsi fut détruit le royaume de Juda, après avoir duré 375 ans depuis l'avénement de Roboam (962-587 avant J.-C.).

Le peuple juif, dispersé dans les provinces de l'empire d'Assyrie, sans patrie et sans autel, subsista cependant sur la terre étrangère, par la volonté du Seigneur. Nabuchodonosor, après la destruction de Jérusalem, avait traité les vaincus avec humanité; il leur avait laissé leurs lois et leurs coutumes; cependant il voulut les contraindre à adorer une statue de soixante coudées de haut, qu'il avait élevée en l'honneur de Bel ou Baal. De jeunes Israélites, *Daniel* et ses compagnons, *Ananias*, *Misaël* et *Azarias*, qui étaient élevés dès leur jeunesse dans le palais pour servir le roi, ayant refusé d'abandonner le culte du Seigneur, le prince irrité les fit jeter dans une fournaise. Mais ils échappèrent à la mort par la protection divine, et Nabuchodonosor, étonné de ce prodige, défendit à ses sujets de blasphémer le nom du Dieu d'Israël.

Daniel avait donné à ses jeunes compagnons l'exemple de la fidélité aux préceptes du Seigneur; il reçut en récompense l'intelligence des songes et une merveilleuse sagesse, dont il donna une preuve éclatante en faisant reconnaître par le peuple l'innocence de la chaste Susanne, et en confondant les infâmes vieillards qui, par leurs impostures, voulaient faire livrer au supplice celle qu'ils n'avaient pu séduire.

Sa renommée vint jusqu'aux oreilles du roi, qui, tour-
menté par un songe effrayant, avait en vain eu recours à
la pénétration de ses devins. Daniel, inspiré par Dieu
lui-même, rappela au roi le songe dont celui-ci avait perdu
la mémoire; il lui expliqua le sens de la mystérieuse appa-
rition d'une statue à la tête d'or, à la poitrine et aux bras
d'argent, au ventre et aux cuisses d'airain, aux jambes
de fer et aux pieds d'argile, renversée, et réduite en
poussière par une pierre détachée d'une montagne.
C'était l'image des quatre grands empires d'Assyrie, de
Perse, de Macédoine, de Rome, qui, se détruisant les
uns les autres, devaient tous être absorbés par un empire
infini et immortel, qui fut celui de Jésus-Christ en ce
monde. Nabuchodonosor, dans son admiration pour la sagesse de Daniel, l'appela à la cour et le combla d'honneurs.
Mais l'orgueil de ce prince attira la vengeance du ciel
contre lui, et il fut pendant sept ans privé de la raison.

Le successeur de Nabuchodonosor, Evilmérodach, voulut contraindre Daniel à adorer l'idole de Baal, à laquelle
ce peuple était obligé d'offrir chaque jour une grande
quantité de viandes et de vin. Ces offrandes étaient enlevées pendant la nuit par les prêtres, qui publiaient qu'elles
avaient servi à la nourriture du dieu. Daniel fit semer
secrètement de la cendre sur le pavé du temple, et le
lendemain la trace des pas empreinte sur la poussière découvrit au roi la fourberie des prêtres de l'idole. Évilmé-
rodach fit mettre à mort les imposteurs. Mais les Babyloniens
idolâtres ne pardonnèrent pas à Daniel, qui augmenta encore leur ressentiment en faisant périr un serpent qu'on
adorait à Babylone comme une divinité. Les ennemis du
prophète parvinrent à le faire jeter dans la fosse aux lions.
Dieu l'y protégea comme dans la fournaise, et Daniel en
sortit sans avoir éprouvé aucun mal.

La voix de Daniel s'éleva encore une fois à la cour des
rois de Babylone pour annoncer l'accomplissement des
menaces du Seigneur contre la cité abominable qui avait
comblé la mesure de ses crimes. Balthasar ou Labynit,

quatrième successeur de Nabuchodonosor, était en possession du trône quand Cyaxare, roi des Mèdes, vint avec
son neveu Cyrus mettre le siége devant la ville. Balthasar,
comptant sur la hauteur et la force de ses murailles, continuait à se livrer à tous les excès de la débauche. Tout à
coup, au milieu du festin où il a profané les vases sacrés
du temple de Jérusalem, une main trace sur la muraille
des caractères mystérieux (voir Histoire d'Assyrie, ch. VI).
Les mages et les devins se troublent à cette vue, et se
taisent. Daniel seul y reconnaît l'arrêt de cet empire, dont
les souverains ont osé dédaigner les avertissements du Seigneur. En effet, pendant cette nuit même Cyrus s'empare
de la ville; Balthasar est massacré, et bientôt toute l'Assyrie est au pouvoir du vainqueur.

Daniel ayant obtenu par sa sagesse la confiance du roi,
lui fit lire dans les prophéties d'Isaïe, écrites depuis deux
siècles, les paroles où Dieu, appelant Cyrus par son nom,
lui disait : « Je t'ai pris par la main, pour te soumettre
les nations et mettre en fuite les rois de la terre. » Cyrus,
frappé de l'évidence de cette prophétie, et fier de se voir
désigné comme le ministre des volontés du Tout-Puissant,
rendit, la première année de son règne, l'édit célèbre qui
permettait aux Juifs de retourner dans leur pays et de
rebâtir le temple d'Israël (536).

OUVRAGES A CONSULTER. — *Livres des Rois. Paralipomènes.
Livres d'Isaïe, de Jérémie, d'Ézéchiel, de Daniel, des petits
Prophètes, Tobie, Livre de Judith.* — M. de Pastoret. — *Politique et Commerce des Peuples anciens*, par M. Heeren. — *Histoire Ancienne* de Rollin (Assyriens). — *Discours sur l'Histoire
universelle.* — *Histoire des Juifs*, par Josèphe.

CHAPITRE QUATRIÈME.

HISTOIRE DE LA JUDÉE DEPUIS LA FIN DE LA CAPTIVITÉ
DE BABYLONE JUSQU'A LA PRISE DE JÉRUSALEM PAR
LES ROMAINS. — ÉTAT POLITIQUE ET RELIGIEUX.

SOMMAIRE.

§ I. Retour des Juifs en Judée. Le Temple rebâti par Zorobabel.—Esther. Aman. Mardochée. La Judée, attachée à l'empire des Perses, conserve son gouvernement particulier. Néhémie reconstruit les murs de Jérusalem. Réformes d'Esdras.
Prophéties de Malachie. Troubles en Judée. Assassinat du
grand prêtre. Artaxerxès Ochus envahit la Judée. Alexandre
le Grand à Jérusalem. La Judée réunie à l'empire macédonien ; soumise à Séleucus, puis à Ptolémée-Philadelphe. Version
des Septante.—La Syrie et l'Égypte se disputent la Judée, qui
reste définitivement a la Syrie. Héliodore dans le Temple. Dissensions intestines en Judée. Antiochus Épiphanes persécute
les Juifs. Mort courageuse du saint vieillard Éléazar. Martyre
d'une mère et de ses sept fils. — Mathathias arme ses compatriotes. *Judas Machabée lui succède. Ses victoires.* Il est reconnu par le roi de Syrie prince de la nation juive. Nouvelles
victoires de Judas. Sa mort. Jonathas son frère lui succède.
Il gouverne la Judée, et reçoit la dignité de grand prêtre.
Simon Machabée assure l'indépendance de sa patrie ; fait alliance avec les Romains. Son fils Jean Hyrcan lui succède.
Querelles des Pharisiens et des Sadducéens.— Aristobule, roi de
Judée. Ses crimes. Alexandre Jannée lui succède : il est battu
par Ptolémée Lathyre. Ses cruautés. Alexandra gouverne la
Judée. Dissensions intestines. Querelle d'Hyrcan II et d'Aristobule II. Le premier est affermi sur le trône par Pompée.
Hyrcan détrôné par Antigone, qui est renversé par Hérode.
Massacre du sanhédrin. Extinction de la race des Asmonéens.
NAISSANCE DE N.-S. JÉSUS-CHRIST. Partage de la Judée entre
les trois fils d'Hérode. Hérode-Agrippa, petit-fils d'Hérode
l'Ancien, reçoit de Caligula le titre de roi. Agrippa II. Influence
des Romains toute-puissante en Judée. Procurateurs.— Révolte
des Juifs. *Vespasien assiége Jérusalem. Prise de Jérusalem
par Titus. Destruction du Temple.* Nouvelle révolte excitée

par Barcochébas.—Fondation de la colonie d'Ælia Capitolina. Dispersion des Juifs.

§ II. *Etat politique et religieux de la Judée. Changements successifs du gouvernement.* Le Sanhédrin. Principales sectes religieuses: les Pharisiens, les Sadducéens, les Esséniens.

§ 1. HISTOIRE DES JUIFS DEPUIS L'ÉDIT DE CYRUS JUSQU'A LA PRISE DE JÉRUSALEM.

Quand l'édit de Cyrus eut rendu la liberté aux Juifs, quarante-deux mille personnes environ partirent de Babylone sous la conduite de *Zorobabel* et du grand prêtre *Josué* ou Jésu. Arrivés à Jérusalem, ils commencèrent par relever l'autel, et obtinrent des Phéniciens le bois nécessaire pour la reconstruction du temple. Toutefois ces travaux furent souvent interrompus par la jalousie des Samaritains, et ce ne fut qu'au bout de vingt années de persévérance que les Juifs, encouragés par les prophètes Aggée et Zacharie, purent terminer le nouveau temple et en faire la dédicace solennelle.

Un grand nombre de Juifs n'avaient pas profité de l'autorisation accordée par Cyrus, et avaient continué à séjourner dans les diverses provinces de l'Assyrie, réunie à l'empire des Perses. Séparés du peuple vainqueur par leur culte, par leurs traditions, par leurs mœurs, ils avaient beaucoup d'ennemis à la cour du roi de Perse. Un Amalécite, nommé Aman, ministre du roi Darius ou *Assuérus*, animé d'une haine mortelle contre un Juif nommé *Mardochée*, jura la perte de cet homme et de sa nation tout entière. Mais Dieu avait placé sur le trône une jeune fille juive, *Esther*, nièce de Mardochée, que le roi avait préférée, à cause de sa beauté, à toutes les femmes de son royaume, et qu'il avait épousée, sans connaître son origine, après avoir répudié l'orgueilleuse reine Vasthi (519). Instruite par Mardochée des projets d'Aman et soutenue par l'esprit de Dieu, Esther osa enfreindre la loi qui défendait, sous peine de mort, de se présenter devant le roi sans avoir été appelée, et elle alla lui dévoiler toute la scélératesse de son ministre. Aman fut pendu à une potence haute de cinquante coudées, qu'il avait préparée pour Mardochée, et celui-ci succéda à toutes les charges et à toutes les dignités de son ennemi. Une fête pompeuse consacra le souvenir de la délivrance de la nation juive.

Dès lors Darius, et plus tard son fils Xerxès, accordèrent une égale protection aux Juifs qui étaient restés en Perse et à ceux qui étaient retournés en Judée. Ces derniers restèrent jusqu'au temps d'Alexandre le Grand (332) fidèlement soumis à l'autorité du satrape qui administrait les provinces de Syrie et de Palestine. Du reste, l'administration des choses religieuses appartenait toujours exclusivement à leur grand prêtre, et le soin des affaires ordinaires était confié aux chefs de Juda. Étrangers à toutes les révoltes qui agitèrent alors plusieurs contrées de l'Asie, ils recouvrèrent dans la paix une partie de leur ancienne prospérité. Un des officiers d'Artaxerxès Longue-main, *Néhémie*, obtint un édit qui autorisait la reconstruction des murs de Jérusalem ; il dirigea lui-même les travaux, entravés plus d'une fois par les efforts des peuples voisins de la Judée. A partir de l'époque où fut rendu cet édit, il ne devait plus s'écouler que soixante-dix semaines d'années jusqu'à la mort du Sauveur (1), suivant la prophétie de Daniel. Bientôt le Juif *Esdras*, unissant ses soins à ceux de Néhémie, réforma l'administration intérieure, rétablit l'observation des préceptes de la religion trop souvent oubliés, ramena le sacerdoce à sa sainteté antique, et mit en ordre les livres saints. Ce fut lui qui composa les deux livres des *Paralipomènes* et qui établit des lieux de réunions publiques appelés *synagogues*, pour la lecture et l'explication de la sainte Écriture. Vers ce temps parut le dernier des prophètes, *Malachie*, qui annonça en-

----

(1) Soixante-dix semaines d'années forment 490 ans, c'est-à-dire 454 ans avant la naissance de J.-C., plus 36 ans. Or le Christ devait, suivant la prophétie, mourir au milieu de la 70e semaine, et par conséquent l'an 33 de l'ère chrétienne, ce qui arriva comme Daniel l'avait annoncé.

core une fois la venue du Messie (1). Dès lors, Dieu fit taire
les prophètes pour tenir son peuple dans l'attente de celui
qui devait être le *Désiré des nations*. Malachie, tout en
prononçant des paroles d'espérance, s'élevait avec force
contre les vices et l'infidélité des Israélites. Déjà de nouveaux désordres ébranlaient la nation à peine reconstituée.
Une révolte éclata contre Manassès (437), et l'élévation
d'un temple à Garizim consomma la séparation des Israélites en deux peuples ennemis, les Juifs et les Samaritains.
Un crime inouï ensanglanta le sanctuaire quelques années après (397) ; *Jonathan* s'assura la dignité de grand
prêtre en égorgeant de sa main, au pied de l'autel, Jésu, son
propre frère. En 351, les Juifs prirent part à la révolte
des Phéniciens contre les Perses. Mais Artaxerxès Ochus
envahit la Judée, prit Jéricho et plusieurs autres villes, et
transporta un grand nombre de Juifs dans des contrées
lointaines.

La Judée resta soumise à la Perse jusqu'à l'invasion
d'Alexandre, roi de Macédoine. Les Juifs ayant refusé, dit
Josèphe, de se soumettre au vainqueur de Darius, Alexandre irrité marcha vers Jérusalem, résolu de tirer de cette
ville une éclatante vengeance. A son approche, le grand
prêtre *Jaddus*, qui avait succédé l'an 359 à son père Jonathan, fait ouvrir les portes de la ville et joncher les
rues de fleurs ; puis, revêtu de ses ornements pontificaux,
accompagné des prêtres et des lévites revêtus de leurs
robes sacerdotales, et suivi d'une foule nombreuse, il
marche à la rencontre du conquérant. Alexandre, frappé
de la majesté de ce spectacle, change tout à coup de sentiments ; il s'avance avec respect vers le grand prêtre,
adore le nom du Seigneur, et entrant dans le temple,

_____

(1) Les prophètes dont les prédictions ont été conservées dans
les livres saints sont au nombre de seize; savoir : quatre grands
prophètes, qui sont, Isaïe, Jérémie, Ézéchiel et Daniel ; et
douze petits : Osée, Joël, Amos, Abdias, Jonas, Michée, Nahum,
Habacuc, Sophonie, Aggée, Zacharie et Malachie.

il y offre des sacrifices au vrai Dieu. Samarie, au contraire, qui avait osé massacrer un gouverneur établi
par Alexandre, subit un châtiment terrible; tous ses
habitants furent chassés, et remplacés par une colonie
macédonienne. Alexandre reprit ensuite le cours de ses
conquêtes, et selon l'expression de l'Écriture, *la terre se
tut devant lui.*

Après la mort d'Alexandre, au milieu des démêlés sanglants de ses successeurs, la Judée, placée entre les
royaumes de Syrie et d'Egypte, fut sans cesse disputée
par les souverains de ces deux pays, et passa plus d'une
fois des uns aux autres. Conquise (320) par Ptolémée
Soter, elle tomba bientôt après au pouvoir de Séleucus
Nicator (301), qui permit aux Juifs de vivre selon leurs
lois et sous le gouvernement de leurs souverains pontifes :
ce fut alors que le grand prêtre Simon inséra dans le canon
sacré les livres d'Esdras, de Néhémie et des Paralipomènes.
La Judée avait été de nouveau unie à l'Egypte par Ptolémée Philadelphe, quand ce prince fit traduire en grec par
soixante-douze savants juifs les livres saints, qu'il voulait
placer dans la bibliothèque d'Alexandrie : telle fut la célèbre
version des Septante. Antiochus le Grand, au milieu de
ses succès, voulut reprendre la Palestine. La défaite de Raphia le força à reculer devant le roi d'Egypte Philopator.
Le vainqueur vint visiter Jérusalem, et voulut pénétrer
dans le sanctuaire, où le grand prêtre lui-même n'entrait
qu'une fois l'année, mais une main invisible le renversa,
et on l'emporta à demi mort. Furieux d'avoir été châtié
par la main du Seigneur, il se vengea en faisant éprouver
aux Juifs les traitements les plus cruels. Après sa mort (an
203), la Judée retomba sous le pouvoir des princes syriens; mais elle changea encore plusieurs fois de maîtres
avant l'époque où elle fut définitivement réunie au royaume
de Syrie (an 186).

Les malheurs qui accablèrent les Juifs sous les derniers
Séleucides furent causés principalement par la rivalité
de quelques ambitieux qui se disputaient le pouvoir, en

Judée. *Simon*, jaloux du grand prêtre *Onias*, excita l'avarice de Séleucus Philopator, en lui faisant dire que des trésors considérables étaient conservés dans le temple. Le roi chargea son ministre Héliodore de s'emparer de cette riche proie; mais Dieu frappa le sacrilége au milieu du temple, et il ne dut la vie qu'aux prières du grand prêtre. Héliodore retourna en Syrie proclamer la puissance du Dieu d'Israël, et Séleucus envoya le traître Simon en exil.

Sous Antiochus Epiphane, la corruption devint plus grande parmi les Juifs; Joshua acheta à prix d'argent la charge de grand prêtre, dont il dépouilla le vertueux Onias, prit pour plaire au roi le nom païen de *Jason*, et introduisit parmi le peuple les mœurs dépravées des Grecs. Plusieurs rivaux s'élevèrent bientôt contre lui, promettant à Antiochus, pour se concilier sa faveur, d'abandonner la loi de Moïse. La guerre civile éclata dans la Judée, qui se partagea entre les divers concurrents. Jason ayant soulevé les Juifs contre les Syriens, Antiochus mit le siége devant Jérusalem, prit la ville, pilla le temple et massacra quarante mille personnes. Jason, l'auteur de tous ces maux, alla terminer sa vie criminelle à Lacédémone.

Deux ans après, Antiochus, arrêté dans le cours de ses exploits en Egypte par l'envoyé du sénat romain, se venge de cet affront en chargeant un de ses généraux de mettre la Judée à feu et à sang. Résolu d'abolir la religion des Juifs, il rend un décret portant défense de reconnaître d'autres dieux que ceux du roi, il place une idole dans le sanctuaire et jette au feu les livres de la loi; en même temps il fait élever dans Jérusalem la forteresse d'*Acra*, et y met une garnison chargée de massacrer tous ceux qui tenteraient de venir adorer Dieu dans son temple. Une persécution terrible frappa le petit nombre de ceux qui restèrent fidèles au Seigneur au milieu de ces épreuves. Ce fut alors que le saint vieillard Eléazar, refusant avec une invincible constance de manger les viandes défendues par la loi, se laissa mettre à mort plutôt que *de donner par sa faiblesse un exemple funeste aux hommes plus jeunes que lui.* Ce

fut alors aussi qu'une mère vit mourir devant ses yeux
ses sept fils, les animant par ses exhortations à confesser
Dieu au milieu des plus cruels supplices, et qu'elle-même
périt la dernière avec un admirable courage.

Le sang de tant de victimes criait vengeance : Dieu
inspira un prêtre nommé *Mathathias*, qui, pour ne
pas être témoin de la honteuse apostasie de quelques-uns
de ses compatriotes, avait quitté Jérusalem avec ses cinq
fils, Johanan, Simon, Judas, Eléazar et Jonathas. Il
appela tous ses compatriotes à la défense de la loi du Seigneur, et fut rejoint par un grand nombre de Juifs; il
en forma un corps d'armée avec lequel il parcourut la
Judée, massacrant les partisans d'Antiochus et renversant
les autels des idoles. Apprenant que mille de ses compagnons s'étaient laissés égorger plutôt que de combattre
pendant le jour consacré au Seigneur, il fit approuver par
les prêtres et les anciens la résolution de se défendre contre
les attaques de l'ennemi même le jour du sabbat. Ce décret
assura la délivrance de la Judée. Toutefois Mathathias ne vit
pas l'accomplissement de cette grande entreprise; il mourut
en engageant les siens à reconnaître pour leur chef son
troisième fils *Judas Machabée* (166).

Judas rassemble une armée de six mille hommes, et
après avoir imploré la protection du Seigneur, il exter-
mine les adorateurs des idoles, délivre les villes et relève
les fortifications détruites. Le gouverneur de Judée et
celui de Célésyrie sont vaincus l'un après l'autre. Antiochus, instruit des victoires de Judas, envoie en Judée
une armée de quarante-sept mille hommes, sous la conduite de Nicanor et de deux autres généraux. Judas, après
s'être préparé au combat par le jeûne et la prière, attaque
avec trois mille hommes ses nombreux ennemis, et anéantit leur armée. Ses soldats font un butin immense et en-
lèvent l'argent d'une foule de marchands qui suivaient les
troupes syriennes pour acheter comme esclaves les Israélites
vaincus. L'année suivante (165), Judas remporte une nouvelle victoire sur deux autres généraux du roi de Syrie.

Enfin Lysias, ministre et parent d'Antiochus, arrive en
Judée avec soixante-cinq mille hommes. Judas n'en avait
que dix mille ; mais plein de confiance dans le Seigneur,
il attaque Lysias auprès de Bethsura, ville voisine de Jérusalem, lui tue cinq mille soldats, met le reste en fuite, et
entre triomphant dans la ville de Jérusalem. Il trouve les
lieux saints désolés, l'autel profané, les portes du temple
brûlées, le parvis rempli de ronces qui avaient poussé
comme dans un lieu désert. A cette vue, saisi d'une douleur
profonde, il supplie le Seigneur de ne plus permettre que
de si grands maux affligent son peuple, et après avoir
fait purifier le temple, il en célèbre la nouvelle dédicace
par des fêtes magnifiques, et fait offrir des sacrifices d'ex-
piation pour les morts.

Antiochus apprit les victoires de Judas Machabée,
tandis qu'il revenait d'une expédition malheureuse contre
les Perses. Furieux de ce revers, il jure de faire de
Jérusalem le tombeau de tous les Juifs, et hâte sa marche
pour l'exécution de ce cruel projet. Mais il tombe renversé
de son char, et est frappé tout à coup d'une plaie horrible.
Dans cet état il reconnaît la main du Seigneur, et s'humilie devant lui ; mais le tardif repentir du persécuteur
ne peut apaiser la colère de Dieu ; le *juste jugement du*
Seigneur était enfin tombé sur lui : il expire bientôt au
milieu des plus affreuses souffrances.

Judas combattit les généraux du nouveau roi, Eupator,
avec le même bonheur que ceux d'Épiphane, et, après
plusieurs victoires, il mit le siége devant la citadelle de
Jérusalem, nommée *Acra*, qu'Antiochus Eupator lui-même
vint défendre à la tête d'une armée composée de cent
trente mille hommes, de trente-deux éléphants dressés
pour le combat, et de trois cents chariots armés de faux.
Judas après avoir imploré Dieu par le jeûne et par la
prière, osa attaquer ces formidables troupes. La bataille,
qui se livra dans la plaine de Bethsura, sans résultat décisif, est devenue célèbre par le dévouement héroïque
d'un Juif nommé *Éléazar.* Ce vaillant guerrier, aperce-

4.

vant un éléphant plus grand et plus magnifiquement orné
que les autres, s'imagine que c'est lui qui porte le roi
Antiochus. Espérant délivrer sa nation d'un seul coup en
faisant périr le tyran, il se précipite l'épée à la main au
milieu des ennemis, parvient jusqu'à l'éléphant, se glisse
sous son ventre, et perce à coups redoublés l'énorme animal, qui, dans sa chute, écrase ceux qu'il portait sur son
dos et celui qui vient de lui donner la mort. Après le
combat, Judas voyant que sa petite armée ne pouvait tenir
tête à toutes les troupes du roi de Syrie, se retira à Jérusalem, dans l'enceinte du temple, qu'il avait fait fortifier.
Eupator vint l'y assiéger ; mais bientôt, rappelé en Syrie
par une sédition, il fit la paix avec Judas Machabée, qu'il
reconnut pour chef et prince de la nation juive (l'an 162).

Cette paix fut violée la même année par Démétrius
Soter, successeur d'Eupator. Le général syrien Nicanor,
envoyé en Judée, fut battu dans un premier combat près
de Jérusalem, et périt l'année suivante à Bethoron. Mais
bientôt des troupes plus nombreuses attaquèrent de nouveau Judas Machabée. Les Juifs, fatigués de la guerre,
perdirent courage, et abandonnèrent leur chef. Judas, ne
conservant avec lui que huit cents hommes, attaqua la
nombreuse armée des Syriens, et mit en fuite une partie
de leurs troupes, mais accablé par le nombre, il périt
enseveli dans son triomphe.

Toute la nation pleura ce héros en disant : Comment est tombé cet homme puissant qui sauvait le peuple
d'Israël ?

Judas Machabée eut dans ses frères de dignes successeurs.
Jonathas (161-144) ranima le courage des siens et battit le
général Bacchide, qui s'était emparé de la Judée, en profitant de la consternation qui avait suivi la mort de Judas.
Ayant forcé son ennemi à faire la paix, il gouverna la Judée à la manière des anciens juges d'Israël. Bientôt les
querelles des princes qui se disputaient le trône de Syrie
affermirent l'indépendance des Hébreux. Démétrius Soter,
pour mettre Jonathas dans ses intérêts, lui rendit toutes

les places fortes qu'il occupait encore dans la Judée, et le laissa relever les murs de Jérusalem (153). Alexandre Bala, de son côté, lui déféra la dignité de grand prêtre, qui lui fut confirmée par les suffrages de la nation. Après avoir combattu plusieurs fois avec gloire les ennemis des princes syriens qui s'étaient déclarés les protecteurs des Juifs, Jonathas périt assassiné dans une embuscade (l'an 144).

Jonathas eut pour successeur son frère *Simon*, le dernier des enfants de Mathathias. Simon obtint du roi de Syrie, Démétrius, l'exemption de tous les tributs imposés à la Judée (143), chassa de Jérusalem la garnison syrienne qui occupait toujours la forteresse d'Acra (142), et ayant ainsi assuré l'indépendance de sa patrie, il obtint des Juifs assemblés à Jérusalem un acte qui déclarait l'autorité souveraine et la grande sacrificature héréditaires dans sa famille. Devenu alors le véritable souverain de la Judée, Simon renouvela (l'an 139) l'alliance déjà conclue par ses frères avec les Romains, dans la protection desquels il comptait trouver un appui plus solide que dans la bienveillance douteuse des princes qui se succédaient sans cesse au trône de Syrie. Il prit possession du port de Joppé pour établir des communications avec la Grèce et les îles de la Méditerranée. En même temps il faisait régner la paix dans Israël. « Sous lui, dit l'Écriture, chacun cultivait sa terre en sûreté, les champs étaient couverts de blé, et les arbres produisaient leurs fruits ; et les vieillards, assis dans les places publiques, s'entretenaient de l'abondance des biens de la terre. »

Cependant, quelques années après, Simon fut, comme son frère, victime d'une trahison : il mourut assassiné par son propre gendre, qui voulait s'emparer de l'autorité pontificale (135) ; mais ce fut *Jean Hyrcan*, fils de Simon, et déjà commandant des troupes de Judée, qui succéda aux dignités de son père, après une lutte acharnée contre les Syriens, qui avaient de nouveau envahi le pays d'Israël. Pendant un règne de vingt-neuf ans, le fils de Simon augmenta la puissance et les richesses de la nation, dont la tranquillité ne fut troublée que par les querelles des deux grandes sectes religieuses et politiques, les *Sadducéens* et les *Pharisiens*.

Le successeur de Jean Hyrcan fut son fils *Aristobule* (107). Ce prince jeta dans les fers trois de ses frères, fit périr le quatrième, et prit le titre de roi, qui n'avait jamais été porté par les gouverneurs de Judée depuis la captivité de Babylone. Aristobule étant mort après un an de règne, son frère *Alexandre Jannée* lui succéda au bout d'un an, et s'affermit sur le trône comme Aristobule, par un fratricide (106-79). Il ne cessa d'avoir les armes à la main contre ses ennemis extérieurs. Il fut battu par Ptolémée Lathyre, qui souilla sa victoire par d'horribles massacres. Alexandre avait cependant repris l'avantage, et s'était emparé d'un grand nombre de places, quand un soulèvement des Pharisiens, soutenus par Démétrius, roi de Syrie, mit le trouble dans toute la Judée. Alexandre punit la révolte par des barbaries inouïes, et mourut, quelque temps après, des suites de ses débauches. Sa veuve, *Alexandra* (79-70), qui gouverna après lui, favorisa au contraire les Pharisiens, qui se vengèrent sur les Sadducéens des cruautés d'Alexandre, et inondèrent de sang la ville de Jérusalem.

La reine Alexandra, en mourant (70), avait désigné pour son successeur son fils aîné *Hyrcan II*, qui fut reconnu roi par les Pharisiens; mais bientôt *Aristobule II*, ayant soulevé le peuple fatigué depuis longtemps du joug des Pharisiens, força son frère Hyrcan à lui céder le trône et le sacerdoce (69). Toutefois la guerre ne tarda pas à se rallumer entre les partisans des deux frères. Aristobule, vaincu à son tour (65), implora le secours du Romain Pompée, qui venait de faire de grandes conquêtes en Asie. (*Voir* Histoire romaine.) Ce général consentit à servir d'arbitre aux deux frères, et se déclara pour Hyrcan, qui, grâce aux secours des Romains, triompha des efforts de tous ses ennemis, et gouverna seul sous le nom d'ethnarque. Malgré l'attachement qu'il avait montré pour Pompée, ce prince obtint de César la même protection.

Bientôt de nouveaux troubles éclatèrent en Judée. *Antigone*, fils d'Aristobule, prétendit revendiquer le pouvoir, et détrôna Hyrcan ; mais lui-même fut dépouillé par *Hérode d'Ascalon*, auquel son dévouement à la cause romaine valut la couronne. Hérode, proclamé roi par l'influence d'Antoine et d'Octave (40), se mit, les armes à la main, en possession des états qui venaient de lui être donnés, et emporta (37) d'assaut Jérusalem, où il fit prisonnier Antigone, qui eut la tête tranchée. Pour achever de consolider son pouvoir, Hérode fit massacrer le *Sanhédrin*, ou grand conseil de la nation, qui s'opposait à ses projets tyranniques, et envoya à la mort le vieux roi Hyrcan avec Aristobule, le dernier rejeton de la race des *Asmonéens*, dont il avait épousé la sœur Marianne. Cette princesse périt elle-même bientôt après, victime de la jalousie de son époux.

C'est sous le règne de ce tyran que naquit à Bethléhem le Sauveur du genre humain. (*Voir* Histoire romaine.)

Trois ans après la naissance de Notre-Seigneur, Hérode partagea ses états entre ses trois fils. *Archélaüs* eut la Judée, la Samarie et l'Idumée, avec le titre de tétrarque. *Hérode Antipas* fut fait tétrarque de la Galilée ; *Philippe*, de la Trachonitide et de l'Iturée. Archélaüs mécontenta les Romains et fut dépouillé (6 ap. J.-C.) de ses états, qui furent réduits en province romaine et administrés par des procurateurs. Ce fut l'un de ces procurateurs, *Ponce-Pilate*, qui abandonna le Sauveur à la fureur des Juifs, et le livra pour être crucifié, après l'avoir envoyé, comme Galiléen, devant le tribunal du tétrarque de Galilée, Hérode Antipas.

Après la mort de Philippe (44), un petit-fils d'Hérode l'ancien, *Hérode Agrippa*, obtint de l'amitié de l'empereur Caligula le titre de roi qu'avait porté son aïeul. L'an 39, Agrippa se fit donner la tétrarchie de son oncle Antipas, qui fut exilé, et deux ans plus tard il fut proclamé par Claude roi de toute la Judée. La domination romaine se rétablit après la mort d'Agrippa ; et bien que reconnaissant *Agrippa II*, l'empereur Claude régla en maître le gouver-

nement. La faiblesse et l'incertitude de l'administration
livrèrent bientôt le royaume en proie à toutes les discordes.
Les exactions et la tyrannie du procurateur Gessius Florus
mirent le comble aux maux de la Judée. Réduits au désespoir, les Juifs prirent les armes (66). Le gouverneur de
Syrie essaya en vain de les réduire par la force. Vespasien, qui lui succéda (67), emporta et réduisit en cendres
plusieurs villes, malgré la présence de Josèphe, l'historien et le général, qui développa dans cette guerre toutes
les ressources d'un génie actif; Vespasien laissa quelque
temps les Juifs divisés s'affaiblir eux-mêmes par leurs désordres; enfin, au printemps de l'année suivante (68), il
vint mettre le siége devant Jérusalem. Proclamé empereur
en son absence (l'an 69), il quitta l'armée pour retourner
à Rome, confiant à Titus, son fils, le soin de terminer la
guerre.

Les Juifs, quoique partagés en plusieurs factions, défendirent la ville de Jérusalem avec un incroyable acharnement; mais Josèphe était passé dans les rangs ennemis.
La fête de Pâques (14 avril de l'an 70) avait, malgré les fureurs de la guerre, attiré dans cette ville une grande foule
de peuple. Le blocus commença pendant que toute cette
multitude s'y trouvait renfermée; aussi la famine se fit-elle
bientôt sentir avec toutes ses horreurs : une mère dévora
son enfant. Titus s'étant emparé d'une partie de la ville (le
28 avril), fit faire aux Juifs des propositions de paix, qu'ils
rejetèrent toujours. La prise de la tour *Antonia*, qui défendait le temple, avec lequel elle communiquait par une gale-
rie, amena les Romains sous les murailles de l'enceinte extérieure. Un assaut général fut repoussé; mais un soldat romain
poussé, dit l'historien Josèphe, par une inspiration divine,
ayant lancé un tison enflammé dans un des appartements
qui entouraient le sanctuaire, le feu se communiqua avec
rapidité dans toutes les parties du temple, et, malgré
les efforts de Titus, qui voulait conserver cet admirable
monument, il fut entièrement consumé. Ainsi que l'avait
prédit Jésus-Christ, il n'en resta pas pierre sur pierre. Les

soldats romains pillèrent tout ce qu'ils purent arracher aux flammes, et telle fut la richesse de ces dépouilles, que la valeur de l'argent baissa de moitié dans la Syrie. Malgré la destruction du temple, les assiégés prolongèrent encore un mois leur résistance dans la ville haute; mais elle finit par tomber également au pouvoir des Romains (le 8 septembre 70). Plus de treize cent mille Juifs, qui périrent dans cette guerre, portèrent ainsi le poids de l'anathème que leurs pères avaient prononcé contre eux-mêmes, en demandant que le sang du Christ retombât sur eux et sur leurs enfants.

Cet épouvantable désastre, où le païen Titus avait vu une vengeance divine, n'ouvrit pas les yeux des malheureux Juifs, qui attendaient toujours un Messie guerrier pour être leur libérateur; ils se réunirent autour des ruines de Jérusalem et construisirent une nouvelle ville. Mais l'empereur Adrien voulut y élever un temple à Jupiter. Les Juifs, remplis d'indignation, se soulevèrent encore une fois, et prirent les armes, sous la conduite d'un aventurier, nommé *Barcochébas*. Cinq cent quatre-vingt mille hommes périrent dans cette guerre, qui se termina par la mort de Barcochébas, tué dans une forteresse où il se défendait avec opiniâtreté. Adrien établit à Jérusalem une colonie romaine; la ville reçut le nom d'Ælia Capitolina (130), et pour prévenir de nouvelles séditions, Adrien ne permit aux Juifs d'y entrer qu'une seule fois chaque année, au jour anniversaire de la destruction de Jérusalem. Ainsi fut consommée la ruine de la nation juive, dont les faibles restes furent dispersés dans toutes les contrées de la terre (135).

§ II. ÉTAT POLITIQUE ET RELIGIEUX DE LA JUDÉE, PRINCIPALEMENT A L'ÉPOQUE DE LA NAISSANCE DE JÉSUS-CHRIST.

Le gouvernement des Juifs, monarchique depuis l'avénement de Saül jusqu'à la captivité de Babylone, avait changé entièrement de forme quand le peuple revint de la terre d'exil. Babylone garda la suprématie, et ce fut un

officier du roi de Perse, Néhémie, qui fut mis à la tête
de la Judée. Après lui l'administration appartint au gouverneur général de Syrie, qui exerça l'autorité par l'in-
termédiaire des pontifes. Ceux-ci devinrent les véritables chefs du peuple. C'est à ce titre que Jaddus reçut
Alexandre à Jérusalem, qu'Onias écrivit au roi Démétrius.
Le pouvoir politique se confondit avec le pouvoir religieux. On revenait insensiblement à la royauté. Les Machabées, princes de la nation, furent investis d'une grande
puissance, et le sacerdoce ajouta encore à leur autorité.
Jonathas et Simon étaient pontifes, en même temps que
magistrats et chefs de l'armée. Hyrcan, revêtu, comme
Simon, du double caractère, avait le pouvoir royal, moins
le titre de roi. Aristobule n'introduisit aucune modification dans le gouvernement en prenant le diadème.

Après Hyrcan II, le Romain Gabinius abolit la puissance royale en Judée, et la remplaça par un gouvernement aristocratique. La Judée était divisée en cinq provinces, administrées chacune par un conseil suprême.
Cette nouvelle organisation dura peu, et quand Jésus-Christ
vint au monde, le pouvoir royal était établi dans la famille
d'Hérode.

A côté du pouvoir des juges et des rois avait toujours
subsisté, depuis Moïse, dit-on, un tribunal appelé *Sanhédrin*, institué pour juger les crimes religieux et politiques,
pour assurer l'exécution des lois et des cérémonies
sacrées. Ce sénat surveillait la conduite du grand pontife,
le citait à son tribunal: le roi lui-même ne pouvait se
soustraire entièrement à son influence. A la suite de la
captivité de Babylone, plusieurs sectes attaquèrent l'unité
religieuse, et peu à peu divisèrent profondément la nation. Elles se développèrent par le contact des Juifs avec
les nations voisines, par le mélange des doctrines de la
philosophie étrangère avec la loi mosaïque. A l'époque de
la naissance de Notre Seigneur, les trois sectes dominan-
tes étaient celles des Pharisiens, des Sadducéens et des Esséniens. Les Pharisiens, asservis rigoureusement aux plus

petites observances, inscrivaient les commandements de la loi sur leurs fronts et leurs poignets, se lavaient plusieurs fois dans un jour et dans un repas, respectaient le sabbat jusqu'à refuser de soulager un malade pendant ce jour; mais ils sacrifiaient tout à l'ostentation et à l'orgueil. Les Sadducéens rejetaient toute tradition orale, et n'admettaient d'autre livre saint que le Pentateuque; ils niaient l'action de Dieu sur la terre, et proscrivaient les dogmes de l'existence des âmes, de la résurrection des morts et de la vie à venir. Les prêtres, les docteurs de la loi, les léttrés ou scribes et le bas peuple, appartenaient généralement à la secte des Pharisiens; les riches et les commerçants étaient presque tous du nombre des matérialistes Sadducéens. Les Esséniens étaient plutôt une école philosophique qu'une secte religieuse. Ils professaient un souverain mépris pour la volupté et les richesses; les biens étaient communs entre eux; comme les stoïciens de Grèce, ils menaient une vie simple, austère, étrangère à tous les plaisirs; ils méprisaient la douleur et la mort, une plainte leur aurait paru un blasphème. Du reste, ils admettaient, comme les Pharisiens, l'intervention de la Providence et l'immortalité de l'âme.

OUVRAGES A CONSULTER. — *Livre d'Esther, Néhémie, Daniel, Malachie; Livre des Machabées.* Josèphe, *Histoire des Juifs, Guerre de Judée;* Tacite, *Histoires;* Suétone, *Titus.* — Bossuet. — Ansart. — Pour le second § M. de l'astoret, Josèphe.

CHAPITRE CINQUIÈME.

ÉGYPTE.

SOMMAIRE.

§ 1er. Constitution physique de l'Égypte. Populations primitives. Invasion des Arabes pasteurs ou Hycsos. Les Hébreux
dans la terre de Gessen. Les rois pasteurs expulsés. Les Israélites persécutés sortent de l'Égypte sous la conduite de
Moïse. *Règne glorieux de Sésostris, ou Rhamsès le Grand.
Invasion en Asie. Réformes intérieures.* Organisation définitive du gouvernement.

§ II. Division de l'Égypte en trente-six nomes.— Successeurs de
Sésostris. Troubles intérieurs. Les douze chefs. Le Labyrinthe.
Psammétique. Néchao: guerres avec la Syrie. Amasis. L'É-
gypte conquise par les Perses, sous Psamménit.

§ III. *Religion des Égyptiens. Doctrine secrète du sanctuaire.*
Gouvernement; le roi, les prêtres, les guerriers, le peuple.
Législation. Administration de la justice.

Arts: peinture, musique, sculpture, architecture.—Pyramides,
obélisques, sphinx, statue de Memnon. Lac Mœris.—Momies.
— Sciences: astronomie, géométrie, hiéroglyphes.

§ I. HISTOIRE DE L'ÉGYPTE JUSQU'A LA CONQUÊTE DE CE PAYS PAR CAMBYSE.

Située au centre du monde ancien, appartenant, pour
ainsi dire, également à l'Asie et à l'Afrique, dont les populations sont venues, avec leurs mœurs et leurs traditions diverses, se mêler sur son territoire, l'Égypte semble la métropole
des nations antiques. Nous ne lui accorderons pas, sans
doute, cette suite extravagante de dynasties, ces quinze
ou trente mille années d'existence que lui attribuait l'i-
gnorance ou l'imposture de ses historiens; mais il est certain qu'elle a été dans des temps très-reculés le foyer
d'une civilisation remarquable et le berceau de plusieurs
nations, qui se sont répandues sur la surface du globe.
Dans cette Égypte, où les annales des siècles demeurent

gravées sur le granit en caractères ineffaçables, Moïse,
Hérodote, Platon, vinrent étudier tour à tour. De l'Égypte
sortirent les colonies qui peuplèrent la Grèce; dans l'É-
gypte encore les descendants des patriarches se multiplièrent, et au milieu d'elle commença à se former le
peuple de Dieu.

Tout en elle paraît prodigieux. La constitution même
du sol qu'elle occupe est un des plus étonnants phénomènes de la nature (1). Vaste oasis au milieu du désert,
elle ne doit son existence qu'au Nil, que les habitants,
dans leur reconnaissance, surnommèrent le *très-saint*,
le *père*, le *conservateur*, et qu'ils honorèrent d'un culte
solennel. Seul, ce fleuve arrose et vivifie un territoire res-
serré entre des montagnes stériles, et qui sans lui ne serait qu'un sable mouvant et aride, comme le désert qui
l'avoisine. Autrefois le Nil couvrait toute la vallée de ses
flots débordés : l'homme lui a disputé le terrain pied à
pied; il lui a creusé son lit, il a pu ainsi régler et gouverner les inondations périodiques produites par les pluies
abondantes de la haute Éthiopie, qui font de toute l'É-
gypte un immense lac pendant la moitié de l'année, pour
laisser ensuite à découvert des champs où, en six mois,
l'on récolte deux moissons. La main de l'homme a fait
surgir des eaux le sol égyptien, et sa fertilité est un chef
d'œuvre de l'industrie humaine.

L'Egypte fut peuplée successivement. Les descendants
de Cham, qui avaient passé de l'Arabie méridionale en
Afrique, y arrivèrent de l'Éthiopie, en s'avançant vers le
nord; ils descendirent le long du Nil, qui lui-même
amoncelait et poussait devant lui, au milieu d'une mer de
sable, ce sol merveilleux, entraîné vers la Méditerranée
des hauteurs de l'Abyssinie. La haute Égypte ou Thébaïde

---

(1) Consulter dans la *Géographie historique*, qui forme le
VIIe volume de ce *Cours d'histoire et de géographie*, le para-
graphe Égypte, et, dans le *Petit Atlas historique* joint à ce
même *Cours*, la carte de l'Égypte *sous Sésostris*.

fut occupée d'abord, puis l'Égypte moyenne, enfin le Delta, plus longtemps submergé. Alors le sol de l'Égypte fut définitivement fixé ; alors aussi la nation commença à se constituer et à s'organiser régulièrement. Mais, à cette époque si reculée, son histoire est enveloppée d'une obscurité profonde, et ses vieilles annales ne fournissent que des notions très-vagues et très-incomplètes jusqu'au règne de Sésostris.

Pendant la première période, l'Égypte était divisée en un grand nombre de petits états, indépendants les uns des autres ; gouvernés d'abord par les prêtres, puis par des rois qui séparèrent le pouvoir civil du pouvoir religieux, en substituant la monarchie à la théocratie. C'est à cette époque qu'on retrouve toutes les dynasties dont parle l'historien Manéthon, mais simultanées et non successives. Thèbes eut ses souverains, dont *Ménès* fut, dit-on, le premier (vers le XXIXe siècle avant J.-C.) ; Éléphantine, Memphis, Tanis et d'autres villes eurent en même temps les leurs. C'étaient les chefs de cette race venue du midi qui avait d'abord peuplé la contrée ; mais ils n'en furent pas longtemps les possesseurs tranquilles.

Les Arabes pasteurs ou *Hycsos* arrivèrent par l'isthme de Suez, et chassèrent devant eux l'ancienne population, qui s'arrêta dans la Thébaïde, et y demeura confinée plus de deux cents ans. Pendant ce temps régnaient à Memphis les chefs de la race conquérante, appelés les *Pharaons pasteurs*. Ce furent eux que visitèrent Abraham et Jacob ; l'un de ces princes eut Joseph pour ministre. Sous cette dynastie, le peuple hébreu s'établit dans la terre de Gessen (Voir ci-dessus, ch. II, § II), où il fut paisible spectateur des combats livrés par les deux races ennemies.

Le grand résultat de cette lutte fut l'unité de l'Égypte. Les peuples refoulés dans la Thébaïde eurent besoin de se réunir pour repousser l'invasion. Les rois de Thèbes, les plus anciens et les plus puissants, se mirent à la tête de toutes les tribus égyptiennes. Les Pharaons pasteurs perdirent une à une leurs conquêtes (V. 1750). *Thoutmosis*, après avoir enfermé ses ennemis dans la ville d'Aouaris (Péluse), termina la guerre par un traité qui obligea les pasteurs à quitter l'Égypte avec leurs familles et leurs troupeaux.

Il ne restait plus en Égypte que les anciens Égyptiens, quelques débris des tribus étrangères ou *impures*, et les Hébreux ; mais le sort de ceux-ci changea. Tranquilles et florissants sous les pasteurs, ils étaient maintenant soumis à des rois *qui n'avaient pas connu Joseph. Thout-mosis III* ou *Mœris* et ses successeurs entreprirent d'incorporer les Hébreux à la nation égyptienne, en les arrachant à leur vie pastorale pour les soumettre à de sédentaires et pénibles travaux. Ce fut la période des grandes constructions de l'Egypte. Le lac Mœris fut creusé ; plusieurs pyramides s'élevèrent. Ces ouvrages immenses retombaient sur les Israélites, dont la vie devenait ennuyeuse, dit l'Écriture, parce qu'on les employait à pétrir la boue et le mortier.

Leur oppression devait avoir un terme : Moïse, sauvé des eaux par la fille même du Pharaon, se mit à la tête de son peuple. L'institution de la Pâque fut le signe de sa délivrance (1645). La mer Rouge s'ouvrit pour lui livrer passage, et se referma derrière lui pour engloutir le Pharaon avec toute son armée (voir le chapitre II). Un autre mouvement eut lieu en Égypte à cette époque. Sous le règne d'*Aménophis*, les impurs se soulevèrent au fond du Delta, envahirent l'Egypte avec le secours des descendants des anciens pasteurs, et la ravagèrent pendant treize ans. Ils furent enfin battus et chassés pour jamais, après une lutte sanglante. L'Égypte tout entière, réunie sous un même sceptre, forma une nation unie et puissante. Guidée par le génie de *Sésostris* ou *Rhamsès le Grand*, elle allait enfin se venger de l'Asie et lui rendre conquête pour conquête.

(1491) A partir de Sésostris, l'histoire d'Egypte a une chronologie à peu près fixée, elle prend un caractère de certitude. Ce héros des anciens âges, qui conquit plus de

pays qu'Alexandre le Grand, et ne prépara pas comme
lui le déchirement de sa patrie, Sésostris fut instruit dans
l'art du gouvernement par les prêtres et les anciens du
pays, et par Aménophis, son père, dans l'art de la guerre.
Il commença par soumettre l'Éthiopie, pour mettre fin
aux invasions méridionales, puis il passa l'isthme de Péluse
avec une infanterie parfaitement disciplinée, une cavalerie nombreuse et une multitude de chariots, tandis qu'une
flotte de quatre cents voiles surveillait les côtes. C'était
la plus formidable expédition qu'on eût vue encore. Il
parcourut en vainqueur les rivages de l'Arabie et de
l'Inde, traversa l'Afrique et l'Asie-Mineure, apparut en
Europe, où il soumit les peuplades de la Thrace, gravant
partout sur des colonnes triomphales des inscriptions
qui retraçaient ses exploits. Du temps d'Hérodote, on voyait
encore dans l'Ionie deux figures colossales portant sur la
poitrine ces mots en caractères égyptiens : « C'est moi que
ces puissantes épaules ont rendu maître de ce pays. »
Mais ce furent là les traces les plus durables des exploits
de Sésostris. En vain il enrichit son peuple des dépouilles
de l'univers, en vain il se fit traîner sur son char par les
rois enchaînés, les nations, plutôt effrayées que soumises,
recouvrèrent peu à peu leur indépendance.

Toutefois Sésostris avait ramené une foule innombrable
de captifs qu'il occupa à exploiter des carrières de granit,
à bâtir des villes, à creuser plusieurs canaux pour régler
le cours du Nil. Il consacra les dernières années de son
illustre carrière à rétablir dans tout le royaume l'ordre
et la justice, et à réformer les lois.

§ II. DIVISION DE L'ÉGYPTE EN TRENTE-SIX NOMES. — SUITE ET
FIN DES PHARAONS.

L'administration intérieure du royaume fut alors définitivement organisée. Depuis que l'unité de gouvernement
s'était établie en Égypte, les petits états qui la partageaient
autrefois étaient devenus des provinces ou *nomes*, dont
on ne connaît guère ni le nombre ni l'étendue avant Sé-

sostris. Sous ce prince, ces divisions furent fixées au nombre de trente-six, dix pour la Thébaïde, seize pour l'Égypte moyenne, dix pour le Delta. Chacune de ces provinces portait le nom de la ville principale où résidait le gouverneur.

Après Sésostris, des princes de diverses races régnèrent sur ses états rentrés dans leurs limites naturelles. L'un d'eux fit alliance avec Salomon, et lui donna sa fille en mariage. Un autre, nommé dans l'Écriture *Sésac*, prit la ville de Jérusalem, et ses armées ravagèrent la Palestine. Sous ses successeurs, les Éthiopiens firent deux fois la conquête de l'Égypte, qui fut, après leur retraite, gouvernée par le prêtre de Vulcain *Séthos* (*V.* 713); mais la mort de ce prince devint la source de nouvelles calamités pour le pays, qui resta deux ans en proie aux factions.

Enfin (671) douze chefs se partagèrent le pouvoir : un traité solennel les unit pendant douze ans. Alors fut construit à frais communs le fameux *Labyrinthe;* alors aussi les relations avec l'Occident devinrent fréquentes. *Psammétique*, l'un des douze, fortifié de l'alliance de quelques troupes grecques, prétendit régner seul. Une lutte commença, dont le résultat fut encore une fois la réunion du pays entier sous un même sceptre (656).

À cette époque, les expéditions maritimes de l'Égypte se multiplièrent. Pour faciliter les communications commerciales, *Néchao*, fils de Psammétique (617), tenta, mais envain, de joindre la mer Rouge à la Méditerranée par un canal. Il réussit du moins dans une autre entreprise. Des Phéniciens, partis par ses ordres du fond de la mer Rouge (614), firent le tour de l'Afrique, et trois ans après ramenèrent leurs vaisseaux par le détroit d'Hercule dans les bouches du Nil. Vingt et un siècles après, Vasco de Gama devait retrouver pour les modernes cette route qui livra à l'Europe les richesses de l'Inde.

L'Égypte avait passé le plus haut période de sa gloire. L'Asie, toujours son ennemie mortelle, n'avait pas oublié la course triomphale de Sésostris. Néchao, vainqueur de

Josias, roi de Juda (609), et de son successeur Joas, fut lui-même battu par le roi de Babylone Nabuchodonosor (Voir ch. VI, § Ier). Sous le Pharaon *Ophra* ou *Apriès* (595-570), Dieu, comme parle la Bible, abandonna à Nabuchodonosor le royaume d'Égypte. Le Babylonien *se couvrit de richesses comme le pasteur se couvre de son manteau, et se retira en paix.* La nation égyptienne ne se releva pas de ce coup. Un homme du peuple, voleur de profession, *Amasis* (570) put s'élever sur le trône, qui n'avait appartenu jusqu'à lui qu'à la caste des prêtres, et quelquefois seulement à celle des guerriers.

L'avénement d'Amasis était une violation flagrante des anciennes lois; il ne respecta pas davantage les vieilles superstitions de ses sujets, et, pour leur en faire comprendre la vanité et la folie, il exposa à l'adoration publique une idole faite avec le vase d'or où il avait coutume de se laver les pieds. C'était dévoiler avec une sanglante ironie les absurdités du culte égyptien; c'était en même temps attaquer le préjugé qui reprochait au roi la bassesse de son origine. Il se la fit pardonner, au reste, par la sagesse de son gouvernement, par la protection éclairée qu'il accorda aux arts.

Mais l'Égypte perdait avec ses antiques coutumes cette inébranlable discipline qui jusque-là avait fait sa force. Elle offrit bientôt après une conquête facile à Cambyse, roi de Perse. Il fut réservé à *Psamménite*, fils d'Amasis (526), de voir l'asservissement de son pays. Le dernier des Pharaons périt par ordre du vainqueur, et l'Égypte devint une province de l'empire des Perses (525).

§ III. RELIGION, GOUVERNEMENT, LÉGISLATION, SCIENCES, ARTS ET MONUMENTS DES ÉGYPTIENS.

Nulle religion peut-être n'offre, au milieu de quelques vérités défigurées, un plus monstrueux assemblage de superstitions que la religion des Égyptiens. Au-dessus de tout est *Ammon-Ra*, l'être des êtres, le grand dieu, un et triple à la fois. Le soleil et la lune sont adorés après lui sous les noms d'*Osiris* et d'*Isis*, régulateurs du monde, et toujours occupés à lutter contre *Typhon*, le génie du mal. A leur suite vient la foule des divinités secondaires, qui correspondent au Vulcain, à l'Hercule, au Mars, au Mercure, à la Vénus, etc., des Grecs. Pour comble de folie, les dieux n'étaient pas seulement adorés sous leurs statues d'or ou d'argile; mais les plus vils animaux, considérés comme des symboles sacrés, recevaient les honneurs divins. Un jeune taureau noir, choisi avec un grand soin dans toute l'Égypte, recevait le nom vénéré d'*Apis*, et habitait un temple magnifique, où il était servi par des légions de prêtres. Celui qui eût tué, même involontairement, un bélier, un chat, un ibis, eût été puni de mort. L'Égyptien adorait jusqu'à l'oignon qui avait poussé dans son jardin. C'était bien là que *tout était Dieu, excepté Dieu lui-même.*

Telle était la religion populaire, la seule publiquement pratiquée, la seule enseignée au grand nombre. Pourtant, au fond des temples, une doctrine plus pure était soigneusement conservée. Les prêtres transmettaient à leur caste favorisée une religion dégagée des superstitions vulgaires. Ils admettaient l'existence d'un Dieu « incorporel, immua- » ble, infini, origine de toutes choses, et qui doit être » adoré en silence... le père, le bon par excellence... être » unique, indivisible, éternel (1). » Ils avaient aussi dit-on, des idées assez justes sur la vie future; mais c'était là le secret du sanctuaire; nul profane n'en approchait. Aussi n'a-t-on sur ces mystères de l'Egypte que des données fort incomplètes. Ce qu'il y a de certain, c'est que ce fut auprès des prêtres égyptiens que plusieurs illustres philosophes grecs allèrent étudier la sagesse.

Dans l'origine, le gouvernement était purement théocratique; les prêtres seuls exerçaient le pouvoir suprême au nom des dieux. Quand la monarchie se fut établie,

(1) M. Guigniaut.

5

d'abord élective, puis héréditaire, la caste sacerdotale
conserva encore une grande autorité sur le souverain lui-
même. Les insignes du pouvoir absolu ornent la tête du
roi ; et cependant il passe sa vie dans un cérémonial con-
tinuel, établi et maintenu par les prêtres; la loi est au-
dessus du roi, et elle a réglé jusqu'à l'heure de son lever,
jusqu'à la qualité et la quantité de ses mets. La guerre
seule l'affranchit de ce joug ; alors il commande les armées
à pied ou en chariot. Toujours il a droit de vie et de
mort ; et cependant, dès qu'il n'est plus, il doit rendre
compte de sa conduite et se faire juger par la nation. Sa
momie (1) ne sera reçue dans le tombeau élevé par lui-
même, que si le tribunal des quarante-deux juges ne le déclare coupable d'aucun crime.

A chaque dynastie éteinte, le nouveau roi doit être élu
dans la classe privilégiée des prêtres. Les prêtres seuls
sont initiés aux dogmes d'une religion épurée, les prêtres
seuls savent les lois, lisent les écritures sacrées, composent
les annales de la nation. Dans leur corps aussi sont exclusivement cultivées toutes les sciences; ils conservent
tous ces trésors loin du vulgaire : le secret qui les en-
toure est la sauvegarde de leur influence.

Au-dessous de l'ordre pontifical est celui des guerriers,
puissants dans la guerre, mais prenant peu de part au gouvernement. Aux assemblées le vote d'un simple prêtre vaut
celui de dix guerriers; le vote d'un grand prêtre en vaut
cent. Chaque guerrier reçoit du souverain un domaine libre de tout impôt.

Plus bas encore est le peuple, le peuple qui a le droit
d'accuser le roi après sa mort, mais qui, dans toute autre occasion, n'est qu'une troupe esclave et misérable. Sans existence politique, sans participation, même indirecte, au gou-

_____

(1) Les Égyptiens avaient l'art de faire subir aux cadavres
une préparation qui les préservait indéfiniment de la corruption. Les corps ainsi conservés sont désignés sous le nom de
momies.

vernement, il n'a pour tout rôle que l'obéissance passive et le travail matériel.

Toute cette hiérarchie était dominée et réglée par de sages lois. L'Égypte, dit Bossuet, est la source de toute bonne police. Un tribunal de trente membres rendait la justice, et toute cause était plaidée seulement par écrit, afin que les juges ne pussent être séduits par le prestige de l'éloquence. Le meurtrier même d'un esclave était puni de mort, le parjure était condamné à la même peine. Un outrage à la vérité était regardé comme la plus grande injure que l'on pût faire à la Divinité même. Le parricide subissait le supplice du feu. Tout homme qui n'avait pas empêché un crime, quand il le pouvait, était châtié comme s'il l'eût commis. Enfin le coupable qui avait échappé à la justice pendant sa vie ne pouvait se soustraire au tribunal qui le jugeait après sa mort ; sa mémoire demeurait flétrie, et ses restes étaient privés de sépulture. Il faut dire cependant que le vol, par suite des rapports de l'Égypte et de l'Arabie, était si habituel parmi les Égyptiens, qu'on avait été obligé de le tolérer et de le régler par des statuts particuliers. Amasis le premier chercha à détruire cette étrange coutume, en ordonnant que tout citoyen justifierait chaque année de ses moyens d'existence devant les magistrats. — La polygamie était permise en Égypte, mais elle fut rarement en usage.

Les arts comme les institutions ont en Égypte un double caractère de grandeur et d'immobilité. Il semble que là rien ne devait être détruit, pas même les cadavres des morts ; un certain nombre de prêtres étaient spécialement chargés des embaumements, et les momies des anciennes générations étaient conservées avec respect par les générations nouvelles. La momie d'un père pouvait être donnée par le fils comme le plus sacré de tous les gages ; mais il était noté d'infamie s'il ne la retirait pas. Les salles où les Égyptiens prenaient leurs repas étaient entourées de simulacres en bois peint représentant les ancêtres morts.

La civilisation fut prompte en ce pays, mais aussi elle s'y

arrêta de bonne heure. Dans l'antiquité la plus reculée, les
Égyptiens cultivèrent la peinture, la musique, tous les arts
utiles. Habiles dans l'agriculture et l'économie rurale, ils cultivaient, à l'aide de la charrue et de divers instruments ingé-
nieux, le blé, le lin, le coton et les légumes, et certains aliments
que les Hébreux regrettaient après leur sortie d'Égypte. Une
belle race de chevaux s'élevait dans les prairies. L'in-
cubation artificielle, à l'aide de fours d'une chaleur toujours
égale, multipliait prodigieusement les oiseaux de basse-cour.
Un grand nombre d'ouvriers étaient employés au tissage et à
la teinture de riches étoffes. L'art de travailler les métaux,
de fabriquer la porcelaine et le verre, de préparer l'émail
et le mastic pour les mosaïques, fut porté à une grande
perfection. Des monuments immenses, magnifiquement
ornés, s'élevaient en l'honneur des dieux et des rois. Mais
l'architecture des Égyptiens, comme aussi leur sculpture,
a quelque chose de triste et de mort. Sans élégance, sans
grâce, elle n'est remarquable que par la grandeur démesurée de ses proportions. Il suffit de citer les *pyramides*,
orgueilleux sépulcres des rois, dont l'une a 127 mètres de
base, et 136 de hauteur ; les nombreux *obélisques*, gigantesques monolithes sur lesquels sont gravés les principaux
faits de l'histoire nationale, dont nous possédons à Paris
l'un des plus remarquables, achevé par Sésostris ; le *labyrinthe*, ouvrage de douze rois, et formé par la réunion de
douze palais : enfin les *sphinx*, monstres à figure humaine, et cette statue de *Memnon* qui rendait des sons au
lever du soleil, et tous les colosses aux formes gigantesques qui surgissent encore çà et là au milieu des sables,
où le vent du désert les a presque ensevelis. Parmi les
ouvrages des Égyptiens, on ne peut oublier le lac Mœris
avec ses deux pyramides, assez vaste, tantôt pour recevoir
l'excès de l'inondation du Nil, tantôt pour suppléer à son
insuffisance.

Pendant que ces travaux matériels occupaient les mains
du peuple, plusieurs sciences étaient cultivées par la caste
acerdotale. La plus ancienne des bibliothèques fut fondée

en Égypte. La médecine et la chirurgie étaient professées par les prêtres, et la loi elle-même réglait l'emploi et la composition des remèdes. L'astronomie, mêlée toutefois à l'astrologie et à la magie, y fut de bonne heure étudiée ; à une époque reculée, l'année égyptienne était fixée à 365 jours 6 heures. La nécessité de l'arpentage après les inondations du Nil conduisit à la géométrie. Enfin on attribue aux Égyptiens l'invention de l'écriture. Celle qu'ils employaient pour leurs annales était l'écriture hiéroglyphique, dont les caractères symboliques se sont conservés jusqu'à nous sur les blocs de granit, sur l'écorce artistement préparée du papyrus, où le génie patient de Champollion a retrouvé de nos jours les traits les plus certains de l'antique histoire égyptienne.

OUVRAGES A CONSULTER. — M. Champollion-Figeac, *Egypte* (dans l'Univers pittorresque). — *Histoire universelle de l'antiquité*, par Schlosser. — Heeren, *Manuel d'Histoire Ancienne;* Bossuet, Rollin, M. Letronne, *sur la statue vocale de Memnon;* Burette, *Cahiers d'Histoire Ancienne;* Le Bas, Poirson et Cayx, *Précis, etc.* — Hérodote, Diodore.

CHAPITRE SIXIÈME.

ASSYRIENS ET BABYLONIENS.

SOMMAIRE.

§ Ier. Babylone fondée par Nemrod ; Ninive par Assur. Invasion des Arabes. Réunion des deux royaumes. Premier empire d'Assyrie. Bélus. *Ninus : ses conquêtes. Sémiramis : ses expéditions guerrières, ses travaux.* Ninyas. Décadence de l'empire d'Assyrie. Sardanapale ; révolte générale. Babylone et Ninive séparées de nouveau. Influence de la caste sacerdotale à Babylone. Ère de Nabonassar. Princes guerriers à Ninive : Théglath-Phalasar, Salmanasar, Sennachérib. Asar-Haddon soumet Babylone. Nabuchodonosor Ier. Révolte de Nabopolassar : Chute de Ninive. *Nabuchodonosor II: ses exploits;* il est frappé de démence. Menaces des prophètes contre l'empire d'Assyrie. Révoltes. Balthasar ou Labynit. Prise de Babylone par Cyrus.

§ II. Gouvernement des Assyriens. Despotisme absolu. Autorité des pontifes. Les mages. Religion des Assyriens. Astronomie et astrologie ; son origine, ses progrès. Monuments de Babylone : temple de Bel, palais des rois, ponts, quais, jardins suspendus, murailles.

§ I. HISTOIRE DES ASSYRIENS ET DES BABYLONIENS JUSQU'A LA PRISE DE BABYLONE PAR CYRUS.

Les hommes, dispersés par la main de Dieu, s'étaient séparés dans les plaines de Sennaar ; quelques-uns cependant restèrent près de ces lieux, devenus ainsi, pour la seconde fois, le berceau de l'humanité. *Nemrod*, petit-fils de Cham, fut de ce nombre. *C'était*, dit l'Écriture, *un violent chasseur devant le Seigneur.* Il se mit à la tête de ses compagnons, et avec les matériaux réunis encore pour la tour inachevée de Babel, il jeta les fondements de la ville qui plus tard fut Babylone, sur les rives de l'Euphrate, vers 2690.

De l'autre côté de la Mésopotamie, sur le Tigre, un descendant de Sem, *Assur*, sorti aussi de la plaine de Sen-

naar, traça l'enceinte de la ville qui devait s'appeler Ninive; deux royaumes s'élevèrent en même temps, voisins,
mais étrangers l'un à l'autre pendant plusieurs siècles.

La Babylonie n'appartint pas longtemps aux successeurs
de Nemrod. Tandis qu'on leur décernait successivement
l'apothéose sous le nom de Bel, Bélus ou Baal (car déjà l'i-
dolâtrie grandissait parmi les nations), un peuple aux
mœurs farouches et belliqueuses vint fondre sur les habitants des plaines de la Mésopotamie, qui savaient arpenter
les terrains, creuser des canaux, construire des murs de
brique, mais qui avaient désappris, dans la paix, le métier
des armes. Les Arabes s'emparèrent de la région située
entre l'Euphrate et le Tigre (*V.* 2200), et six princes de leur
race régnèrent successivement à Babylone. Mais peu à peu
les vainqueurs subirent, comme les vaincus, l'influence du
climat et des mœurs orientales; ils furent sans force contre
une nouvelle invasion.

L'empire d'Assur avait grandi silencieusement à côté
de celui de Nemrod. Là était un peuple moins civilisé,
mais plus énergique et plus guerrier que celui de Babylone, race d'hommes habitués dès le jeune âge aux exercices violents et aux expéditions aventureuses. Ils asser-
virent sans peine la nation riche et commerçante et ses
conquérants dégénérés.

Le roi d'Assyrie, devenu roi des deux peuples (1993),
prit le nom vénéré de *Bel* ou *Bélus*, et fut adoré après sa
mort avec les anciens rois.

Nous arrivons à l'époque brillante de la domination as-
syrienne.

Environ deux mille ans avant notre ère, *Ninus* fut un
prince glorieux et conquérant, ainsi que plus tard en
Égypte le grand Sésostris. Suivi de deux millions d'hommes, il parcourut comme un torrent toute l'Asie, de l'Indus aux mers occidentales, des rochers de l'Arabie à ceux
de la Bactriane. Il revint avec des milliers d'esclaves,
qu'il employa, suivant la coutume de ces temps, à élever
péniblement un monument impérissable de sa gloire. La

ville des Assyriens, ceinte d'un mur haut de cent pieds,
sur lequel trois chariots se promenaient de front, si peuplée qu'au temps même de Jonas elle avait encore deux
millions quatre cent mille habitants, si vaste qu'il fallait
trois journées entières pour parcourir ses différents quar-
tiers, la ville des Assyriens s'appela Ninive, et fut destinée
à perpétuer le nom de son vrai fondateur.

Toute cette gloire fut pourtant, dit-on, surpassée par
une femme, *Sémiramis* (1916), dont une tradition attribue la naissance à une déesse. Sémiramis, l'héroïne du
vieil Orient, n'est peut-être qu'un personnage à demi
fabuleux, auquel on a attribué les exploits et les travaux
des princes qui l'ont précédée ou suivie. Malgré le silence
presque absolu d'Hérodote, plusieurs historiens grecs ont
fait un merveilleux récit de ses entreprises. S'il faut ajouter foi à leur témoignage, Sémiramis, élevée par des bergers, épousa Ninus, qu'elle avait charmé par sa beauté et
sa bravoure, l'accompagna dans ses guerres, et lui succéda, après s'en être débarrassée par un assassinat. Elle
voulut ajouter encore à ses conquêtes. Cinq cent cinquante mille cavaliers, trois millions de fantassins, cent
mille chariots, parcoururent avec elle toute l'Asie, et partout elle laissa de glorieuses traces de sa marche triomphante. Ici des chemins furent ouverts dans les montagnes
pour livrer passage à ses troupes ; là, elle creusa un lac en
témoignage de son séjour ; ailleurs elle trancha des rochers
pour y graver son nom et son image ; elle donna des lois à
l'Égypte, à l'Éthiopie, et la Chine se souvint longtemps de son
invasion. L'Inde seule put l'arrêter. Vaincue par un des rois
de ce pays, elle revint, mais assez puissante pour bâtir une
ville plus grande encore que Ninive. Babylone fut entourée
d'un carré de murailles dont chaque côté avait cent vingt
stades (22 kilomètres ou cinq lieues) de longueur, deux
cents coudées (100 mètres) de haut et cinquante d'épais-
seur. Cent portes d'airain s'ouvraient au milieu de ces
remparts de brique et de bitume ; l'Euphrate même, qui
traversait la ville, fut bordé de murs. Un pont joignit les

deux parties. A une extrémité de ce pont s'éleva le temple de Bel, magnifique observatoire des astronomes babyloniens; à l'autre extrémité était le palais des rois avec ses jardins suspendus, une des merveilles du monde ancien. Après ces grands exploits et ces grands travaux, Sémiramis abdiqua, dit-on, en faveur de son fils *Ninyas* (1874); peut-être n'obtint-il la couronne que par un parricide.

A ce prince commença la décadence. Après Sémiramis, les rois, cachés au fond de leurs harems, reprirent la vie molle et sensuelle des anciens souverains de Babylone. Pendant ce temps, les contrées réunies de force à leur immense domination se séparaient une à une. L'Éthiopie, l'Égypte, la Palestine, la Syrie, l'Asie-Mineure, reprirent leur indépendance. Une dissolution complète au sein des provinces mêmes de l'empire était désormais imminente, et sous *Sardanapale*, un grand déchirement, préparé depuis longues années, et non pas, comme l'ont dit les Grecs, une simple révolte de palais, mit fin à l'empire d'Assyrie. Sardanapale n'était pas plus efféminé que ses prédécesseurs; mais il fut accablé par les forces des principaux satrapes, réunies aux troupes de l'Arabie et de la Scythie, et il se brûla avec son palais, pour ne pas abandonner aux vainqueurs ses femmes et ses trésors.

La chute de Sardanapale fut le signal de la séparation nouvelle des deux grandes cités rivales, pendant que la Médie, sous le satrape *Arbacès*, se déclarait indépendante. A Ninive, le trône fut toujours occupé par les descendants de Sardanapale. La caste sacerdotale fournit une nouvelle dynastie à Babylone. Cette ville, dont la civilisation était de plus en plus développée, établit sous *Nabonassar* l'ère connue sous le nom de ce roi (747), qui fixa désormais la chronologie. Ninive était restée fidèle à ses coutumes guerrières, à son génie conquérant. Parmi ses rois, *Théglath-Phalasar*, ou *Ninus II* (742-724), marcha vers l'Occident, et soumit à un tribut, Achaz, roi de Juda; *Salmanasar*, son fils, fondit sur le royaume d'Israël, fit prisonnier le roi Osée, et emmena tous ses sujets en captivité. Ainsi Dieu punis-

5.

sait l'infidélité des successeurs de Jéroboam. *Sennachérih* successeur de Salmanasar (712-707). préparait le même sort au royaume de Juda ; mais le Seigneur protégeait le saint roi Ezéchias, et l'ange exterminateur détruisit en une nuit l'armée ninivite (707). (Voir ch. III, § II.)

Babylone, conquise autrefois par les descendants d'Assur, devait perdre encore une fois son indépendance ; obligée de reconnaître la supériorité de Ninive, elle ne tarda pas à être asservie par le victorieux *Asar-Haddon* (680). Ce même prince emmena en captivité l'impie Manassès, roi de Juda (voir le chapitre III). *Nabuchodonosor I*er (607-647), fils d'Asar-Haddon, et vainqueur des Mèdes, envoya Holopherne contre les Juifs. Mais l'orgueilleux Assyrien périt devant Béthulie de la main de Judith, et son armée fut dispersée (658).

Ce désastre sembla marquer le terme de la prospérité des Ninivites, dont les vices avaient excité la colère céleste. Quelques années après la déroute de Béthulie, *Nabopolassar*, satrape de Babylone, se révolta, et la ville dominatrice tomba pour ne plus se relever (625), selon les prédictions tant de fois répétées des prophètes. Le fils du vainqueur, *Nabuchodonosor II* (605-562), encore plus illustre que son père, ravagea l'Égypte et conquit toute l'Asie occidentale. Dieu lui livra même le pays de Juda. Jérusalem et le temple de Salomon furent renversés, et la captivité de soixante-dix ans, depuis longtemps prédite, punit enfin les infidélités du peuple de Dieu. La Phénicie fut attaquée à son tour, et Tyr fut prise après un siége de treize ans, pendant lequel les Iduméens, les Moabites et les Ammonites avaient été soumis. Tant de succès enivrèrent Nabuchodonosor, il osa se faire adorer comme une divinité ; mais le Seigneur le punit en le rendant pendant sept années semblable aux animaux sans raison.

Cependant la corruption était venue à son comble dans abylone; Isaïe, Jérémie, tous les prophètes juifs, tonnaient au nom de Dieu contre la cité sacrilége. Daniel la comparait à un colosse aux pieds d'argile. En effet, sa ruine était proche. Les nations se soulevaient de tous côtés contre cet empire que Dieu avait en abomination ; et *Balthasar* ou *Labynit* (554), le plus impie et le plus corrompu de ses rois, s'endormait dans les voluptés, tandis que Cyrus, choisi pour accomplir les grands desseins de la Providence, venait avec ses Perses assiéger la ville imprenable de Sémiramis. La nuit même où, au milieu d'un splendide festin, Daniel expliquait à Balthasar les signes mystérieux qui lui annonçaient la catastrophe prochaine, Cyrus entra par stratagème dans la ville (voir ch. VII, § III) ; tout reconnut les lois du vainqueur, et le second empire d'Assyrie devint une province de l'empire des Perses (538).

§ II. GOUVERNEMENT, RELIGION, SCIENCES, MONUMENTS DES CHALDÉENS ET DES BABYLONIENS.

Le gouvernement des Assyriens et des Babyloniens fut toujours le despotisme le plus absolu, comme presque tous les gouvernements des peuples asiatiques. La propriété de toutes les terres appartenait au roi, qui les cédait moyennant une redevance perpétuelle : l'impôt n'était en quelque sorte que le prix d'un bail payé par les fermiers du souverain. Le roi était maître de la vie de ses sujets comme de leur fortune, et pouvait les envoyer à la mort sans aucun jugement. Quelle que fût sa volonté, elle devait être exécutée avec une obéissance aveugle par les ministres et les officiers. Depuis Ninyas, c'était ordinairement à l'un de ses ministres que le roi confiait l'exercice du gouvernement, pour se livrer tout entier à une oisiveté voluptueuse, au fond de ses appartements lambrissés d'étoffes précieuses, de marbre et d'or, et peuplés de musiciennes et de danseuses. Mais le pouvoir suprême n'en était pas affaibli, et le soin que prirent les rois de se rendre inaccessibles à leurs sujets rendait leur dignité encore plus respectée. Nul ne devait passer devant la statue du roi sans fléchir le genou ; on ne le nommait que le Grand Roi, le maître de la terre ; on le croyait au-dessus de l'humanité, on le

mettait au rang des dieux ; chaque prince avait des temples après sa mort et se faisait adorer même de son vivant.
Jamais on ne vit pareil excès d'orgueil dans le souverain,
à côté d'un tel avilissement dans le peuple.

Une seule autorité balançait l'autorité royale, c'était
celle des pontifes. « La terre et le ciel étaient également
de leur ressort et de leur domaine. Ils interprétaient le
vol des oiseaux ; ils expliquaient les songes ; ils lisaient dans
les entrailles des victimes ; l'avenir se découvrait à leurs
regards ; ils dévoilaient ou créaient des prodiges ; les maux,
les biens, ils les détournaient ou les faisaient naître par
leurs enchantements et leurs sacrifices ; les augures, la
magie, les oracles, servaient tour à tour leur intérêt ou
leur puissance. Trompant la crédulité par l'espérance ou
la terreur, ils assujettissaient toutes les pensées et tous les
sentiments, en laissant croire qu'au nom de la divinité ils
pouvaient éloigner ou suspendre l'infortune, donner ou
ravir le bonheur. » (M. de Pastoret). Nulle part les *Mages*
ou devins n'eurent plus d'influence qu'à Babylone ; le roi
n'agissait guère sans les consulter, et leurs prédictions ou
leurs menaces pouvaient seules arrêter sa volonté suprême.
Comme les prêtres égyptiens, les pontifes d'Assyrie ré-
servaient à leur caste toutes les sciences et tous les arts ;
ils exerçaient même un grand nombre d'emplois dans le
gouvernement.

Le premier des dieux de l'Assyrie était Bel ou Baal,
dieu du soleil et du feu. Les étoiles et les planètes, re-
gardées comme les conseillers du Grand Dieu ou comme
des ministres chargés du soin de gouverner l'univers,
recevaient aussi les adorations du peuple. Plusieurs autres
divinités représentées quelquefois par d'infâmes emblèmes,
et dont la plus célèbre était la déesse *Mylitta*, étaient, ainsi
que la Vénus des Grecs et l'Astarté des Phéniciens, l'objet
d'un culte souillé par les excès les plus monstrueux. On
faisait même brûler l'encens devant des animaux nourris
au fond des sanctuaires. Daniel fit mourir un serpent qu'on
adorait dans le temple de Baal.

L'astronomie était la science que cultivaient avec le plus d'ardeur les prêtres de Babylone ; c'était par elle surtout qu'ils prétendaient apprendre les secrets de l'avenir. Cette science , disaient-ils, avait été enseignée aux hommes par Bel lui-même. Toutefois il paraît que les premières observations astronomiques furent faites en Chaldée par les peuples pasteurs et nomades qui, errant dans leurs vastes plaines, avaient besoin d'étudier le cours des astres pour se diriger dans leurs migrations. Ils firent quelques découvertes importantes, et parvinrent, dit-on, à prédire les éclipses et même le retour de plusieurs comètes. Néanmoins leur science astronomique leur servit assez peu pour le calcul du temps : dans leurs plus anciennes annales, les époques ne sont pas comptées par années, mais par périodes presque indéfinies appelées *sares ;* selon leurs tables chronologiques, le règne de leurs dix premiers princes occupe un espace de près de 4,000,000 d'années (1) ! Les Babyloniens continuèrent avec plus de régularité les travaux astronomiques et chronologiques des prêtres de Chaldée. Ils trouvèrent l'année solaire de 365 jours ; mais bientôt ils ne se bornèrent plus à constater les révolutions périodiques des corps célestes ; ils crurent y surprendre les signes des événements futurs. La position des constellations diverses, le passage des planètes, leur parurent autant de symboles mystérieux qu'ils s'efforcèrent d'interpréter. Dès lors l'astrologie enfanta toutes ses impostures.

Nous avons énuméré rapidement les principaux monuments de Babylone dont la construction est attribuée à Sémiramis, mais qui probablement furent élevés successivement par un grand nombre de princes. Le plus remarquable était le temple de Bel, orné avec une splendeur inouïe, au milieu duquel une tour prodigieusement élevée

---

(1) Il est à remarquer qu'en réduisant à 3,600 jours les 3,600 années qui composaient la période appelée sare, on trouve que la durée de ces règnes ne dépasse pas celle de la vie des patriarches antérieurs au déluge.

servait d'observatoire aux prêtres babyloniens. Cet édifice, plus haut, dit-on, que la plus haute pyramide d'Egypte, était formé de huit tours superposées, bâties en briques et en bitume.

Près du temple de Bel, les deux palais des rois, placés chacun sur une des rives de l'Euphrate, communiquaient ensemble par un chemin voûté qu'on avait construit sous le lit du fleuve. Les terrasses de ce double palais, appuyées sur d'énormes murailles, supportaient ces fameux jardins suspendus, tant célébrés par les Grecs; les plus grands arbres y pouvaient prendre racine, et les plantes de toute espèce qu'on y cultivait étaient arrosées par les eaux du fleuve, élevées au niveau des terrasses par d'immenses machines.

Tout dans Babylone répondait à ces magnifiques constructions : nommons seulement les quais, aux portes de bronze, qui bordaient l'Euphrate; le pont dont toutes les pierres étaient liées avec des chaînes de fer ou du plomb fondu ; les canaux qui recevaient les eaux du fleuve, et permettaient de le mettre aisément à sec; les murailles enfin, dont l'ensemble formait un carré de quatre cent quatre-vingts stades (53,300 mètres), bâti entièrement de larges briques cimentées avec du bitume, et flanqué d'un grand nombre de tours.

Ainsi que les Egyptiens, les Babyloniens cultivèrent de bonne heure les arts les plus utiles à l'industrie. Ils savaient tisser la laine, battre et fondre les métaux, sculpter le bois et la pierre et y appliquer des couleurs variées. Le Tigre et l'Euphrate transportaient d'une extrémité à l'autre de l'empire les marchandises de toute espèce, et facilitaient entre divers pays de fréquentes relations commerciales.

Ouvrages a consulter. — Heeren , *Manuel*. Poirson et Cayx Le Bas, Rollin, M. de Pastoret, *Législation des Assyriens.* Creuzer. *Religions de l'antiquité.* Schlosser.—Ctésias de Gnide, Diodore de Sicile, Justin, Hérodote, Livres de Jonas, de Daniel, de Baruch.

CHAPITRE SEPTIÈME.

ASIE OCCIDENTALE ET ASIE CENTRALE JUSQU'A LA MORT DE CYRUS.

SOMMAIRE.

§ I. ROYAUME DE LYDIE ET PRINCIPAUX ÉTATS DE L'ASIE-MINEURE JUSQU'A LA CHUTE DE CRÉSUS.

L'Asie-Mineure fut presque constamment morcelée en un grand nombre de petits états. Jusqu'à l'époque de la conquête de Cyrus, des peuples de races diverses s'élevèrent et tombèrent tour à tour; les principaux furent les *Phrygiens* au centre, les *Arméniens* à l'est, les *Troyens* et les *Lydiens* à l'ouest. La plus ancienne de ces nations est celle des *Phrygiens;* ceux-ci vinrent probablement de l'Asie centrale dans des siècles fort reculés, puisqu'ils préten- daient lutter d'antiquité avec les Égyptiens. On sait qu'ils exercèrent dans ces temps primitifs une grande influence; mais du reste on ne trouve guère dans leur histoire que le nom de deux rois : *Gordius*, dont le char portait un joug attaché par ce fameux nœud gordien, que trancha Alexandre ; et *Midas*, fils de Gordius, à qui la fable at- tribue le pouvoir de changer tout en or, pour exprimer sans doute qu'il enrichit son pays par l'industrie et le com- merce.

Le royaume d'Arménie fut fondé par un prince nommé *Haïg*, qui, suivant la tradition, tua Nemrod dans une sanglante bataille. Quelque temps après, Sémiramis vengea la mort de son prédécesseur en soumettant l'Arménie dans une de ses courses victorieuses. Charmée de la beauté de ce pays, elle voulait y construire une magnifique résidence. Elle fit venir d'Assyrie 22,000 ouvriers et bâtit un palais au sommet d'une montagne formée, par ses ordres, de blocs accumulés (1). L'Arménie fut dès lors attachée pour plu- sieurs siècles aux destinées de l'empire d'Assyrie.

A l'autre extrémité de l'Asie-Mineure fut fondé un royaume beaucoup plus célèbre, quoique moins étendu, le royaume de Troie. Il devait son origine à une colonie venue peut-être de la Thrace avec *Dardanus ;* il s'accrut pendant les règnes de *Tros*, qui donna son nom à la na- tion, d'*Ilus*, qui bâtit la citadelle d'Ilion. Laomédon, fils d'Ilus, ayant outragé Hercule, le héros grec équipa une escadre de six vaisseaux, surprit la ville de *Laomédon*, et le fit périr lui-même avec ses enfants (1311). *Priam*, épargné seul par le vainqueur, releva la puissance des Troyens; il avait soumis au tribut plusieurs peuples

---

(1) Un voyageur, M. Schultz, envoyé par le gouvernement français, a reconnu et décrit en 1827 ce prodigieux monument. Il a transcrit plusieurs inscriptions dont le sens n'est pas encore découvert.

voisins, lorsque commença (1280) le siége qui devait se terminer par la chute de Troie.

Vers la même époque, les côtes de l'Asie-Mineure se peuplèrent de colonies grecques, qui conservèrent des relations de commerce et d'amitié avec la mère-patrie. Ce sont elles qui plus tard entraînèrent la Grèce dans les guerres médiques (voyez le chapitre treizième).

Un royaume qui devait s'élever au-dessus de tous les petits états de l'Asie-Mineure, le royaume de Lydie, remontait comme la Phrygie à une haute antiquité. Il obéit successivement aux trois dynasties des *Atyades* (V. 1579-1292), des *Héraclides* (V. 1292-708), des *Mermnades* (708-547). Ce royaume eut pour fondateur un descendant de Lud (V. ch. I, § II), appelé par les historiens *Mæon* ou *Manès*, et dont le petit-fils *Atys* donna son nom à la première dynastie des rois lydiens. Vers 1350, le trône était occupé par la reine *Omphale*, qui séduisit Hercule par sa beauté, et le retint quelques années à sa cour. Toutefois les descendants d'Hercule chassèrent le fils d'Omphale et s'emparèrent de ses états, qu'ils conservèrent pendant près de six cents ans. Le dernier des Héraclides, *Candaule*, fut renversé par *Gygès*, assassin du roi, dont il avait gardé les troupeaux. Il fut le chef de la dynastie des Mermnades. C'est du règne de ce prince, sur lequel on a d'ailleurs débité tant de fables, que datent la grandeur et la prospérité de la Lydie (708). Des relations fréquentes avec les Grecs développèrent dans ce royaume une civilisation qui fit de rapides progrès. Un commerce étendu avec l'Orient, les productions mêmes du sol, l'affluence des étrangers, que les Lydiens attiraient par tous les moyens dans Sardes leur capitale, augmentèrent prodigieusement la richesse du pays, et Gygès put envoyer en Grèce des présents d'une magnificence inconnue. En même temps sa domination s'étendait sur les peuples voisins, et plusieurs colonies de la côte étaient contraintes de lui payer tribut. Le plus célèbre des successeurs de Gygès, *Crésus* (559-547), continua son œuvre; il

acheva de soumettre à son empire toutes les villes grecques d'Asie-Mineure, et à l'Orient, il recula les limites de
la Lydie jusqu'au fleuve Halys. L'or que lui fournissaient
les mines du mont Tmolus et le sable du Pactole, le commerce de plus en plus florissant dans ses états, l'avaient
rendu le plus opulent des rois. Il se plaisait à faire briller
sa cour de l'éclat des lettres et des arts. Les sages et les
savants, Solon à leur tête, recevaient de lui une magnifique
hospitalité. Tant de grandeur et de gloire allait tomber
devant Cyrus.

§ 11. HISTOIRE DES MÈDES ET DES PERSES JUSQU'A CYRUS.

Les Mèdes, qui doivent leur nom et leur origine à *Ma-
daï*, fils de Japhet, furent pendant de longues années
soumis aux princes assyriens. A la chute de Sardanapale, un
satrape, nommé *Arbacès* (759), se rendit indépendant dans
son gouvernement de Médie, et y fonda un royaume. Les
premiers temps de l'histoire de ce nouvel état sont incer-
tains et sans intérêt; on sait seulement que de fréquentes
révoltes l'agitèrent jusqu'à l'avénement de *Déjocès*, prince
de génie, qui réforma l'administration et constitua son
royaume sur le modèle des états voisins. Ce fut lui, dit-
on, qui établit en Médie cet usage commun à tous les
rois efféminés de l'Asie, de vivre invisibles au fond de leurs
palais. *Phraorte* (690), fils de Déjocès, voulut étendre sa
domination par la guerre; mais Nabuchodonosor le vainquit
et le tua. *Cyaxare I*^{er} (*V.* 655) vengea son père dans une
grande bataille contre l'Assyrien; cependant une invasion
des Scythes arrêta ses projets, et il ne put délivrer son propre pays qu'après une lutte opiniâtre. *Astyage* (560-595),
fils de Cyaxare, recommença la guerre contre Ninive. Uni
au roi de Babylone, il prit et ruina la ville (538). Malgré
le silence absolu de plusieurs écrivains, Xénophon assure
qu'Astyage eut pour successeur *Cyaxare II* (560-536), son
fils, qui régna pendant la jeunesse de son neveu Cyrus.
  Déjà la Médie a joué un rôle important dans les guerres

asiatiques ; déjà elle brille de tout l'éclat d'une civilisation avancée, et pourtant, par le génie d'un seul homme, elle va être assujettie à une province obscure jusqu'alors et sans influence, la Perse. Ce pays avait été le théâtre de nombreux bouleversements. Les descendants de Sem y fondèrent un royaume puissant. Bientôt après, la Perse, gouvernée au temps d'Abraham par *Chodorlahomor*, fut soumise par un conquérant arabe qui ravagea toute la contrée. Après les terribles invasions de Ninus l'Assyrien et de l'Égyptien Sésostris, elle retrouva enfin, sinon son ancienne grandeur, du moins sa liberté, et s'aguerrit dans des luttes perpétuelles avec les tribus errantes de la Scythie. Ainsi se forma une nation énergique et guerrière, vivant du produit de ses troupeaux, habituée à tous les exercices violents, toujours les armes à la main, mais qui pendant plusieurs siècles ne s'éloigna guère de ses montagnes. Enfin, vers 595, un des principaux chefs des Perses, *Cambyse*, épousa Mandane, fille du roi Astyage, et de ce mariage naquit le prince annoncé par les prophètes, qui devait soumettre toute l'Asie à son empire.

§ III. RÈGNE DE CYRUS.

Les historiens se sont plu à entourer de prodiges le berceau de *Cyrus;* mais son règne est assez glorieux pour qu'il ne soit pas besoin d'y ajouter l'intérêt de la fable. Nous laisserons donc de côté la merveilleuse légende rapportée par Hérodote, d'après laquelle Cyrus, exposé à sa naissance, par ordre de son père, qu'un oracle avait effrayé, aurait été recueilli par des bergers, se serait formé parmi eux aux fatigues et aux dangers d'une vie errante et aventureuse, et aurait été placé sur le trône par la renommée de sa bravoure et de ses talents. La tradition adoptée par Xénophon est plus vraisemblable. Cet historien raconte que Cyrus, fils de Mandane, fut élevé à la cour d'Astyage, son grand-père, et mis à la tête des ar-

mées mèdes et perses, sous le règne de son oncle
Cyaxare II. Prédestiné à une illustre carrière, il marqua
chacun de ses pas par une conquête. Ses montagnards sauvages et aguerris triomphèrent aisément des armées
brillantes et lâches de la voluptueuse Assyrie. Ils quittèrent sans regret leur âpre patrie pour chercher ailleurs des
régions plus hospitalières.

Le premier exploit de Cyrus fut une grande victoire
remportée sur les Assyriens et les Lydiens ligués contre la
Médie. Les nombreuses troupes des ennemis ne purent tenir contre les trente mille soldats de Cyrus. Le roi de
Babylone, Nériglissor, fut tué dans le combat (555). La
lutte recommença bientôt contre l'allié du vaincu, Crésus,
qui venait de soumettre à ses lois l'Asie-Mineure presque
entière. En vain le roi de Lydie demanda aux Grecs de la
côte leurs redoutables fantassins, aux Paphlagoniens leur
cavalerie, la plus renommée de toute l'Asie ; en vain il
rassembla une multitude d'éléphants et de chars armés de
faux. Il perdit la grande bataille de *Thymbrée*, qui décida
du sort de son empire (548). Enfermé dans les murs de
Sardes, sa capitale, il fut forcé de se rendre avant que les
secours qu'il avait demandés aux Spartiates fussent arrivés. Crésus fut, dit-on, condamné à périr sur un bûcher. « Il se souvint alors de ces paroles de Solon : Que
nul homme ne peut se dire heureux tant qu'il vit encore..... A cette pensée, il s'écria avec un profond soupir : Solon ! Solon ! Cyrus, frappé de ce nom, lui fit demander par ses interprètes quel était celui qu'il invoquait
ainsi... Crésus répondit qu'autrefois l'Athénien Solon
était venu à sa cour ; qu'ayant contemplé toutes ses richesses, il les avait méprisées, et lui avait donné des
avertissements qui s'adressaient non pas seulement à lui,
mais à tous les hommes en général, et principalement à
ceux qui se croyaient heureux... Ainsi parla Crésus. A ces
mots, Cyrus se repentit, il redouta la vengeance des
dieux, il réfléchit à l'instabilité des choses humaines ; il
ordonna d'éteindre le bûcher et d'en faire descendre aus-

sitôt Crésus (HÉRODOTE). » Le dernier roi de Lydie alla terminer obscurément sa vie dans quelque province éloignée. Ses états formèrent une des satrapies ou provinces de l'empire des Perses.

Cyrus revint contre Babylone, après avoir soumis la Syrie avec une partie de l'Arabie, et bloqua étroitement la ville. Derrière leurs hautes murailles, les assiégés insultèrent deux ans à tous les efforts des Perses. Cependant l'heure de Babylone était sonnée : la grande cité allait tomber au milieu d'une de ses abominables fêtes. « Le roi Balthasar, dit l'Écriture, fit un magnifique festin à mille des plus grands de sa cour, et il ordonna qu'on apportât les vases d'or et d'argent que Nabuchodonosor avait emportés de Jérusalem, afin qu'il pût boire dedans avec ses femmes..... et louer les dieux. Au même moment on vit paraître les doigts et comme la main d'un homme qui écrivait sur la muraille de la salle du roi. Le roi jeta un grand cri, et ordonna qu'on fît venir les mages, les Chaldéens et les augures; mais tous les sages du roi étant venus devant lui ne purent lire cette écriture ni en donner l'interprétation, ce qui redoubla encore le trouble du roi... Alors on fit venir Daniel, et Daniel lui dit : O roi ! vous n'avez point humilié votre cœur ; mais vous vous êtes élevé contre le dominateur du ciel, vous avez fait apporter devant vous les vases de sa maison sainte. Vous avez loué vos dieux d'argent et d'or, d'airain et de fer, de bois et de pierre, qui ne voient pas, qui n'entendent pas, qui ne sentent pas, et vous n'avez pas rendu gloire à Dieu, qui tient dans sa main votre âme et tous les moments de votre vie. C'est pourquoi Dieu a envoyé les doigts de cette main qui a écrit ce qui est marqué sur la muraille. Or voici ce qui est écrit : MANÉ, THECEL, PHARÈS, et en voici l'interprétation. MANÉ : Dieu a compté les jours de votre règne, et il en a marqué l'accomplissement. THECEL : vous avez été pesé dans la balance et vous avez été trouvé trop léger. PHARÈS : votre royaume a été divisé, et il a été donné aux Mèdes et aux

Perses. Cette nuit même Balthasar fut tué, » et Babylone
fut prise par Cyrus. Les ennemis avaient détourné les eaux
de l'Euphrate dans un marais voisin, et avaient pénétré
dans la ville par le lit du fleuve mis à sec (538).

Cyrus triomphant vit son nom inscrit depuis bien des années dans le livre d'Isaïe ; il glorifia le vrai Dieu, et permit aux Juifs, par un édit solennel, de reprendre le chemin
de leur patrie. Ainsi se termina la captivité de Babylone.
Cyrus retint à sa cour le prophète Daniel et l'éleva aux
plus hautes dignités.

Le roi des Perses régna encore huit années après la prise
de Babylone. La fin de son histoire est fort incertaine. Selon Hérodote, il entreprit de soumettre les Massagètes,
peuple de Scythie ; mais après quelques avantages, il fut
pris et tué avec toute son armée. Thomyris, reine des Massagètes, qui avait perdu son fils dans une des batailles pré-
cédentes, fit couper la tête de Cyrus, et la plongea dans
une outre pleine de sang, en lui disant : « Rassasie-toi de
ce sang que tu as tant aimé. » Ce récit est sans doute fabuleux ; il est plus probable, comme l'assure Xénophon, que
Cyrus termina son règne, occupé à consolider ses conquêtes,
à unir dans un vaste ensemble d'administration tant de
provinces étrangères les unes aux autres par les lois et les
mœurs, et qu'il mourut paisiblement au faîte de la gloire
et de la puissance (530).

§ IV. COUTUMES ET RELIGION DES MÈDES ET DES PERSES.

La Perse et la Médie offraient à l'origine, sous le rapport
des mœurs, le contraste le plus frappant. Le faste et la
mollesse régnaient parmi les Mèdes. Les grands ne paraissaient en public que le visage fardé, les paupières peintes,
le cou et les bras chargés de colliers et d'ornements. « Les
Perses avant la conquête de la Lydie ne connaissaient ni le
luxe, ni même les commodités de la vie (HÉRODOTE.) » Un
sage lydien disait à Crésus : « Seigneur, vous vous disposez
à faire la guerre à des peuples qui ne sont vêtus que de
peaux, qui se nourrissent non de ce qu'ils voudraient

avoir, mais de ce qu'ils ont dans leur pays rude et stérile ;
à des peuples qui faute de vin ne s'abreuvent que d'eau,
qui ne connaissent ni les figues ni aucun fruit agréable. »
Jamais éducation ne fut plus austère que celle des jeunes
Perses à cette époque. Ils n'avaient pour nourriture que du
pain et quelques légumes ; à peine sortis de l'enfance, pendant laquelle ils allaient dans les écoles étudier non les
sciences et les arts, mais la justice, ils étaient soumis aux
exercices du corps les plus violents et les plus pénibles.
Chargés de la garde des villes, les jeunes gens passaient
presque toutes les nuits sous les armes ; leurs délassements
étaient la chasse, la lutte, les courses dans les montagnes.
La nature du pays contribuait merveilleusement à donner
aux Perses la force, la patience et l'énergie. Le sol hérissé
de rochers se refusait à la culture, la terre était tellement
aride qu'elle ne fournissait pas assez de pâturages pour élever des chevaux : les armées perses n'étaient composées
que de fantassins. A travers les monts escarpés et les vallées
profondes, tout voyage était fatigant et difficile ; et cependant les jeunes gens devaient les parcourir sans cesse. Aussi,
du temps de Cyrus, l'infatigable infanterie des Perses ne
rencontrait pas en Asie de troupes capables de lui tenir tête.
Les princes étaient soumis aux mêmes lois, à la même discipline rigoureuse que leurs sujets. Leurs enfants étaient
élevés avec tous les autres, sous la surveillance des magistrats spécialement chargés de l'éducation. Ils participaient
à tous les exercices, obéissaient à toutes les règles, appre-
naient à reconnaître des devoirs, et ne s'habituaient pas,
comme les princes mèdes et assyriens, à se croire au-dessus
de l'humanité. Ainsi fut élevé Cyrus. Le gouvernement,
malgré sa forme despotique, laissait régner assez de liberté
pour ne pas étouffer chez les sujets la noblesse de l'âme et
la fierté du courage. On ne s'étonne plus que de tels
hommes aient soumis toute l'Asie en quelques années.

Quoique obscurcie par les ténèbres de l'idolâtrie, la religion des Perses et des Mèdes était moins grossière et
moins impure que celle de la plupart des nations anciennes.

A une époque probablement fort reculée, Zoroastre, et avec lui les mages, enseignaient l'existence de deux principes, dont l'action sur le monde produisait tout bien et tout mal : « Dans l'empire de la lumière règne Ormusd, auteur et propagateur de ce qui est bon ; dans l'empire des ténèbres règne Apiman, source du mal moral et physique... Les empires d'Ormusd et d'Arhiman sont en guerre continuelle ; mais Arhiman sera vaincu un jour, et alors l'empire des ténèbres cessera, la domination d'Ormusd s'étendra partout, et il n'y aura qu'un empire de lumière embrassant tout l'univers (Heeren, *Polit. et com.*). » Les mages semblent avoir admis en même temps l'existence d'un être souverain, indépendant, existant par lui-même et de toute éternité : divinité suprême dont la majesté ne pouvait être renfermée dans l'enceinte des temples, et qu'ils adoraient sous le symbole du feu, le plus incorruptible des éléments.

A la doctrine de Zoroastre, qui s'étendit dans une grande partie de l'Orient, et s'y maintint pendant plusieurs siècles, était opposée la doctrine des Sabéens, qui avait pris naissance en Chaldée. D'abord elle se bornait à l'adoration des astres ; bientôt elle admit le culte des idoles, avec toutes les extravagances de l'idolâtrie ordinaire. Dès lors on commença à construire des temples, mais ils furent toujours en petit nombre, et par cela même environnés de plus de respect. On ne pouvait en approcher qu'après avoir subi des purifications rigoureuses. Les cadavres étaient repoussés de leur enceinte avec horreur. Persuadés que les corps privés de vie souillent tout ce qu'ils touchent, les Perses n'osaient les confier à aucun des éléments, ni à la terre, ni à l'eau, ni au feu. Ils adoptèrent la singulière coutume d'exposer les dépouilles mortelles de leurs parents sur de hautes terrasses, où des vautours et des corbeaux les avaient bientôt fait disparaître.

OUVRAGES A CONSULTER.—Heeren, *Manuel ; Politique et Commerce.* Creuzer, Rollin, Cayx et Poirson, Le Bas, Burette.—Isaïe, Esdras, Daniel ; Hérodote, Xénophon, *Cyropédie.* Justin, Diodore.

CHAPITRE HUITIÈME.

EMPIRE DES PERSES JUSQU'AUX GUERRES AVEC LA GRÈCE.

SOMMAIRE.

§ Ier. *Conquête de l'Égypte.* Meurtre de Smerdis. Mort de Cambyse. Le faux Smerdis. Darius, fils d'Hystaspe. Révolte et prise de Babylone. Zopire. Guerre contre les Scythes, contre les Indiens. Division de l'empire en vingt satrapies.

§ II. Gouvernement des Perses ; administration intérieure. Despotisme du souverain. Avilissement de la nation. Corruption des mœurs. Causes de décadence.

§ I. HISTOIRE DES SUCCESSEURS DE CYRUS JUSQU'AU COMMENCEMENT DES GUERRES DE DARIUS AVEC LES GRECS.

Cambyse, fils de Cyrus, lui succéda en 530. Héritier du génie conquérant de son père, il mena ses troupes contre l'Égypte, où régnait Psamménit. Depuis bien des siècles, ce pays subissait les invasions asiatiques : « Dès le temps des Assyriens, dit Ézéchiel, il y eut un chemin battu de l'Asie en Égypte. » Péluse, la clef du royaume, arrêtait l'innombrable armée des Perses : Cambyse fit mettre au premier rang, des chiens, des chats, des béliers, adorés par les Égyptiens. Ceux-ci n'osèrent tirer sur des animaux sacrés, et Péluse fut emportée d'assaut. Psamménit, vaincu et pris, fut bientôt après mis à mort. L'Égypte soumise, Cambyse prétendit dompter l'Éthiopie, et même aller à l'Occident jusqu'à Carthage. L'armée chargée de cette seconde expédition fut ensevelie sous des sables mouvants. Le roi d'Éthiopie n'eut pas non plus la peine de combattre : la faim et la maladie renvoyèrent en Égypte l'armée affaiblie de Cambyse. A son retour, l'ombrageux despote trouva les Égyptiens dans la joie : on célébrait la fête d'Apis ; il crut qu'on insultait à sa défaite ; pour punir cette injure prétendue, il tua le

6

bœuf sacré de sa main, détruisit les plus antiques monuments de Thèbes, et accabla le peuple de vexations. Sa fureur jalouse retomba sur sa propre famille, et il mit à mort son frère Smerdis et sa sœur Meroé, qu'il avait épousée. Enfin ses sujets se lassèrent de sa tyrannie, et une révolte venait d'éclater dans son royaume, quand il périt à la suite d'une chute de cheval (522).

Un mage profita de sa ressemblance avec le jeune Smerdis pour prendre son nom et se faire proclamer à sa place. Mais ce mage avait eu jadis les oreilles coupées. Malgré le soin qu'il prenait de ne jamais quitter la tiare, une de ses femmes s'aperçut de cette mutilation. Elle en fit part à plusieurs grands du royaume, qui assassinèrent le faux *Smerdis* six mois après son avénement.

Il s'agissait de remplacer sur le trône la race de Cyrus. Chose étonnante, les conjurés, au nombre de sept, ne se disputèrent point la couronne; il fut convenu que celui dont le cheval hennirait le premier au lever du soleil serait roi. *Darius*, fils d'Hystaspe, l'un des sept, l'emporta par un stratagème de son écuyer (522).

Darius eut quelque peine à s'affermir sur le trône. L'influence des mages fit éclater une révolte à Babylone. Pendant dix-huit mois, le roi assiégea vainement la ville. Enfin, *Zopire*, un de ses officiers, feignit de passer aux révoltés, après s'être mutilé lui-même, pour faire croire aux mauvais traitements qu'il disait avoir reçus de Darius. Les Babyloniens lui confièrent la défense d'une des portes de la ville, qu'il ouvrit aussitôt aux assiégeants. Darius, maître de la ville, en fit détruire les gigantesques remparts.

Pendant ce temps, les peuples sauvages du Nord inquiétaient les frontières. Darius alla réduire une partie de la Thrace. C'était indiquer aux Perses le chemin de la Grèce.

Il fut moins heureux contre les Scythes. Ceux-ci, sommés de se soumettre, avaient envoyé au roi un héraut chargé de lui présenter un oiseau, un rat, une grenouille et des flèches : ils lui donnaient à entendre que si les Perses ne s'envolaient dans les airs comme des oiseaux, s'ils ne se cachaient sous terre comme des rats, ou s'ils ne se précipitaient dans les marais comme des grenouilles, ils périraient par les flèches de leurs ennemis. Malgré cet avertissement, Darius marcha en avant; mais il s'égara dans les déserts de la Scythie, et ramena avec peine les débris de son armée.

Pour effacer la honte de cette guerre, Darius fit une expédition contre l'Inde, dont il conquit une partie considérable. Il en forma un grand gouvernement de son empire, qui fut dès lors divisé en vingt provinces ou satrapies. Toutes les satrapies, excepté celle de Perse, furent assujetties par Darius à des impôts réguliers, qui remplacèrent les dons volontaires offerts par les peuples soumis à ses prédécesseurs. En même temps Darius établit un conseil suprême de sept membres, chargés de discuter les grandes questions d'administration générale. Cette époque est importante à constater, car c'est de là que date le dernier accroissement de la puissance des Perses.

Déjà des bruits de guerre se faisaient entendre à l'Occident. Les colonies grecques d'Ionie, impatientes du joug qu'elles portaient depuis le règne de Cyrus, se révoltèrent et chassèrent les gouverneurs perses. Ce soulèvement fournit à Darius l'occasion qu'il attendait depuis longtemps de porter la guerre en Grèce (504).

§ II. GOUVERNEMENT, MOEURS, COUTUMES DES PERSES A L'ÉPOQUE DES GUERRES AVEC LES GRECS.

L'empire de Cyrus semblait plein de force et de gloire. Ses provinces étaient soumises à une administration régulière, confiée aux premières familles de l'état. Les gouverneurs, « rois dans leurs provinces, levaient les impôts, commandaient les troupes, rendaient la justice, et veillaient à l'agriculture; mais ils n'étaient que les délégués du monarque, et ils devaient exécuter ses ordres avec la soumission des esclaves, sinon un simple mot du souverain les faisait mettre en pièces par leurs gardes. D'ailleurs, des commissaires et des officiers particuliers, *yeux et oreilles du roi*, parcouraient les satrapies, et assuraient la dépendance des gouverneurs. Un service régulier de courriers, placés de distance en distance, et se relayant les uns les autres, transmettait rapidement les dépêches et sillonnait tout l'empire. La *Porte* (1) était le centre de toute cette immense activité. Au trône du monarque arrivaient de toutes parts les tributs des vaincus, les trésors des sujets. » (*Histoire du Monde.*) Et pourtant, comme un mal caché, la corruption et le luxe minaient ce grand corps. Brillant au dehors, il fut bientôt sans force au dedans, et deux fois on devait voir le colosse se briser contre les petites armées de la Grèce.

Cyrus lui-même, que la somptuosité des Mèdes révoltait dans son enfance, Cyrus, après ses victoires, avait donné l'exemple d'un faste jusqu'alors inconnu. Des coutumes efféminées et voluptueuses remplacèrent désormais dans toutes les classes les mœurs austères de la Perse ancienne ; tandis que les princes élevés au fond de leurs palais, et adorés comme des dieux, se rendaient invisibles au peuple, et punissaient comme un sacrilége le moindre oubli d'un cérémonial humiliant. Le roi seul fut grand ; toute la nation fut esclave ; et un peuple qui a perdu jusqu'à l'ombre de la liberté est bien près d'avoir perdu aussi tout sentiment de nationalité et toute étincelle de valeur.

Dans les armées, la corruption des mœurs se fit sentir de la manière la plus déplorable. Les rois ne pouvaient plus faire une expédition sans traîner à leur suite toutes les femmes de leurs harems, et les grands officiers imitaient cet exemple. Les soldats, devenus incapables de supporter les fatigues, ne se servaient que d'armes légères.

---

(1) Ce mot avait alors en Perse à peu près la signification qu'il a aujourd'hui chez les Turcs.

Ils pouvaient bien encore écraser, par leur nombre, quelque peuple amolli comme eux ; mais on comprend que tous leurs efforts devaient échouer contre l'inébranlable patriotisme des peuples grecs.

OUVRAGES A CONSULTER. — Voir les auteurs cités au chapitre précédent.

CHAPITRE NEUVIÈME.

PHÉNICIE.

SOMMAIRE.

§ Ier. Description de la Phénicie. Sidon, florissante dans une antiquité reculée. Fondation de Tyr. Hiram, allié de David et de Salomon. Pygmalion. Fondation de Carthage par Didon. Colonies phéniciennes sur les côtes d'Europe, d'Asie, d'Afrique. Rapports politiques avec l'Asie. Invasion de Nabuchodonosor. Siége et prise de Tyr. Fondation de la nouvelle Tyr dans une île. Elle est domptée par Alexandre le Grand.

§ II. Gouvernement fédéral des villes phéniciennes. Le pouvoir royal balancé par celui des juges et des prêtres. Religion des Phéniciens. Ses rapports avec celle des nations voisines. Temple célèbre de Melkarth. Puissance maritime. Commerce étendu des Phéniciens; industrie ; art des constructions.

§ I. SA SITUATION, SON COMMERCE, SES PRINCIPALES COLONIES.

A côté des provinces dépendantes de l'empire des Perses, se trouvait un état de peu d'étendue, et qui pourtant ne lui fut jamais entièrement soumis : la Phénicie, puissance continentale peu importante, mais qui joua un grand rôle comme puissance maritime. « La Phénicie était, au » temps de sa splendeur, un des plus petits pays de l'anti- » quité. Elle comprenait cette partie de la côte de Syrie » qui s'étend depuis Tyr jusqu'à Aradus, et cette bande » de terrain n'avait guère que cinquante lieues de lon- » gueur, et tout au plus huit à dix lieues de large. Cette » côte, semée de baies et de ports, était hérissée de hautes » montagnes, dont les cimes couvertes de forêts offraient » aux Phéniciens les bois les plus précieux pour la con- » struction de leurs vaisseaux et de leurs habitations. La » mer, qui venait se briser avec impétuosité contre ces

» rivages escarpés, avait probablement détaché plusieurs
» caps de la terre ferme ; ceux-ci formèrent de petites îles,
» qui ne tardèrent pas à se couvrir de nombreuses colo-
» nies et de cités florissantes. Dans les intervalles qui sé-
» paraient les villes principales, figuraient une foule
» d'autres moins considérables, mais aussi renommées
» par leur industrie, leurs fabriques, leurs manufactures,
» et toutes réunies ne formaient, pour ainsi dire, qu'une
» seule métropole, assise à la fois sur les îles et sur le con-
» tinent. » (HEEREN, *Politique et commerce.*)

Dès le temps d'Abraham, Sidon, la première capitale
des Phéniciens, fondée par le fils de Chanaan, avait des
vaisseaux et florissait par son commerce. Plusieurs siècles
après, Homère en parle comme d'une ville célèbre. Elle
fut l'asile des populations vaincues par les Hébreux.
Mais la suprématie ne lui resta pas longtemps. Près
d'elle s'éleva une seconde ville, Tyr, fondée, dit-on, par
l'Égyptien Agénor. Sa puissance s'accrut par la ruine
même de l'ancienne capitale, dont les habitants, chassés
par un roi d'Ascalon, transportèrent à Tyr leurs richesses et
leur industrie. Dès lors la nouvelle cité fut à la tête de toutes
les villes de la Phénicie. Après le règne d'*Abibal*, contemporain de Saül (1080-1040), Tyr eut pour roi *Hiram*
(1040-976), allié de David et de Salomon, auxquels il
fournit les matériaux du temple de Jérusalem, et qui, lui-
même, en élevant près de la ville royale un temple magnifique à Astarté, la grande déesse des Phéniciens, en fit le
centre de la religion aussi bien que du gouvernement.

L'histoire de la nation phénicienne dans ses rapports
avec les peuples de l'Asie ne consiste guère qu'en une
suite de traités avec les rois d'Israël; et parmi les rois de Tyr,
on ne remarque, jusqu'au huitième siècle, que les noms
d'*Ithobal*, père de Jésabel et de *Pygmalion* (879-832),
frère de la fondatrice de Carthage. C'est dans les expéditions maritimes que réside surtout la gloire de la Phénicie.
« La fille de Sidon prit son essor, dit Isaïe, et s'envola
vers les îles lointaines. » Entrepôt du monde occidental

et du monde oriental, elle recueillit leurs productions, et leur donna en retour ses nombreuses colonies. Dans des temps reculés, le Phénicien Cadmus alla fonder Thèbes; les Cyclades, les Sporades et presque toutes les îles de la Grèce, reçurent les comptoirs des Tyriens. La Sicile, où ils bâtirent Panorme et Lilybée, la Sardaigne, et les Baléares conservèrent les traces de leur passage. L'Espagne, ce Pérou de l'ancien monde, avec ses mines précieuses, d'argent, de fer, d'étain, les attirait sans cesse; elle envoyait à Tyr ses métaux, tandis que près de deux cents colonies phéniciennes s'établissaient sur ses côtes. Gadès (Cadix), Malaca, Hispalis (Séville) doivent leur origine aux Phéniciens.

Les flottes des Phéniciens franchirent le détroit d'Hercule; les îles Fortunées furent visitées par eux, et nous avons parlé de leur voyage autour de l'Afrique, dont le rivage septentrional surtout fut peuplé par les marchands de Tyr et de Sidon. Là ils bâtirent Utique, Leptis, Gadès; là Didon fonda la grande cité de Carthage (860) (Voir le chap. IV du tome II). Maîtres de la navigation du golfe Persique et de la mer Rouge, les Phéniciens allaient en Éthiopie chercher l'ébène, l'or, les singes et les paons; ils visitaient les rivages méridionaux de l'Arabie et de l'Inde; ils s'établirent jusque dans l'île de Taprobane ou Ceylan.

Tant que subsista le royaume d'Israël, la Phénicie fut à l'abri des guerres continentales. Sous le roi Salmanasar les vaisseaux de Tyr eurent à lutter pour la première fois contre les vaisseaux syriens. La ville elle-même fut un instant bloquée; elle se défendit sans peine. Mais bientôt les Assyriens reparurent. Nabuchodonosor, vainqueur des Juifs, envahit la Phénicie. Sidon et les autres villes lui ouvrirent leurs portes. Tyr seule gouvernée alors par Ithobal II (591-572), résista treize ans. Les Assyriens entrèrent enfin dans la ville; mais elle était déserte; tous les habitants avaient passé dans une île voisine. Nabuchodonosor brûla les demeures abandonnées; la nouvelle Tyr, protégée

par la mer, put braver tous les efforts du conquérant
(572).

La Tyr maritime, plus glorieuse encore que la Tyr
du continent, vit de loin, sans en être ébranlée, la chute
de l'empire assyrien et l'élévation des Perses. Deux cents
ans, elle subsista indépendante près de l'Asie soumise; et
il fallut Alexandre le Grand pour dompter cette ville imprenable jusqu'alors, mais que la mer ne sut pas défendre contre son génie. (Voir l'*Histoire d'Alexandre* ci-
après.)

§ II. NOTIONS SOMMAIRES SUR LE GOUVERNEMENT, LA RELIGION, LES ARTS ET LE COMMERCE DES PHÉNICIENS.

Le gouvernement de la nation phénicienne répondait à
son origine. Toutes les villes étaient réunies par un lien
fédératif, et réglaient leurs intérêts communs dans des assemblées générales. Du reste, chacune avait son administration particulière. Le pouvoir royal était contre-balancé
par celui des juges, dominé peut-être, comme en Égypte,
par celui des prêtres. La religion des Phéniciens avait de
grands rapports avec celle des contrées voisines, qui avaient
envoyé successivement sur son territoire une partie de
leur population. Elle paraît avoir mêlé aux principes de la
religion judaïque les formes idolâtriques adoptées dans
l'Égypte et l'Asie occidentale. On retrouve à Tyr le culte
d'Astarté, la Vénus asiatique, honorée aussi dans les diverses colonies tyriennes; celui de Moloch, celui de Baal
ou Bel, cet ancien dieu des Assyriens; ils y joignirent
une divinité particulière, Melkarth, auquel ils attribuaient
la plupart de leurs découvertes et les plus prodigieux exploits. Les Grecs semblent avoir emprunté à ce personnage
fabuleux les principaux traits du plus fameux de leurs héros,
Hercule. Melkarth avait un temple qui fut célèbre dans
toute l'Asie Occidentale. Chaque année, les villes de Phénicie, et même les colonies lointaines, y envoyaient leurs
offrandes.

Au moyen de ses flottes et de ses nombreuses colonies,

6.

la Phénicie entretenait un immense commerce avec presque toutes les nations connues de l'ancien monde ; de l'an 1500 à l'an 500 environ avant Jésus-Christ, elle couvrit de ses établissements les côtes de la Méditerranée. Elle eut des comptoirs à l'Occident sur les côtes de l'Océan, à l'Orient sur celles du golfe Persique et de la mer des Indes. Il faut lire, dans un sublime cantique d'Ézéchiel, la brillante description de toutes les richesses, de toutes les marchandises précieuses que les commerçants tyriens recueillaient des îles Cassitérides aux rives du Gange. Les cèdres du Liban servaient à construire leurs vaisseaux ; le lin d'Egypte composait la voile suspendue aux mâts ; les habitants de Tarsis apportaient l'argent et l'airain ; ceux d'Ionie envoyaient des esclaves ; les Syriens fournissaient les émeraudes, la pourpre et les broderies. Les peuples de Juda portaient aux marchés phéniciens le baume, l'huile et le miel : de l'Arabie venaient les troupeaux ; du pays de Saba, les parfums, les pierreries et l'or.

« Vos grands vaisseaux, ô Tyr ! ajoute le prophète, ont entretenu votre commerce. Vous avez été comblée de biens, et élevée à la plus haute gloire au milieu de la mer. Vos rameurs vous ont conduite sur les grandes eaux. »

En même temps des relations actives étaient entretenues avec plusieurs peuples de l'Asie centrale ; de nombreuses caravanes apportaient à Tyr les produits de l'Arabie, de la Perse, du Thibet ; la Chine même, dit-on, fut plusieurs fois en communication avec la Phénicie.

L'industrie et le commerce sont ordinairement unis : de bonne heure les Phéniciens surent mettre en œuvre les riches matériaux qu'ils réunissaient de toutes parts. Les étoffes magnifiques tissues à Tyr avaient une grande réputation dans l'antiquité ; les Phéniciens tiraient d'un coquillage, commun sur leurs côtes, les plus belles teintures de pourpre. Habiles dans l'art des constructions, ils envoyèrent à David et à Salomon un grand nombre d'ouvriers pour diriger les travaux des Israélites ; ils leur fournirent aussi des pilotes pour conduire leurs premiers

vaisseaux. Enfin ils ont disputé aux Égyptiens la gloire
d'avoir inventé l'écriture; mais il est probable que quelque colonie égyptienne en introduisit l'usage parmi eux,
à une époque très-reculée.

Quoi qu'il en soit, les prêtres phéniciens firent de bonne
heure usage de l'écriture pour consigner dans des regis-
tres publics les annales de la nation. Nous avons encore
un fragment célèbre de l'un de ces historiens, nommé
Sanchoniaton.

OUVRAGES A CONSULTER. —Genèse.—Josué, Isaïe, surtout Ézé-
chiel. — Strabon, Josèphe. — Heeren, *Politique et Commerce.*
Rollin. Le Bas. *Cahiers d'Histoire Ancienne. Histoire du
Monde.* — Duruet, *Tableau chronologique du Commerce des
Anciens.*

CHAPITRE DIXIÈME.

HISTOIRE DE LA GRÈCE JUSQU'AU RETOUR DES HÉRACLIDES
DANS LE PÉLOPONNÈSE.

SOMMMAIRE.

Caractère tout spécial de la Grèce. Influence de sa situation
physique.

§ Ier. Origines de la Grèce. Premiers habitants. Autochthones.
Pélasges ; leurs constructions. Premiers souverains. Saturne
et ses fils. Fondation des premières cités ; Ægialus, Inachus,
Phoronée, Argos, Sparton, Pelasgus et Lycaon. Hellènes. Dorus, Éolus, Achæus et Ion.

§ II. Cécrops fonde Athènes. Danaüs, Cadmus, Erechthée. Mouvements des diverses tribus. Établissement du conseil amphictyonique.

§ III. Temps héroïques. Hercule ; ses exploits. Thésée ; il délivre Athènes du joug de la Crète. Expédition des Argonautes.
OEdipe ; ses malheurs. Guerre civile entre Étéocle et Polynice.
Guerre des Épigones. *Siége et prise de Troie.* Catastrophes
des Hellènes.

§ IV. Invasion des Héraclides et des Doriens dans le Péloponn-
nèse. Partage du pays conquis entre les vainqueurs. Dynastie
des Agides et des Proclides à Lacédémone. Les Doriens enva-
hissent l'Attique. Dévouement et mort de Codrus. La royauté
est remplacée presque partout par le gouvernement républicain. Développements du conseil amphictyonique.

§ V. Jeux publics. Olympiades : base de la chronologie grecque.
Commencements d'agrégation des diverses peuplades grecques.

§ VI. Établissement des principales colonies. Les Éoliens fon-
dent Smyrne, Cumes, Mytilène, etc. — Les Ioniens peuplent la
Lydie et la Carie. Puissance de Samos et de Chios. Milet,
Phocée, florissantes par leur commerce. Union des cités io-
niennes. Panionium. Civilisation avancée de l'Ionie.—Colonies
Doriennes sur les côtes méridionales de l'Asie-Mineure. Colo-

nies sur le rivage occidental de la Méditerranée : Cyrène,
Sagonte, Marseille, Hyères, Antibes, Nice, etc., etc. Colonies
en Sicile. Origine de Syracuse, sa richesse, sa puissance. Révolutions dans son gouvernement. Agrigente; d'abord rivale,
puis sujette de Syracuse. —Colonies grecques en Italie. Grande
Grèce. Cumes, Locres, Tarente, Sybaris, Crotone, etc. Prospérité. Décadence.

Auprès de cette Asie immobile, où les empires d'une
étendue démesurée s'ébranlent et s'écroulent lentement
pour faire place à des empires plus vastes encore, où les
arts et la civilisation s'arrêtent à leur naissance, où les
mœurs corrompues et énervées condamnent les peuples à
une apathie qui ressemble à la mort, nous trouvons un
petit coin de terre où le génie des arts et des sciences produit ses chefs-d'œuvre, où tout dans les peuples est
intelligence et activité. La Grèce, par sa position, sa constitution physique, semble prédestinée à sa brillante existence : située plus heureusement encore que l'Égypte,
elle est pour ainsi dire le rendez-vous de tous les peuples.
Aussi, les nations de l'Afrique, de l'Asie, de l'Europe, lui
enverront leurs colonies, ou du moins en passant lui lais-
seront leurs traditions variées. Dans ce pays si coupé de
mers et de montagnes, partout où une plaine sera habitable, il se formera une peuplade à part. Ainsi s'explique
cette division, ou plutôt ce morcellement étrange qui
donne certainement à la Grèce une physionomie toute
particulière. Tous ces éléments divers s'uniront sans se
fondre jamais; et de là ce grand nombre d'intérêts particuliers qui font naître les luttes de la tribune et des
champs de batailles, qui développent le génie guerrier et
le génie des orateurs, qui excitent et raniment sans cesse
l'enthousiasme du patriotisme, l'énergie de la liberté.

§ I. TEMPS FABULEUX. ANCIENNES POPULATIONS DE LA GRÈCE.
PÉLASGES. — HELLÈNES.

La Grèce, avec son imagination poétique et menteuse,

s'est plu à entourer son berceau de fictions et de nuages.
A peine, dans les temps appelés fabuleux, quelques faits
peuvent-ils être admis comme à peu près certains; dans
les temps héroïques, la vérité est encore presque toujours
déguisée par des allégories; et dans les temps historiques
même, il faut encore bien souvent s'attendre à des men-
songes.

Par un orgueil commun à beaucoup de peuples, les
Grecs ont prétendu à une antique origine. Leurs ancêtres,
disaient-ils, étaient sortis du sol même (autochthones).
On peut en conclure seulement que la Grèce fut très-an-
ciennement peuplée. Mais ses premiers habitants, comme
le prouvent un grand nombre de traditions d'accord avec
la Bible, venaient de l'Orient, première patrie de l'homme.
La plus ancienne de toutes les peuplades qui s'établit en
Grèce paraît être partie de l'île de Crète, appelée alors
Telchinia, et qui était une des principales stations des
Phéniciens (1). Les Telchiniens ne tardèrent pas à être
troublés dans leurs possessions par deux tribus issues de
Japhet, qui arrivèrent l'une par les déserts de la Scythie,
l'autre par la route du Bosphore.

Cette dernière était la tribu des Pélasges. Ils dominèrent
en Grèce vers le dix-huitième siècle avant notre ère, et s'é-
tablirent en même temps en Italie, peut-être même sur les
côtes d'Espagne. Leur génie était celui des constructions
et de l'agriculture. Le sol commença à se défricher; quelques villes s'élevèrent avec des remparts de rochers, « formés de blocs énormes, qui semblent entassés par le bras
des géants. Ces murailles éternelles ont reçu indifféremment toutes les générations dans leur enceinte; aucune
révolution ne les a ébranlées. Fermes comme des montagnes, elles semblent porter avec dérision les constructions des Romains et des Goths, qui croulent chaque jour
à leurs pieds. » (MICHELET.) Ces monuments, qu'on a ap-

_____

(1) Voir *Grèce*, par Pouqueville, page 4.

pelés Cyclopéens, sont partout les traces indestructibles des établissements des Pélasges. Vers cette époque, *Saturne* occupa le trône, et en fut chassé par ses fils, *Jupiter*, *Neptune* et *Pluton*, qui se partagèrent ses états : ce furent les premiers dieux de la Grèce. Alors aussi, dit-on, *Ægialus* fonda l'antique royaume de Sicyone. *Inachus*, qui vivait environ deux mille ans avant Jésus-Christ, est regardé assez généralement comme un des premiers chefs des Pélasges, quoique quelques historiens le fassent venir de Phénicie ou d'Égypte. Entre l'an 1800 et l'an 1700, *Phoronée* fonda la ville à laquelle un de ses descendants, *Argos*, donna son nom. Un autre chef des Pélasges, *Sparton*, bâtit Sparte ou Lacédémone. *Pelasgus* et *Lycaon* son fils régnèrent en Arcadie. Lycaon offrait, dit-on, à Jupiter, des sacrifices humains. Cette atroce coutume était née presque partout avec l'idolâtrie. Nous la verrons subsister longtemps, même parmi les nations les plus civilisées du monde païen.

Les Pélasges ne restèrent pas longtemps paisibles possesseurs de la Grèce : une invasion se préparait. La seconde tribu des enfants de Japhet, descendue par la route du Caucase, arriva avec *Prométhée*, qui fit connaître l'usage du feu aux populations sauvages du nord de la Grèce, et enseigna à ses sujets l'art trompeur de chercher dans les entrailles des victimes les secrets de l'avenir. Son fils *Deucalion* se fixa dans la Phocide. Ce prince, après avoir échappé avec peine à une grande inondation (déluge de Deucalion, vers 1590), tenta vainement de pénétrer dans l'intérieur de la Grèce, et laissa à ses deux fils *Amphictyon* et *Hellen* le soin d'accomplir ses desseins. Amphictyon obtint de gré à gré un établissement. Hellen fut obligé d'avoir recours aux armes, et quatre de ses descendants, *Dorus*, *Æolus*, *Achœus* et *Ion*, furent les tiges des quatre grandes familles des *Hellènes*, qui, de 1500 à 1300, prirent possession de toute la Grèce. Les peuples primitifs disparurent, ou se fondirent avec les nouveaux venus.

§ II. COLONIES ÉTRANGÈRES.

Les Pélasges et les Hellènes n'avaient pas seuls peuplé
la Grèce; une foule de tribus d'origines diverses étaient
venues successivement leur disputer quelque partie du
territoire qu'ils avaient occupé avant elles.

Vers 1643, *Cécrops* amena dans l'Attique une colonie
d'Égyptiens: il apporta l'olivier, apprit à ses sujets l'usage
du fer, et fit faire quelques progrès à l'agriculture, qui
se développa sous le règne de *Triptolème.* C'est à Cécrops
que l'on attribue la fondation des douze bourgs dont la
réunion devait former Athènes, et la distribution du sol
en propriétés permanentes. Nous avons vu que Sparte
avait été fondée par les Pélasges. Pendant le siècle suivant (vers 1572), un autre Égyptien, *Danaüs*, s'empara
du royaume d'Argos. *Cadmus* arriva dans la Béotie avec
une colonie de Phéniciens, dont les armures épouvantèrent la population pélasgique. Elle se soumit après une
faible résistance (1549), et Thèbes fut fondée par les
étrangers. Cadmus introduisit l'alphabet en Grèce. *Erechthée*, fondateur d'Eleusis, y établit les mystères égyptiens d'Isis ou Cérès.

Une secousse encore, puis la Grèce va se reposer après
ce flux et reflux de populations qui l'inondent. Le quatorzième siècle voit une réaction des Pélasges. *Pélops*, fils
de Tantale, roi pélasgique d'Asie, est contraint de s'ex-
patrier, et envahit, en 1362, le Péloponèse : il appor-
tait avec lui les arts et la magnificence de la Phrygie. Aussi
son arrivée favorisa les progrès de la civilisation naissante. La
Grèce commença à rassembler, à régulariser ses éléments
confus. Le besoin d'association se faisait sentir à toutes
ces tribus faibles et dispersées. Amphictyon établit un
conseil souverain qui reçut son nom (*conseil amphictyonique*), où un grand nombre de villes envoyèrent leurs
députés pour discuter les affaires d'intérêt général, et
prendre des mesures énergiques contre les ennemis com-

muns. Ainsi, les petits peuples, quoique indépendants les
uns des autres, purent acquérir quelque force contre l'é-
tranger. Il ne restait plus qu'à réprimer les princes ambitieux
qui troublaient l'union générale, qu'à délivrer les peuplades paisibles des brigands qui pillaient leur territoire, des
bêtes féroces qui désolaient leurs campagnes. Ce fut l'œuvre des héros.

§ III. HISTOIRE DES TEMPS HÉROÏQUES.

Il y eut en Grèce comme un élan d'enthousiasme che-
valeresque. Des hommes confiants dans leur force et dans
leur adresse parcoururent le pays, se déclarant vengeurs
des injures, protecteurs des faibles. Leurs exploits divers,
réunis par les poëtes sur la tête d'un petit nombre d'entre
eux, en firent des *fantômes de grandeur, élevés entre le
ciel et la terre pour en combler l'intervalle.* Ces bienfai-
teurs de l'humanité furent appelés demi-dieux, et l'on ne
tarda pas à leur dresser des autels. *Hercule* ou *Alcide* est
le plus célèbre. Ses douze travaux sont du domaine de la
mythologie; toutefois nous trouvons dans l'histoire qu'il
vainquit Eurysthée, son frère et son persécuteur, qu'il
parcourut la Grèce et même l'Asie et l'Égypte, renversant
les tyrans, délivrant les peuples opprimés, mais désho-
norant trop souvent ses victoires par des vengeances sanglantes ou par d'infâmes débauches. Un de ses plus grands
exploits est la prise de Troie et la punition du parjure
Laomédon. *Thésée*, ami et successeur d'Hercule, s'illustra par la mort de plusieurs brigands fameux. Athènes, sa
patrie, envoyait annuellement en Crète sept jeunes hommes et sept jeunes filles, destinés à l'esclavage (1). Thésée, vainqueur des Crétois, affranchit Athènes de ce
honteux tribut; à son retour, il l'organisa en une seule
cité, et lui donna ses premières lois. Sans doute Thésée

(1) Les Athéniens ont publié qu'on les livrait à la voracité
d'un monstre appelé *Minotaure.*

avait emprunté à la Crète une partie de la législation de Minos, législation si sage que l'admiration des peuples proclama son auteur juge des enfers. Pour célébrer la réunion de tous les peuples de l'Attique, Thésée établit la fête des *Panathénées* en l'honneur de Minerve, pro tectrice d'Athènes.

La première grande expédition maritime fut entreprise par les héros. Hercule, Thésée, et avec eux *Castor* et *Pollux*, chefs de Sparte, *Orphée* le chantre divin, *Esculape*, médecin illustre, se réunirent sous la conduite de *Jason*; ils s'embarquèrent sur le célèbre navire *Argo*, à cinquante paires de rames, d'une grandeur et d'une vitesse inouïes. Le dessein des *Argonautes* était de conquérir *la toison d'or*, c'est-à-dire de piller les richesses du roi de Colchide, Aëtès. Leur expédition n'eut guère d'autre résultat que l'enlèvement de la fameuse *Médée*, fille du roi de Colchos, qui épousa Jason.

Une lutte plus sérieuse avec l'Asie allait s'engager; mais auparavant, une guerre nationale désola la Grèce. *OEdipe*, fils de *Laïus*, roi de Thèbes, et, sans le savoir, meurtrier de son père, époux de sa mère, avait laissé son sceptre maudit à ses fils *Etéocle* et *Polynice* (1315). Ils devaient régner tour à tour, chacun pendant une année. Etéocle refusa de céder le trône. Polynice, soutenu par les principaux chefs de la Grèce, réclama son héritage les armes à la main; les deux frères s'entre-tuèrent dans un combat, et le sceptre passa aux mains de *Créon*, allié d'Etéocle (1312). Les mœurs de ce temps étaient encore d'une atroce barbarie. Créon laissa les corps de ses ennemis sans sépulture, et condamna la pieuse *Antigone* fille d'OEdipe, qui avait rendu les derniers honneurs aux restes de Polynice, à être enfermée vivante dans le tombeau de son frère. Quelques années après, les fils des alliés de Polynice, les *Epigones*, firent une nouvelle expédition contre Thèbes pour venger leurs pères. La ville fut prise et pillée, et une partie du butin fut offerte à Apollon Delphien.

Cependant un état puissant s'était élevé en face de la
Grèce sur la côte asiatique : fondée par les Pélasges, refuge de la race pélasgique, Troie, humiliée sous Laomédon
par Hercule, était redevenue riche et florissante durant le
règne de *Priam* (1311). La haine des *Pélasges* d'Asie, des
Hellènes de Grèce, n'attendait qu'une occasion pour éclater.
Elle se présenta bientôt : Pâris, fils de Priam, enleva Hé-
lène, fille du roi de Sparte *Ménélas*, qui lui avait donné
l'hospitalité. Cette lâche trahison mit toute la Grèce en
armes. Onze cent quatre-vingts vaisseaux furent équipés,
et plus de cent mille hommes débarquèrent sur le rivage
d'Asie (1280).

Pendant neuf ans, Troie, défendue par la valeur d'*Hector*, vit échouer contre ses remparts tous les efforts d'*A-
gamemnon*, roi des rois, de Ménélas, son frère, des deux
Ajax, du prudent *Ulysse*. *Achille*, le héros des Grecs, après
une longue colère contre l'orgueilleux Agamemnon, reprit
son invincible épée pour venger la mort de *Patrocle*, son
ami. Il tua *Hector*, mais il périt lui-même de la main de Pâris.
La guerre semblait devoir se prolonger longtemps encore,
quand Ulysse imagina ce fameux *cheval de bois*, perfide
machine de guerre, qui introduisit dans la ville une troupe
de guerriers redoutables. Troie fut saccagée. Priam périt
avec ses cinquante fils ; sa femme et ses filles furent em-
menées en captivité (1270).

La chute de Troie retentit dans le monde, mais elle fut
fatale aux vainqueurs. Plusieurs princes grecs périrent
dans la traversée, ou furent, comme Ulysse poussés par les
tempêtes loin de leurs états. Les autres n'y revinrent
que pour périr victimes de femmes adultères, de parents
usurpateurs. Agamemnon fut tué par sa femme *Clytemnestre* et par son cousin *Égisthe;* l'un et l'autre périrent de
la main d'*Oreste* (1263), qui punit le meurtre de son père en
assassinant sa mère. Les forfaits de la famille des Atrides (1)

---

(1) Agamemnon était fils d'*Atrée*, roi de Mycènes et d'Argos,
qui lui-même était issu de Pélops.

vengèrent les enfants de Priam. Les débris des tribus troyennes avaient cherché asile en Italie ; là aussi s'étaient réfugiés quelques princes hellènes bannis. Plus tard, la rivalité devait y recommencer entre les deux races représentées par Rome et la Grande Grèce.

§ IV. INVASION ET CONQUÊTES DES HÉRACLIDES ET DES DORIENS.

Les catastrophes des Hellènes avaient ébranlé leur domination et préparé une grande révolution politique. Les Héraclides, ou enfants d'Hercule, établis dans un grand nombre de villes grecques par la valeur de leur père, puis chassés après sa mort par ses nombreux ennemis, profitèrent de l'affaiblissement des Pélopides pour ressaisir le pouvoir. Après quelques tentatives inutiles, ils s'allièrent aux descendants de Dorus (Doriens), et fondirent avec eux sur le Péloponnèse. En peu de temps ils s'en furent rendus maîtres, et les chefs des vainqueurs se partagèrent les états conquis (1190). Argos échut à *Témène*, la Messénie à *Cresphonte ;* les fils de Témène s'emparèrent de Sicyone, d'Épidaure, de Corinthe ; *Eurysthène* et *Proclès*, établis à Lacédémone, furent les chefs de ces deux familles souveraines, les Agides et les Proclides, qui plaçaient concurremment deux rois sur le trône. Dans tout le Péloponnèse, il n'y eut guère que l'Arcadie qui échappa aux Héraclides et aux Doriens.

Athènes fut attaquée à son tour. Déjà une armée dorienne avait envahi l'Attique, et un oracle lui avait prédit la victoire si elle respectait la personne du roi ennemi. *Codrus* (1160-1132), le roi des Athéniens, résolut de se sacrifier au salut de son pays : il prit l'habit d'un simple soldat et se fit tuer dans la mêlée. Les Doriens reconnurent son corps, et se retirèrent en toute hâte, désespérant du succès de leur entreprise (1132). Alors tout en Grèce rentra dans le calme, et la paix dura de longues années. Cependant une révolution générale s'accomplissait encore, mais sans trouble. Presque partout la royauté fut remplacée par le gouvernement républicain. Thèbes avait donné le signal (1190). Après la mort de Codrus, les Athéniens crurent impossible de lui trouver un digne successeur, et ne voulurent plus à leur tête d'autre chef souverain que Jupiter. Les Mégariens tuèrent leur roi pour se donner des magistrats éligibles et amovibles. En Phocide, en Étolie, en Béotie, la royauté fut abolie en même temps. Les rois se maintinrent plus longtemps à Corinthe, en Arcadie et en Messénie; mais, en 668, ils avaient également disparu. Sparte seule gardait ses deux rois, mais ils n'étaient guère que des chefs guerriers.

La tendance républicaine favorisa le développement du conseil amphictyonique, qui avait pour but de ne faire de la Grèce entière qu'une seule confédération. Elle dut à son action conciliatrice de n'être agitée par aucune querelle importante jusqu'à la guerre de Messénie (742).

§ V. ÈRE DES OLYMPIADES.

Les jeux publics contribuaient puissamment à resserrer l'union des Grecs. Les plus fameux étaient les jeux *olympiques* et les jeux *isthmiques*, établis du temps des héros. Tous les peuples y envoyaient leurs habiles athlètes pour disputer les prix de la course et de la lutte; les poëtes aussi venaient y faire entendre leurs chants, et le vainqueur était célébré par la Grèce entière. Les jeux olympiques se célébraient tous les quatre ans, et cet intervalle se nommait une *olympiade*. Ces fêtes ayant été interrompues pendant de longues années, l'oracle d'Apollon Delphien déclara au roi d'Élide « que les jeux d'Olympie de- » vaient être renouvelés, et qu'il y aurait franchise et » sûreté pour les habitants de tous les pays qui voudraient » s'y rendre. » Ils furent, en effet, rétablis solennellement en 884 ; et en 776, ils furent pris pour base de la chronologie grecque. La première olympiade date de 22 ans avant la fondation de Rome. Chaque olympiade recevait le nom du vainqueur.

L'ère des olympiades marque une époque d'une grande importance dans l'histoire de la Grèce : celle d'un commencement d'union et d'association entre les diverses peuplades. Auparavant, elles sont tellement divisées qu'il n'y a pas plus d'ensemble dans leurs traditions que dans leurs origines. C'est quand leurs relations se resserrent, quand elles sortent de leur isolement pour se rapprocher les unes des autres, qu'elles songent à donner à leur histoire, devenue plus générale, une base commune, et qu'elles choisissent pour point de départ de leur chronologie la date de ces solennelles assemblées, où toute la Grèce est conviée à une même fête nationale. L'ère des Olympiades signale véritablement le passage des temps demi fabuleux aux temps historiques.

§ VI. ÉTABLISSEMENT DES PRINCIPALES COLONIES GRECQUES EN EUROPE, EN ASIE, EN AFRIQUE.

Pendant les révolutions qui bouleversèrent la Grèce ancienne, la population se renouvela plus d'une fois, et les vaincus échappèrent à l'esclavage en allant chercher asile sur des rivages éloignés. Ce fut surtout la conquête des Héraclides qui poussa au delà des mers les tribus jadis dominatrices des Ioniens et des Éoliens. Telle fut la principale cause de la fondation d'un grand nombre de colonies grecques vers le douzième siècle avant Jésus-Christ. Les migrations volontaires ne vinrent que plus tard.

Cinq princes Pélopides, chassés du Péloponnèse, emmenèrent une colonie éolienne, qui traversa l'Hellespont et s'empara des côtes de la Mysie, de la Carie et de quelques îles voisines. Sur le continent, les cités principales des Éoliens furent Smyrne et Cumes; dans les îles, Mytilène, l'une des cinq villes de l'île de Lesbos. Ces divers établissements restèrent indépendants jusqu'au temps de Cyrus. Chacun avait son gouvernement particulier, dont le principe était toujours plus ou moins démocratique. Toutefois de nombreuses révolutions obligèrent souvent les villes éoliennes à se choisir des magistrats investis pour un temps d'une puissance absolue.

Les Ioniens, en quittant le Péloponnèse, après la victoire des Doriens, se fixèrent d'abord à Athènes ; de là ils
passèrent en Asie, avec quelques-unes des anciennes tribus
de la Béotie et de la Phocide. Ils occupèrent une partie de
la Lydie et de la Carie, et donnèrent le nom d'Ionie à ce
territoire. Ils y fondèrent douze villes : Clazomène, Téos,
Lebidos, Colophon, Myonte, Samos, Chio, Phocée, Érythrée, Éphèse, Milet. Samos était la plus puissante des villes
ioniennes, et sous le règne du tyran *Polycrate* (535-524),
elle avait soumis toutes les petites îles voisines (540-523).
Chio rivalisait avec Samos, et avait une marine assez forte
pour pouvoir équiper (504) quatre-vingt-dix-huit vaisseaux
de guerre.

Milet et Phocée étaient les deux cités les plus commerçantes, et Phocée envoyait ses marchands sur toutes les
côtes de la Méditerranée. Milet, du huitième au sixième siècle avant notre ère, fonda près de trois cents comptoirs sur
les rivages de la mer Noire, jusqu'aux Palus Méotides, et
s'empara ainsi de tout le commerce du nord, qui consistait principalement en blé, en poissons secs et en pelleteries. En même temps elle entretenait par terre des relations
fréquentes avec l'Asie centrale. Éphèse ne devint célèbre
que plus tard, par ce temple de Diane, l'une des sept merveilles du monde, qui devait être brûlé, par le fou Érostrate,
le jour même de la naissance d'Alexandre le Grand (355).
« Les cités ioniennes avaient toutes un temple commun, le
Panionium, consacré à Neptune, sur le promontoire de
Mycale, où elles célébraient leurs solennités et délibéraient
sur les affaires générales ; mais d'ailleurs chaque ville était
libre. Elles maintinrent leur indépendance jusqu'au temps
des Mermnades dans le royaume de Lydie, et des Perses, sous
Cyrus, auquel elles se soumirent. Cependant elles conservèrent leur constitution même sous la domination persane,
et ne furent assujetties qu'à payer tribut. Mais elles ne
négligèrent aucune occasion de s'affranchir ; et voilà pour

quoi leur histoire, dans toute la période suivante, est si intimement liée à celle de la Grèce. » (M. RAOUL-RO-CHETTE.)

L'Ionie, par sa civilisation, sa richesse, sa puissance, est véritablement la Grèce d'Asie. Elle pourra citer parmi ses enfants les plus illustres des philosophes et des poëtes, dont les œuvres offrent un brillant tableau de toutes les connaissances humaines à cette époque. (Voir chap. XXIII.)

Les colonies des Doriens sont moins nombreuses et moins importantes : les peuplades doriennes firent cause commune avec les Héraclides ; aussi ne s'éloignèrent-elles de la Grèce que plus tard, et à mesure que leur puissance se fut étendue dans l'archipel. Elles bâtirent sur les côtes de l'Asie-Mineure les villes de Gnide et d'Halicarnasse, et peuplèrent la plupart des îles méridionales. Elles fondèrent plusieurs villes dans les îles de Crète et de Rhodes.

Telles furent les colonies orientales. Au nord de la Grèce un assez grand nombre de colonies prirent possession des bords du Pont-Euxin. Les principales furent : Amise et Trapezos ou Trébizonde dans le royaume de Pont ; Sinope, dans la Paphlagonie ; Héraclée, en Bithynie ; Tanaïs, à l'embouchure du fleuve de ce nom, etc... ; dans la Thrace et la Macédoine, les villes d'Abdère, d'Amphipolis, d'Olynthe, de Potidée, qui jouèrent plus tard un rôle important.

A l'occident, toutes les côtes de la Méditerranée jusqu'aux colonnes d'Hercule reçurent les établissements des Grecs. On sait que la Grèce, depuis le temps de Psammétique (septième siècle) , eut de fréquents rapports avec l'Egypte. Sous Amasis, un assez grand nombre d'Ioniens et de Cariens se fixèrent sur les bords du Nil. Cyrène avait été bâtie par des Grecs dans la Libye, à une haute antiquité, d'après l'ordre de l'oracle de Delphes. En Espagne, Sagonte est aussi d'origine hellénique. Plusieurs colonies devinrent célèbres dans la Gaule méridionale, et parmi elles on doit placer au premier rang la ville de Marseille. Fondée vers l'an 600 par des marchands phocéens, elle accrut son territoire aux dépens de la tribu des Salyens, et forma une république riche et puissante. Elle s'agrandit principalement par la navigation et le commerce, et elle fut elle-même la métropole de plusieurs cités nouvelles, Hyères, Antibes, Nice, peut-être Nismes et Avignon. En même temps l'influence de sa civilisation, de son industrie, de son sage gouvernement, s'étendait dans tout le midi de la Gaule, et commençait à tirer de la barbarie cette sauvage contrée.

Ce fut en Sicile, en Italie surtout, que les différentes peuplades de la Grèce envoyèrent le plus grand nombre de colonies. Aussi les dieux, les lois, les mœurs, le langage, tout fut grec dans ces deux contrées; elles prirent jusqu'au nom de la mère-patrie, et furent appelées Grande Grèce.

La Trinacrie, peuplée originairement par les Lestrygons et les Cyclopes, plus tard par les Sicaniens, d'origine espagnole, qui lui donnèrent le nom de Sicanie (onzième siècle), puis par les Sicules, de race Illyrienne (1050), qui l'appelèrent Sicile, la Trinacrie reçut du treizième au sixième siècle une foule de populations diverses, venues de Phénicie, de Phrygie, d'Afrique, de Grèce. Zancle, fondée dans des temps très-reculés par les Ioniens, ainsi que Leontium (ou Léontini) et Catane, fut occupée par les Messéniens, compagnons d'Aristomène, qui la nommèrent Messane. Hybla doit son origine aux Mégariens; Segeste aux Thessaliens; Géla aux Rhodiens. Les deux grandes colonies grecques de Sicile sont Syracuse et Agrigente. Syracuse fut bâtie par les Corinthiens, en 735. « Archias de Corinthe, dit Strabon, averti de choisir entre la santé et les richesses, préféra les richesses, et passa en Sicile, où il fonda Syracuse. Aussi les habitants de cette ville devinrent-ils si opulents, que quand on parlait d'un homme extrêmement riche, on disait qu'il n'avait pas la dixième partie des biens d'un Syracusain. » Syracuse dut sa prospérité à la fertilité de son territoire et à l'admirable position de ses ports; puissante sous le gouvernement aristocratique, elle fut ébranlée par les discordes qui suivirent, vers l'an 485, l'établissement de la démocratie. Mais *Gélon*, prince de Géla, apaisa les troubles en établissant la royauté à Syracuse, dont il s'était

7

emparé en 484, et affermit son trône par ses victoires contre les Carthaginois (480). La lutte engagée avec l'Afrique, interrompue pendant les règnes d'*Hiéron I*ᵉʳ (478-467) et de *Thrasybule* (467-466), sous lequel fut rétablie la république, recommença avec une activité nouvelle et dès succès divers, tandis que Syracuse était soumise de nouveau au gouvernement monarchique, sous *Denys l'Ancien* (405). Ce tyran soupçonneux et barbare fut cependant un protecteur éclairé des arts et des lettres, et, par ses triomphes sur les Carthaginois, il éleva à son comble la grandeur de son pays. Son fils *Denys le Jeune* (368), qui, malgré les conseils du sage Platon, s'était rendu odieux à force de cruautés, fut vaincu par *Timoléon*, général corinthien, qui le chassa de Syracuse (343), pour y faire régner la liberté. Après Timoléon, le restaurateur de Syracuse, la discorde amena la tyrannie du soldat *Agathocle* (317), suivie de nouvelles divisions qui ne furent suspendues jusqu'à la conquête de Syracuse par les Romains (212), que sous le règne d'*Hiéron II* (269-215). Ce prince, fidèle allié de Rome au milieu de toutes les phases de la seconde guerre punique, occupa le trône pendant cinquante-quatre ans, et se montra constamment digne par sa sagesse et ses vertus de l'admiration de ses sujets. Trois ans après sa mort, son petit-fils Hiéronyme avait été assassiné (214), et Syracuse était tombée au pouvoir de Rome (212). (Pour l'histoire de la lutte de la Sicile contre Carthage, voir le chapitre **IV** de l'*Histoire Romaine*.) Agrigente, fondée par les habitants de la ville dorienne de Géla (*V.* 580), fut longtemps florissante, malgré le règne du tyran *Phalaris* (566-534), qui, dit-on, faisait périr dans les flancs embrasés d'un taureau d'airain tous ceux qui lui étaient suspects. Agrigente se montra la digne rivale de Syracuse, sous *Théron* (488-480), beau-père de Gélon, célébré par Pindare : mais après une longue lutte, elle fut soumise par la puissante colonie de Corinthe (446), à qui les Carthaginois seuls disputèrent désormais la prépondérance en Sicile.

Les établissements grecs en Italie occupèrent principalement les côtes voisines de la Sicile. Là s'établirent quelques-uns de ces vainqueurs de Troie, dispersés par les tempêtes, ou chassés de leurs pays par les révoltes. Cumes, bâtie par des émigrés d'Eubée et d'Eolide vers 1120, donna plus tard naissance à Naples. Locres, qui faisait remonter son origine jusqu'à l'un des Ajax, reçut du législateur *Zaleucus* une constitution pleine de sagesse. Tarente, fille de Lacédémone, envoya à son tour des colons fonder Héraclée et Brindes. Sybaris, que le luxe et la mollesse de ses habitants, plus encore que l'étendue de son territoire et la force de ses armées, ont rendue célèbre, fut construite en 720 par des Achéens. Crotone, sa rivale de puissance, s'éleva à la même époque, et devait la détruire deux siècles après. L'union de la plupart de ces cités, la fertilité de leur sol, l'activité de leur commerce, firent bientôt régner parmi elles une grande prospérité, accrue encore par les réformes politiques et morales du célèbre Pythagore. Mais cette brillante période dura peu ; le gouvernement démocratique, adopté par le plus grand nombre d'entre elles, amena bientôt l'anarchie, qui prépara les voies à la tyrannie des usurpateurs. Leur ancienne force avait péri avec leur ancienne union, quand elles eurent à lutter contre les Romains.

OUVRAGES A CONSULTER.—Poirson.— *Hist. crit. des établissements des colonies grecques*, par M. Raoul-Rochette. *Hist. de la Grèce*, par Gillies. Heeren. Rollin. *Tableau des dynasties grecques*, par M. Petit-Radel. Le Bas. Burette. *Grèce*, par Pouqueville, dans l'*Univers pittoresque*. — Hérodote. Plutarque. Diodore. Dion Chrysostome. Pausanias. (Voir principalement les passages de ces auteurs cités et classés dans le recueil d'Eichhorn.)

CHAPITRE ONZIÈME.

ATHÉNIENS.

SOMMAIRE.

Les grands noms de Sparte et d'Athènes ont à peine paru
dans la période que nous venons de parcourir; ils se sont
confondus jusqu'à présent avec ceux de tant de villes secondaires. Mais le moment est arrivé où ces deux cités vont
s'élever au-dessus des autres, où toute influence en Grèce
va leur appartenir, où, rivales de puissance et de gloire,
elles vont séparer comme en deux camps toute la péninsule hellénique. Et cela, elles le devront à leur organisation
en états réguliers, aux législations, à juste titre fameuses,
de Lycurgue et de Solon.

§ I. POPULATION D'ATHÈNES.

La conquête du Péloponnèse par les Héraclides et les

Doriens, événement qui changea la face du Péloponnèse, et qui détermina la fondation de tant de colonies, eut une grande influence sur l'état et sur la population de l'Attique. Les Ioniens et les Éoliens, chassés du Péloponnèse, se mêlèrent à l'ancienne population pélasgique et égyptienne. Peu à peu ces étrangers s'arrogèrent la suprématie dans le pays qui les avait reçus comme des fugitifs. Ils obligèrent une partie des habitants de l'Attique à quitter leur patrie pour s'établir sur d'autres rivages. Quelques-uns se retirèrent dans les montagnes voisines; les autres furent repoussés vers le rivage de la mer. La plaine resta toute entière aux envahisseurs. Ils furent désignés sous le nom d'*Eupatrides* ou nobles.

§ II. GOUVERNEMENT. ARISTOCRATIE DES EUPATRIDES.

Une monarchie, tempérée par un mélange de démocratie, avait été établie à Athènes par Thésée, et s'était maintenue après lui : mais l'influence des plus puissantes familles éoliennes et ioniennes ne tarda pas à s'élever au-dessus du roi, et le trône pencha peu à peu vers sa ruine. Les Eupatrides se réservèrent toutes les charges, toutes les dignités religieuses, civiles, militaires : les montagnards et les habitants du rivage perdirent le droit d'opiner dans les assemblées et dans les jugements; la royauté ne subsista qu'à la condition d'être l'instrument de l'aristocratie, et devint le partage d'une famille eupatride. Mais l'ombre du pouvoir suprême inquiétait encore l'oligarchie. Elle saisit habilement le premier prétexte pour la faire disparaître entièrement. Le roi Codrus s'étant dévoué pour sa patrie, les nobles exaltèrent l'héroïsme de sa mort, afin d'avoir le droit de déclarer tout mortel indigne de succéder à un tel prince. Une révolution aristocratique s'accomplit sans bruit.

§ III. ARCHONTES.

Le gouvernement pouvait se passer d'une royauté qui n'existait plus guère que de nom : l'archontat en tint lieu. Le nouveau chef de l'état conserva la plupart des prérogatives attachées autrefois à la royauté ; mais il fut assujetti à rendre compte au peuple de son administration. Perpétuel d'abord et confié à un seul (1132), puis décennal en 754, l'archontat devint annuel soixante-dix ans plus tard, et fut partagé entre neuf magistrats. La famille de Codrus exerça longtemps cette dignité.

Le premier résultat de la révolution fut l'oppression plus grande des populations de la montagne et du rivage ; elles trouvèrent appui auprès de quelques nobles ambitieux, mécontents de l'oligarchie ; des partis puissants se formèrent dans l'état, et ne purent être réprimés par une législation incomplète, composée d'un très-petit nombre d'ordonnances connues sous le nom de *Lois royales*, peu en harmonie avec les besoins actuels de l'État, et faites d'ailleurs en faveur d'une seule classe de citoyens ; la tyrannie des nobles et des riches devint intolérable. « Les magistrats, dit Démosthènes, pillaient le trésor public et les temples ; les créanciers opulents tenaient à la chaîne les débiteurs insolvables, les réduisaient à faire le service d'animaux domestiques, et vendaient comme esclaves leurs fils et leurs filles. » Le peuple, las de tant de maux, réclama avec force une législation uniforme, et Dracon fut chargé de la donner à Athènes (624).

§ IV. LÉGISLATION DE DRACON ET DE SOLON.

Les lois du farouche archonte étaient écrites en caractères de sang. Elles punissaient de mort les moindres fautes, aussi bien que les plus grands crimes : « Ceux qui étaient atteints et convaincus d'oisiveté, et ceux qui dérobaient des fruits dans un jardin, étaient aussi sévèrement punis que des sacriléges et des homicides. » (PLUTARQUE.)

Ces lois ne survécurent pas à leur auteur, et Athènes retomba dans l'anarchie. La guerre civile et étrangère, les
maladies contagieuses et la disette, tous les maux à la fois
fondirent sur la ville. La lutte des grands et du peuple
s'était ranimée plus vive. Un des principaux citoyens,
Cylon (612), s'efforça de rétablir la royauté; mais il n'é-
chappa que par la fuite au supplice qui lui était destiné; ses
complices furent massacrés sur l'autel des Euménides.

A peine Athènes était-elle sortie de ce danger, qu'elle
apprit que les Mégariens s'étaient emparés de l'île de Salamine, et qu'une peste épouvantable éclata au sein de la ville.
Les oracles déclarèrent qu'il fallait apaiser la colère des
dieux par des cérémonies expiatoires, et qu'un homme
juste devait être chargé de rétablir le culte négligé trop
longtemps. On fit venir de Crète le sage *Epiménide* (496),
que sa renommée de piété et de vertu avait rendu célèbre
dans toute la Grèce: il parvint à calmer un instant les rivalités politiques, en ramenant par l'influence de la religion
les idées d'ordre et de justice, et il se retira sans accepter
d'autre récompense qu'un rameau d'olivier; mais peu
après son départ les troubles recommencèrent et mirent
de nouveau tout l'état en péril. Il était temps que Solon
parût.

Illustre par sa noblesse et ses exploits guerriers, *Solon*
avait mérité, par sa haute raison, d'être compté au nombre
des sept sages de la Grèce, ces savants, ces philosophes,
l'honneur et l'exemple de leur patrie, l'oracle de toute la
Grèce (1). Solon fut nommé archonte en 593 : il trouva le
peuple soulevé contre les riches et obéissant à un chef militaire. Il fallut avant tout rendre la paix à la république. Le
premier acte de Solon fut de briser les fers des débiteurs, en
déclarant que nul ne serait envoyé en prison que par un jugement, et d'abolir ou plutôt de réduire les dettes. Mais il con-

---

(1) Les sept sages de la Grèce sont : Solon, Thalès, Pittacus,
Bias, Cléobule, Périandre et Chilon.

serva en même temps toutes les propriétés à leurs possesseurs.
Ainsi, il fit assez pour calmer le peuple, trop peu pour lui
procurer un triomphe dangereux. L'ordre obtenu, il put
songer à réformer l'état : les divers éléments qui l'avaient
composé jusqu'alors, mais sans liaison et sans unité, furent habilement combinés dans la constitution nouvelle. Les
citoyens furent divisés en quatre classes, suivant leur fortune. Les plus riches seuls, répartis dans les trois premières classes, devaient être admis aux charges publiques; mais
tous prenaient part aux assemblées, tous avaient voix délibé-
rative et élective. C'était le peuple assemblé qui élisait les
magistrats, délibérait sur toutes les affaires d'intérêt général, décidait la paix, la guerre, les impôts ; recevait l'appel des jugements rendus par les divers tribunaux. L'assemblée ne pouvait être composée que de citoyens d'origine
athénienne, du côté maternel comme du côté paternel ; le
nombre des votants devait être au moins de six mille.
L'influence de cette multitude était contre-balancée par le
pouvoir des archontes et par celui du sénat et de l'aréopage. Les archontes, au nombre de neuf, continuèrent
à régler l'administration intérieure, et à proposer les lois
examinées d'abord par un *Sénat* de quatre cents membres.
Ce sénat avait encore le droit de rendre, dans l'intérêt de
l'administration, des ordonnances qui avaient force de loi
pendant une année, sans avoir été soumises à l'approbation
nationale. Au-dessus de tout était le tribunal puissant de
l'Aréopage, qui, d'un côté, devait arrêter les empiètements
du peuple, dont il pouvait réviser et casser les décisions;
de l'autre, surveiller les archontes, et leur faire rendre, à
leur sortie de charge, un compte sévère de leur gestion.
Ainsi fut résolu le problème de l'union de la démocratie
et de l'aristocratie.

Dans les lois civiles, Solon ne subordonne pas, comme
Lycurgue, la dignité intellectuelle de l'homme à son développement matériel, ni la morale à la politique. L'éducation est l'objet de plusieurs sages règlements qui pres-
crivent les exercices de l'esprit aussi bien que ceux du

corps. Le jeune homme acquiert la vigueur des membres dans les gymnases ; dans les écoles, il lit et apprend les chefs-d'œuvre des orateurs, des poëtes, des philosophes ; l'étude des beaux-arts est le complément de toute éducation libérale. Les vertus privées autant que les vertus publiques sont mises en honneur. L'Athénien doit aimer sa patrie avant tout, et dès l'âge de vingt ans il prête serment de vivre et de mourir pour elle ; mais toutes les douces affections de famille lui sont permises. Les jeunes filles apprennent de bonne heure, non pas comme celles de Sparte à combattre en public (voir chapitre XII), mais à s'occuper de tous les soins du ménage. Le peuple n'appellera aux dignités que ceux qui auront commencé par accomplir tous les devoirs de la vie privée.

Solon abrogea presque toutes les lois criminelles de Dracon, excepté celles qui punissaient l'homicide. Il se montra avare de peines capitales, et ne voulut prévoir ni le sacrilége ni le parricide : ces crimes étaient inconnus à Athènes. Une de ses lois les plus remarquables est sans doute celle par laquelle un citoyen était puni quand, dans un temps de troubles, il n'avait osé se déclarer pour aucun parti.

La législation de Solon fut peut-être le chef-d'œuvre de la sagesse humaine dans l'antiquité ; mais la mobilité des Athéniens n'y demeura guère fidèle. Pendant un voyage de Solon, le peuple, qui avait juré d'observer ses lois, les oublia tout-à-coup pour ressusciter des querelles un moment étouffées.

§ V. LES PISISTRATIDES.

Au retour du législateur, les trois anciennes factions étaient de nouveau aux prises. Un homme aussi habile qu'ambitieux, *Pisistrate*, luttait avec les montagnards contre Lycurgue et Mégaclès, chefs des Eupatrides et des habitants du rivage. Pisistrate séduit la multitude par son éloquence, entraîne les artisans et les pauvres par ses lar-

7.

gesses, profitant de la désunion des autres partis pour grossir le sien. Il feint d'être en butte à la haine des nobles à cause de son zèle pour les intérêts du peuple ; il se présente sur la place publique, tout couvert de blessures qu'il s'est faites lui-même, s'écriant qu'il a failli être massacré par les riches et les grands. La multitude est trompée par ce stratagème. Elle s'empresse de donner à un protecteur aussi dévoué une garde de six cents hommes. Mais aussitôt Pisistrate s'empare de la citadelle et du pouvoir (561). Solon ne survécut pas longtemps à l'asservissement de sa patrie : du moins il résista jusqu'au dernier moment à toutes les entreprises du tyran. On le vit, accablé par l'âge, paraître encore sur la place publique, les armes à la main, et élever sa voix respectée pour exciter le peuple contre l'usurpateur. Ce généreux appel ne fut point entendu. Ses amis, effrayés de sa hardiesse, lui demandaient ce qui lui inspirait tant de courage : *Ma vieillesse*, répondit-il. Il aurait pu dire : Ma vertu.

Malgré l'inutilité des efforts de Solon, deux fois les factions rivales renversèrent Pisistrate ; mais deux fois aussi leurs divisions le rappelèrent. Du reste, son gouvernement fut paternel et sage. Les lois de Solon furent maintenues, les lettres et les arts protégés, la ville embellie ; une bibliothèque publique fut ouverte, et les poëmes d'Homère furent introduits dans l'Attique. Sous des chaînes brillantes et légères, Athènes ne regretta pas sa liberté. A la mort de Pisistrate (528), les citoyens laissèrent le trône à ses fils *Hipparque* et *Hippias*. Durant quatorze années, les jeunes princes imitèrent la conduite de leur père. Une faute les perdit. Hipparque insulta la sœur d'un Athénien, *Harmodius*, qui s'unit avec son ami, *Aristogiton*, pour punir les tyrans. Hipparque succomba sous les coups d'Harmodius, qui fut tué à l'instant par les gardes du prince ; mais Aristogiton, arrêté en même temps, se plut à désigner comme ses complices les plus fidèles partisans d'Hippias. Rendu cruel par la terreur, Hippias fut bientôt chassé par le parti des mécontents (510), et alla se prosterner

aux pieds du roi de Perse pour en obtenir des secours contre
sa patrie. Cependant Athènes s'est fortifiée par quelques
luttes avec ses voisins, dont elle est sortie victorieuse;
d'habiles généraux se sont formés au combat; les noms
des Miltiade, des Aristide, se font connaître; la guerre médique peut commencer.

§ VI. CONSTITUTION D'ATHÈNES A L'ÉPOQUE DES GUERRES MÉDIQUES.

La faction qui avait renversé Hippias prétendait relever
les droits du peuple et établir le gouvernement démocratique. Malgré les efforts et la résistance des Eupatrides,
malgré le triomphe momentané de ce parti, qui bannit
d'Athènes sept cents familles à la fois, le parti populaire
triompha; ses droits politiques furent étendus, le nombre
des tribus fut porté à dix. Cent nouveaux membres entrèrent dans le sénat. Le droit donné à tout citoyen de
monter à la tribune et de haranguer en public fit faire de
nouveaux progrès aux principes démocratiques; l'établissement de l'*ostracisme* donna au peuple le pouvoir de ban-
nir à son gré et sans jugement les citoyens puissants, et
acheva de lui livrer la souveraineté. Du reste, le gouvernement avait repris les formes établies par Solon. La direction générale des affaires publiques avait été rendue aux
neuf archontes. Le premier, appelé archonte *Éponyme*,
donnait son nom à l'année, et présidait les cours de justice civile, composées, comme nos jurys, de citoyens tirés
au sort. C'était l'archonte et ses assesseurs qui dirigeaient
la procédure, recevaient et proclamaient les sentences des
juges. *L'archonte Roi*, placé le second dans la hiérarchie,
était chargé des affaires relatives à l'exercice du culte. Le
troisième archonte, ou *Polémarque*, était à la tête du co-
mité de la guerre. Les six autres, nommés *Thesmothètes*,
dirigeaient les cours de justice où étaient portées les causes criminelles ordinaires. Les archontes, à l'expiration de
leurs pouvoirs, devaient rendre compte de leur gestion aux
quatre tribus assemblées. Un grand nombre de magistrats

inférieurs, les *Onze*, les *Euthynes*, les *Nomothètes*, etc., étaient chargés de gérer les finances, de préparer, d'interpréter les lois; ils étaient préposés enfin à toutes les branches spéciales de l'administration, renvoyant la décision des affaires les plus graves au grand tribunal de l'Aréopage.

OUVRAGES A CONSULTER.—Voir les auteurs précédemment cités. Barthélemy, *Voyage du Jeune Anacharsis*. Montesquieu, *Esprit des lois*. — Recueil d'Eichhorn. — Voir surtout la *Vie de Solon*, par Plutarque.

CHAPITRE DOUZIÈME.

HISTOIRE DES SPARTIATES DEPUIS LA CONQUÊTE DES DORIENS JUSQU'A LA GUERRE MÉDIQUE.

SOMMAIRE.

§ I. POPULATION. LACONIENS, SPARTIATES, HILOTES.

Nous avons vu Sparte tomber au pouvoir des Héraclides et des Doriens commandés par Eurysthène et Proclès. Les anciens habitants, de race pélasgique, appelés Laconiens, furent subjugués par les nouveaux venus, qui, sous le nom de Spartiates, s'emparèrent du territoire presque entier, et envoyèrent en colonies une grande partie de la population vaincue. A Hélos, les Laconiens opposèrent aux envahisseurs une opiniâtre résistance. Ils en furent cruellement punis. Leur ville, prise d'assaut, fut détruite de fond en comble (1059). Tous les habitants furent réduits en servitude et distribués aux vainqueurs, qui les employèrent aux plus

vils ministères. Le nom d'Hilote devint à Sparte le syno-
nyme d'esclave. Cette vengeance terrible, qui condamna un
peuple entier à un perpétuel servage, eut des conséquences dangereuses pour Sparte elle-même, en renfermant
dans son sein des germes de discorde et de révolte.

Le sort des Laconiens devint de plus en plus misérable. Ils ne conservèrent quelques portions du territoire qu'à condition de payer tribut et de verser leur sang
dans toutes les querelles de leurs vainqueurs. Comme à
Athènes, l'aristocratie ne respecta pas plus l'autorité royale
que la liberté du peuple. Les deux rois, fils d'Hercule, l'un
Agide, l'autre Proclide, qui depuis la conquête occupaient
simultanément le trône, ne conservèrent qu'une suprématie stérile. La confusion des pouvoirs mit le trouble dans
l'État. Le peuple menaçait de briser violemment le joug de
ses oppresseurs. Les factions divisaient l'aristocratie elle-
même. Une réforme devint nécessaire : elle fut accomplie
par Lycurgue.

§ II. CONSTITUTION ET LÉGISLATION DE LYCURGUE.

Lycurgue, descendant de Proclès, était appelé au trône
après la mort de son frère Polydecte (898) ; mais la femme
de Polydecte était enceinte. Elle proposa à Lycurgue de
faire périr l'enfant qu'elle portait dans son sein, s'il con-
sentait à l'épouser. Il refusa d'obtenir le sceptre par un
crime. Dès que son neveu fut né, il le déclara roi, sous le
nom de *Charilaüs* (joie du peuple.)

Avant de travailler à la régénération de son pays, Lycurgue voulut s'éclairer de la sagesse des autres nations ; il
parcourut la Crète, cet antique royaume de Minos, la Lydie, l'Égypte, l'Inde peut-être, pour étudier leurs usages
et leurs lois ; et c'est au retour de ces longs voyages qu'il
donna à sa patrie cette austère et puissante constitution
qu'elle n'a jamais remplacée. Il faut y distinguer une partie politique et une partie morale. Issu d'une race conquérante, Lycurgue voulut avant tout faire régner dans sa

patrie le génie guerrier, et développer chez tous les citoyens la force corporelle qui , avec le système militaire des anciens, était la première de toutes les qualités du soldat. Telle est l'essence de la législation de Lycurgue dans tout ce qui a rapport à l'éducation et aux mœurs. Un même système est adopté pour tous, puisque les citoyens de toutes les classes doivent également servir la patrie les armes à la main. Le Spartiate doit être vigoureux avant tout ; un enfant faible ou difforme est en naissant condamné à périr. Celui que n'a pas frappé cet arrêt fatal a un bouclier pour berceau et pour jouet une lance. A peine peut-il marcher, qu'on l'habitue à la solitude, aux ténèbres, à une indifférence complète sur le choix des aliments. Jusqu'à l'âge de trente ans, les jeunes gens, soumis à des maîtres impitoyables, s'exercent à supporter toutes les fatigues, toutes les douleurs physiques : la lutte, la course, la chasse dans les montagnes, sont leurs délassements habituels ; ils se forment à cette admirable discipline militaire qui fit dire à Xénophon qu'en comparaison des Spartiates, tous les autres peuples ne sont que des enfants dans l'art de la guerre. Ils marchent pieds nus, le corps à peine couvert, même pendant les rigueurs de l'hiver. Toutes les fautes sont punies des plus durs châtiments, et celui à qui la douleur arrache une plainte est flétri comme un lâche. On sait le trait de ce jeune Spartiate qui se laissait déchirer la poitrine par un renard caché sous ses vêtements sans qu'aucun signe de souffrance parût sur son visage. Chaque année les jeunes Spartiates offraient à Diane un sacrifice sanglant dont eux-mêmes étaient les victimes. Réunis devant l'autel, sous les yeux du peuple, ils étaient frappés de verges avec une telle violence, que plusieurs mouraient de leurs blessures. Les jeunes filles reçoivent une éducation du même genre : « On ne leur prescrit point de se tenir enfermées, de filer la laine, de s'abstenir du vin et d'une nourriture trop forte ; mais on leur apprend à danser, à chanter, à lutter entre elles, à courir légèrement sur le sable, à lancer avec force le javelot, à

faire tous ces exercices en présence des rois, des magistrats et de tous les citoyens. » (*Voyages du Jeune Anacharsis.*) Pour que la mollesse ne détruise jamais les effets
de ce dur apprentissage de la vie de citoyen, toute richesse,
tout luxe est banni de Sparte. Les terres sont partagées
également, et pour préserver les familles de la misère aussi
bien que de la richesse, les héritages ne peuvent être alié-
nés. Une monnaie de fer est seule en usage, afin que personne ne conçoive même la pensée d'amasser des trésors.
Posséder de l'or ou de l'argent est un crime digne de
mort. Des repas communs où règne la plus frugale simplicité sont obligatoires pour tous, même pour les rois. Les
seuls mets autorisés par les règlements sont le pain, le vin,
les figues et une sorte de brouet noir peu agréable au goût.
Un vieillard, posté à l'entrée du réfectoire, prescrit la dis-
crétion aux convives en leur répétant souvent : « Rien ne
sort d'ici. » La loi détermine jusqu'à l'étoffe et la forme des
vêtements.

Du reste, la partie la plus noble de l'homme est comp-
tée pour peu de chose; l'éducation morale est à peu près
oubliée. Toutes les affections tendres de l'âme sont détruites; tous les sentiments élevés s'effacent devant un seul,
l'amour de la patrie. Une dure insensibilité passe pour de
l'héroïsme; et la mère envoie froidement son fils à la mort.
Les Hilotes sont conservés à Sparte, mais ils ne servent
qu'à donner aux citoyens l'horreur du vice, par le spectacle hideux de leur propre dégradation. D'ailleurs ils sont
punis de mort pour des fautes légères; et s'ils s'enfuient,
c'est l'occasion d'une chasse aux esclaves qui exerce les
jeunes gens à la guerre. Voilà les mœurs que l'on a tant
vantées : si elles ont mis en honneur la force et la vail-
lance, n'ont-elles pas établi le triomphe de la matière sur
l'esprit? si elles ont réhabilité la femme en quelque manière, n'ont-elles pas dénaturé, détruit toutes ses douces
et modestes vertus? si elles ont produit quelques traits sublimes, ne furent-ils pas payés bien chèrement par le sacrifice de tout ce qu'il y a de plus saint dans l'humanité?

On peut louer à plus juste titre la partie politique de la législation de Lycurgue, qui paraît, du reste, avoir été empruntée presque entièrement aux anciennes coutumes doriennes. Sparte est constituée à peu près en république, quoique sa monarchie à deux têtes soit maintenue ; les rois, chefs de l'armée et absolus pendant la guerre, ne sont plus, en temps de paix, que les présidents d'un sénat de vingt-huit vieillards, âgés de soixante ans au moins, tous renommés pour leur sagesse, qui discutent les questions politiques, et présentent les lois au peuple, pour être reçues ou rejetées sans amendement. Ce sénat exerce les fonctions judiciaires dans les affaires capitales. Au-dessus de lui est le tribunal des cinq *Éphores*, plus puissants que les rois, et vraiment les maîtres de Sparte. Ils obligent chaque magistrat à leur rendre compte de son administration ; ils suspendent, ils punissent celui qui viole les lois ; ils convoquent les assemblées du peuple où les citoyens doivent tous se présenter en armes ; ils contrôlent l'administration du sénat ; ils jugent et condamnent les rois eux-mêmes, qui ne peuvent appeler de l'arrêt des éphores qu'à l'oracle d'Apollon delphien. Le principe du respect absolu pour l'autorité est rigoureusement établi et maintenu. Dès l'âge le plus tendre, les jeunes gens sont accoutumés non-seulement à une soumission complète pour les auteurs de leurs jours, mais à la plus entière déférence pour les magistrats, pour les vieillards, dont la prudence dirige toutes les affaires publiques. Aussi, pendant plusieurs siècles, pas un trouble politique n'agitera le gouvernement.

Cette constitution bouleversait la plupart des lois et des usages établis à Sparte avant Lycurgue. Quoique l'oracle d'Apollon delphien eût déclaré que son exécution rendrait la république florissante et immortelle, elle éprouva d'abord de la part de tous une vive opposition. Le législateur, craignant que ses compatriotes ne vinssent à l'abolir, leur fit jurer de n'y rien changer, du moins pendant son absence ; il partit, mourut loin de sa patrie, et fit jeter son corps à la

mer, de peur qu'en rapportant ses cendres, les Spartiates
ne se crussent déliés de leur serment. On sait qu'ils y furent longtemps fidèles.

§ III. GUERRE DE MESSÉNIE.

Le but de cette législation fut pleinement atteint. Sans
doute quelques crises pénibles accompagnèrent son établissement, et une pareille révolution ne put s'opérer sans secousse. Toutefois Sparte ne tarda pas à devenir une puissante république guerrière : elle le fit voir dans les guerres
de Messénie. Une insulte faite à quelques jeunes filles de
Sparte par des Messéniens, ou plutôt la rivalité des deux
peuples, fut la cause de cette terrible lutte (744). Du même
sang que les Spartiates, les Messéniens opposèrent à l'énergique valeur de leurs ennemis une infatigable résistance.
Les Spartiates avaient envahi la Messénie sans déclara-
tion de guerre, jurant qu'ils renverseraient Messène ou
qu'ils périraient tous. Les Messéniens, surpris, s'enfermè-
rent dans leurs forteresses, et ne purent empêcher le pil-
lage de leurs campagnes; mais bientôt ils reprirent courage, et des batailles signalées par un acharnement inouï
firent couler sans résultat le sang des deux peuples. Le
mont Ithôme, où les guerriers messéniens avaient réuni
leurs forces, était un rempart naturel où venaient se briser tous les efforts des Spartiates.

Pour venger le roi de Messène, tué dans un combat,
le brave *Aristodème* immola le roi des Spartiates, *Théopompe*, et trois cents soldats qu'il avait fait prisonniers.
Mais, sur la foi d'un oracle menteur, Aristodème avait
lui-même sacrifié sa fille; bientôt après il se tua de désespoir. Le mont Ithôme perdait son défenseur. Les guerriers de Messénie durent se soumettre à une servitude
de quarante ans (724—684).

La Messénie se lassa enfin d'un dur et honteux esclavage. *Aristomène*, descendant des anciens rois, appela
ses compatriotes à la vengeance et à la liberté. Tous ré-

pondirent, et la seconde guerre de Messénie commença (684). Aristomène pénètre seul et de nuit dans la ville ennemie, et va suspendre au milieu du temple de Minerve un bouclier enlevé aux ennemis et portant cette inscription : « C'est avec les dépouilles des Lacédémoniens qu'Aristomène a consacré ce monument à la déesse. » Il soutient par ses victoires cet insultant défi, et sa hardiesse est encore dépassée peut-être par celle de deux guerriers messéniens qui se précipitent à cheval au milieu des Spartiates réunis pour une fête solennelle, en tuent ou blessent un grand nombre, et reviennent sains et saufs au milieu de leurs compatriotes. Sparte consternée se croit poursuivie par une vengeance céleste, et sur l'ordre de l'oracle, elle s'humilie jusqu'à demander un général aux Athéniens. Le poëte Tyrtée, boiteux et sans expérience de la guerre, lui est envoyé par dérision. Il est battu au premier engagement par Aristomène ; mais il quitte l'épée pour reprendre la lyre, et ses chants raniment l'enthousiasme des Spartiates, en même temps qu'une défection affaiblit l'armée messénienne. Aristomène, vaincu à la bataille des *Tranchées* (680), se retire sur le mont Ira. Après une héroïque défense, il est pris par les ennemis, et jeté dans la Céada, gouffre où l'on précipitait les criminels. Son bouclier, qu'il a obtenu de garder avec lui, le protége dans sa chute ; il tombe vivant au milieu des cadavres de ses compagnons, passe deux jours dans ces affreux cachots, échappe par une espèce de prodige, et signale son retour au milieu de ses compatriotes par de nouveaux succès. Bientôt un sacrifice offert à Jupiter messénien apprend aux Spartiates qu'Aristomène a tué de sa main cent ennemis. Peut-être la victoire eût-elle couronné tant de courage et de persévérance, si la trahison ne fût venue encore une fois au secours des Spartiates. Les forteresses d'Ira furent livrées par un transfuge, et Aristomène put à grande peine se réfugier en Sicile avec un petit nombre de ses compatriotes. La ville de Zancle, où ils s'établirent, reçut d'eux le nom de Messane. Leurs frères de Grèce,

moins heureux, furent mis par les vainqueurs au rang
des Hilotes (668).

La Messénie a péri sous les ruines de ses derniers remparts. La guerre qui doit se rallumer à Ithôme deux cents
ans plus tard n'est qu'une révolte d'esclaves sans patrie,
ce n'est plus une guerre de nations.

§ IV. GUERRE DE L'ARGOLIDE.

A la suite de ces deux terribles luttes, Sparte, affaiblie
malgré sa victoire, eut besoin d'une paix de cinquante ans
pour réparer ses forces. Vers l'an 620, elle reprit les armes contre les Tégéates, autrefois alliés de la Messénie.
Après la prise de Tégée, en 546, une guerre éclata entre
les Spartiates et les Argiens. Les deux peuples convinrent
de remettre le soin de leur défense à trois cents hommes
choisis dans chacune des armées. L'issue de leur combat
devait décider le sort de la guerre (544). La lutte de ces
guerriers d'élite fut terrible, mais sans résultat. De six
cents hommes, trois seulement survécurent, un Lacédémonien et deux Argiens. Ceux-ci coururent à Argos annoncer leur victoire ; le Lacédémonien pendant ce temps
enlevait les dépouilles de ses ennemis morts. Les deux peuples s'attribuèrent l'avantage, et il fallut une bataille générale pour décider la querelle. Cette fois les Lacédémoniens triomphèrent sous les ordres du vaillant *Cléomène*,
et poursuivirent les Argiens jusqu'aux portes de leur ville :
ils ne furent repoussés que par la valeur d'une héroïne,
Télésilla, qui combattit intrépidement à la tête des jeunes
filles d'Argos (514).

L'Argolide, dépeuplée, fut contrainte de demander la
paix. Il était temps que l'union se rétablît dans le Péloponnèse, car la guerre médique était sur le point d'éclater.

§ V. ÉTAT DU PÉLOPONNÈSE A L'ÉPOQUE DES GUERRES MÉDIQUES.

Les Spartiates avaient la prépondérance dans le Péloponnèse, comme les Athéniens dans la Grèce centrale.

Les dernières guerres qui venaient d'agiter la presqu'île avaient humilié les deux seuls peuples qui pussent prétendre rivaliser avec Sparte. Les Arcadiens, malgré leur bravoure, n'avaient pu sauver Tégée, une de leurs principales villes ; les Argiens étaient dépouillés d'une partie de leur territoire. Les peuples d'Élide et d'Achaïe, sans exercer une grande influence dans le Péloponnèse avaient cependant conservé leur indépendance, et étaient unis par une sorte de fédération.

Malgré ses développements, Sparte était demeurée une puissance continentale, et avait à peine quelques vaisseaux.

Les cités maritimes de la Grèce étaient : Corinthe, heureusement placée entre deux mers, qui l'une et l'autre apportaient leur tribut à son commerce ; Mégare et Égine, longtemps rivales d'Athènes ; Athènes enfin, non moins redoutable par ses forces navales que par ses armées de terre, qui l'avaient rendue supérieure à tous les peuples des provinces voisines de Phocide, de Béotie et de Locride.

La Grèce avait droit d'être fière de ses forces : une constitution énergique régissait ses deux grandes villes, Sparte et Athènes, qui, en sauvant à elles seules toute la race hellénique, ont mérité de la dominer plus tard entière. Jamais on ne vit se déployer avec plus d'éclat le noble caractère d'un peuple dont toute la puissance est dans le patriotisme, dans l'amour de la liberté. A voir quelques mille hommes, d'une part, prêts à mourir pour leur pays, de l'autre des millions de soldats menés comme des bandes d'esclaves sous la verge de leur tyran, on aurait pu déjà prédire où resterait la victoire.

OUVRAGES À CONSULTER. — Voir les auteurs indiqués ci-dessus, et principalement la *Vie de Lycurgue*, par Plutarque.

CHAPITRE TREIZIÈME.

HISTOIRE DE LA GRÈCE ET DE LA PERSE PENDANT LES GUERRES MÉDIQUES.

SOMMAIRE.

§ 1. Révolte de l'Ionie. Aristagoras. Histiée. Sardes brûlée par les Athéniens. Défaites des Ioniens; ravage et soumission de l'Ionie. Darius envoie Mardonius en Grèce par la Thrace; revers. Deuxième expédition. *Datis et Artapherne. Epouvante en Grèce. Les Athéniens et les Platéens à Marathon. Victoire des Grecs. Miltiade: ingratitude d'Athènes. Thémistocle. Ses premiers exploits. Invasion de Xerxès. Léonidas aux Thermopyles. La Grèce ravagée. Thémistocle et Eurybiade à Salamine; défaite des Perses. Artémise. Fuite de Xerxès. Batailles de Platée et de Mycale.*

§§ II. III. Thémistocle relève les murailles d'Athènes. Aristide. Pausanias; ses succès, sa trahison. *Cimon. Guerre en Asie contre Artaxerxès Longuemain. Glorieux traité imposé aux Perses.*

§ I. DEPUIS LA RÉVOLTE D'IONIE JUSQU'AUX BATAILLES DE PLATÉE ET DE MYCALE.

Ce fut dans l'Ionie, cette partie grecque de l'Asie-Mineure, toute couverte de colonies européennes, que s'engagea la lutte. Les Ioniens, depuis le temps de Cyrus, subissaient la domination des Perses: regrettant leur indépendance, ils n'attendaient que l'occasion de secouer le joug. L'ambition d'*Aristagoras* fit éclater l'insurrection. Aristagoras commandait à Milet pour son parent *Histiée*, à qui Darius avait confié le gouvernement de cette ville importante. Il voulut profiter des troubles qui agitaient l'île de Naxos pour s'en rendre maître, et il entreprit une grande expédition contre les Naxiens; mais il fut défait, et, persuadé que son mauvais succès serait puni comme un crime, il ne vit d'autre moyen de salut que la révolte.

Histiée, retenu malgré lui loin de l'Ionie à la cour de Darius, favorisa les projets d'Aristagoras ; bientôt la plupart des villes grecques furent en armes, et les tyrans établis par les Perses furent renversés de toutes parts (504). En même temps, Aristagoras s'efforçait d'intéresser toute la Grèce au triomphe de sa cause : Sparte le repoussa, mais Athènes lui promit vingt galères, et les Érétriens joignirent quelques vaisseaux à cette flotte. Tout à coup elle parut devant les murs de Sardes, où résidait le frère de Darius. La ville surprise tomba au pouvoir des ennemis et fut livrée aux flammes. Cette nouvelle remplit Darius de fureur. « On raconte qu'il demanda son arc, y mit une flèche, et la tira vers le ciel en s'écriant : O Jupiter, puissé-je me venger des Athéniens ! Il ordonna ensuite à un de ses officiers de lui répéter à trois reprises toutes les fois qu'on lui servirait à dîner : Seigneur, souvenez-vous des Athéniens. » (HÉRODOTE.) Les Ioniens furent punis d'abord. Leurs premiers avantages sur mer furent bientôt compensés par plusieurs défaites sur le continent. Toutes les petites villes de l'Ionie tombèrent en peu de temps au pouvoir des Perses ; le chef des révoltés, Aristagoras, fut tué après avoir trahi une cause dont il désespérait ; et les Perses, maîtres de la côte, réunirent toutes leurs forces contre Milet, le foyer de l'insurrection. Histiée lui-même, qui alors dévoila ses projets contre Darius, fut repoussé par les Milésiens, auxquels il voulait s'imposer par force, et ne fit qu'affaiblir les Grecs en les divisant par ses prétentions ambitieuses.

Les Perses, au contraire, se fortifièrent par les secours des Ciliciens, des Egyptiens, des Phéniciens surtout, jaloux depuis longtemps de la prospérité de l'Ionie, qui seule leur disputait le monopole du commerce de l'Asie avec l'Europe méridionale : dès lors ils ressaisirent partout l'avantage. Dans une grande bataille navale livrée près de l'île de Lada, la flotte ionienne fut vaincue par la trahison des Samiens. C'en était fait de l'Ionie. Milet fut prise d'assaut ; Histiée fut fait prisonnier et mis en croix. Toute la côte fut horriblement saccagée : les Phéniciens surtout laissèrent partout des traces horribles de leur passage (498).

Darius alors se souvint des Athéniens.

Mardonius, son gendre, mis à la tête d'une puissante armée de terre et de mer, fut chargé d'envahir la Grèce par la Thrace (496). Mais la flotte fut détruite en partie par une violente tempête, tandis qu'elle doublait le mont Athos. Les tribus sauvages et belliqueuses de la Thrace surprirent l'armée des Perses, et leur tuèrent un grand nombre de soldats. Mardonius fut contraint de retourner en Asie sans avoir pu mettre le pied en Grèce (495).

C'était un nouvel outrage à venger. En 490, *Datis* et *Artapherne* débarquèrent près d'Athènes avec cinq cent mille hommes, demandant qu'on *leur livrât la terre et l'eau.* Les Athéniens mirent à mort les ambassadeurs persans, pour rendre tout accommodement impossible, et appelèrent à leur secours les peuples voisins. Mais l'épouvante était générale en Grèce ; la plupart des îles de l'archipel s'étaient soumises volontairement aux Perses : la ruine d'Érétrie annonçait que la vengeance du grand roi serait terrible. Les Platéens seuls osèrent envoyer aux Athéniens mille soldats ; les Spartiates armèrent des troupes ; mais une loi bizarre les obligeait d'attendre la pleine lune pour se mettre en marche ; elles n'arrivèrent qu'après la victoire. Neuf mille guerriers d'Athènes et les mille Platéens étaient allés camper à Marathon. Dix généraux, parmi lesquels étaient *Miltiade, Aristide, Thémistocle,* se partageaient le commandement : l'Athénien Miltiade obtint le dangereux honneur de commander seul au jour du combat. Ses habiles dispositions suppléèrent au nombre des soldats. « Il rangea son armée dans une petite plaine qu'il fit semer de troncs et de branches d'arbres pour arrêter la cavalerie persane. Une montagne protégeait les Athéniens par derrière, et les empêchait d'être enveloppés.

Au premier signal, les Grecs franchirent en courant l'espace qui les séparait des Perses. Ceux-ci, étonnés d'un genre de combat si nouveau pour les deux nations, restèrent un moment immobiles ; mais bientôt ils opposèrent à la fureur impétueuse de leurs ennemis une fureur plus tranquille et non moins redoutable. Après quelques heures d'un combat opiniâtre, les deux ailes de l'armée grecque commencent à fixer la victoire. La droite disperse les ennemis dans la plaine, la gauche les replie dans un marais qui offre l'aspect d'une prairie, et dans lequel ils restent ensevelis. Toutes deux volent au secours d'Aristide et de Thémistocle, près de succomber au centre sous les meilleures troupes, que Darius avait placées dans son corps de bataille. Dès ce moment la déroute devient générale. Les Perses, repoussés de tous côtés, ne trouvent d'asile que sur leur flotte, qui s'était rapprochée du rivage. Le vainqueur les poursuit le fer et la flamme à la main ; il prend, brûle ou coule à fond plusieurs de leurs vaisseaux, les autres se sauvent à force de rames (Barthélemy). » Hippias, qui avait guidé les Perses et qui avait combattu dans leurs rangs, fut trouvé parmi les morts (490).

Darius, occupé à réprimer une révolte de l'Égypte, fut contraint de laisser à la Grèce plusieurs années de repos ; il avait cependant fait d'immenses préparatifs contre elle, lorsqu'il mourut en recommandant à son fils *Xerxès* de ne pas oublier l'injure de Marathon (485).

Athènes, qui avait vaincu presque seule, Athènes, qui avait sauvé la Grèce, souilla sa gloire pendant la paix. Miltiade, le héros de Marathon, fut, pour une légère défaite, jeté dans un cachot comme un criminel, et y périt de misère. Aristide, cet homme sage, que sa haute vertu rendait l'arbitre de la république, la lumière des tribunaux eux-mêmes, fut banni d'Athènes : « Cet homme t'a donc offensé ? demanda Aristide lui-même à un citoyen qui votait son exil. — Non, répondit l'Athénien, je ne le connais pas, mais je m'ennuie de l'entendre toujours appeler *le juste*. Ainsi se déclarait cette fatale et cruelle légèreté du peuple athénien, qui plus tard fut une des causes de sa ruine; mais alors elle était dominée encore par le patriotisme. Athènes tuant ou bannissant ses grands hommes, leur trouva pourtant un successeur. Ce fut *Thémistocle*, homme adroit, éloquent et brave, qui s'était déjà distingué à Marathon. Coupable peut-être, par jalousie du pouvoir, de l'exil d'Aristide, il se fit pardonner trop d'ambition en sauvant sa patrie. Il détermina les Athéniens à consacrer des sommes considérables à la construction d'une puissante marine, avec laquelle il put détruire les forces navales des habitants d'Égine, peuple de pirates, qui depuis longues années infestaient la mer de l'Archipel. En même temps, il s'occupait activement d'exercer les troupes, de régler l'administration, de s'assurer l'alliance des états voisins. Tout était prêt quand Xerxès parut.

Le grand roi s'était mis lui-même en marche pour venger l'opprobre de son père (481). Il avait rassemblé de toutes les parties de son vaste empire des troupes innombrables. L'Hellespont tout entier fut couvert de ses vaisseaux. Un pont de bateaux établi pour en joindre les deux rivages ayant été rompu par les flots, Xerxès fit flageller la mer et lui jeta des chaînes. Le pont fut rétabli, et l'armée persane mit sept jours et sept nuits à le traverser. Le mont Athos fut séparé du continent par un large canal, pour livrer passage à la flotte, et plusieurs millions d'hommes inondèrent la Grèce.

Ce fut une consternation générale. L'armée des Perses, animée par les promesses des devins, s'avançait à travers la Thrace, et cette invasion semblait une marche triomphale. Le grand roi recevait de toutes parts la soumission des peuplades épouvantées. Les Thessaliens, les Thébains, les Argiens, implorèrent sa clémence. L'oracle n'osa plus donner que des réponses évasives. Mais tous les Grecs n'avaient pas encore désespéré de la patrie. Les députés de plusieurs républiques se réunirent à l'isthme. Abjurant toutes les animosités particulières, ils prirent d'un commun accord les mesures nécessaires pour la défense générale, et envoyèrent demander des secours aux colonies d'Italie et de Sicile ; mais comptant d'abord sur leur propre courage, les guerriers d'Athènes et de Sparte s'engagèrent à périr plutôt que de se soumettre. *Léonidas*, roi de Sparte, fut posté aux Thermopyles ; Thémistocle l'Athénien, *que les trophées de Miltiade empêchaient de dormir*, commandait avec *Eurybiade* le Spartiate une flotte qui croisait devant l'Eubée. Cependant Xerxès avançait. Arrivé aux Thermopyles, il envoie demander à Léonidas ses armes. « Viens les prendre, » répond le héros. Xerxès furieux ordonne à ses soldats d'exterminer cette poignée d'insolents. Toutes les attaques furent inutiles ; une foule de Perses périrent dans le défilé, où ils ne tiraient aucun avantage de leur nombre, « et le grand roi put se convaincre qu'il avait beaucoup d'hommes, mais peu de soldats. » (Hérodote).

La trahison vint au secours des Perses ; un pâtre découvrit à Xerxès un sentier caché par lequel on pouvait franchir la montagne à travers les rochers et les bois, et bientôt Léonidas apprit que les meilleures troupes des Perses étaient descendues dans la plaine. A cette terrible nouvelle, il renvoie la plupart de ses compagnons, et, à la tête de ses Spartiates et de quelques Thespiens qui veulent partager son sort, il fond pendant la nuit sur le camp des Perses ; il renverse les postes avancés, pénètre jusqu'à la tente du roi, qui s'enfuit à la hâte, et meurt avec ses trois cents compagnons, après avoir égorgé vingt mille Perses. Pendant longtemps on put lire sur des colonnes élevées aux Thermopyles cette simple et noble inscription : « Passant, va dire à Lacédémone que nous reposons ici, morts pour obéir à ses lois. »

Cependant le passage était forcé, et Xerxès se mit à ravager la Grèce. Thémistocle comprit qu'il fallait laisser écouler le torrent, sans prétendre y résister. Un oracle ordonnait aux Athéniens de se retirer dans des murs de bois ; Thémistocle, qui l'avait dicté peut-être, l'interpréta

d'après ses plans. Il transporta tous les Athéniens sur
leurs vaisseaux, et la ville de Minerve fut livrée aux flammes par l'ennemi, tandis que ses plus braves citoyens se
préparaient à couronner leur sacrifice par un généreux
effort. Thémistocle, chargé du commandement, s'en'montra digne à *Salamine.*

Il avait réuni tous les vaisseaux des Grecs dans un détroit où la flotte persane ne pouvait l'attaquer qu'avec
peine. Le Spartiate Eurybiade, jaloux des premiers succès de Thémistocle, combat tous ses projets, et va jusqu'à
lever son bâton sur l'Athénien : « Frappe, mais écoute, »
répond Thémistocle. Par ce sang-froid, il en impose à son
adversaire, et parvient à faire triompher son avis, d'où
dépendait le salut de la Grèce. Aristide le banni avait dans
le péril commun oublié ses injures : il vint joindre Thémistocle la veille du combat, et lui offrit le secours de sa
sagesse et de son expérience. Les vaisseaux persans attaquèrent en désordre la flotte grecque, rangée dans un
étroit espace. Embarrassés par leur multitude même, ils
furent coulés à fond par les galères des Grecs. Les marins
d'Ionie et de Carie, que Xerxès avait forcés à s'armer
contre leur ancienne patrie, combattirent seuls avec une
grande valeur. La reine des Cariens, *Artémise*, ne prit la
fuite qu'après une défense intrépide. Mais tous cédèrent
enfin, et le succès des Grecs fut complet. Xerxès, qui
s'était promis d'assister à un triomphe, vit le désastre du
haut de son trône. Il s'enfuit en toute hâte, et ce roi qui
avait couvert la mer de ses vaisseaux, repassa en Asie sur
une barque de pêcheur, laissant derrière lui Mardonius
avec trois cent cinquante mille hommes (480).

C'était Athènes qui avait vaincu à Salamine. Toute la
Grèce reconnut cet éclatant service; Sparte elle-même rendit à Thémistocle des honneurs éclatants; mais elle avait
commencé la guerre, et elle se chargea de l'achever. Le roi des
Spartiates, *Pausanias*, marcha contre Mardonius à la tête de
toutes les forces réunies du Péloponnèse, qui s'élevaient à
cent dix mille hommes, parmi lesquels se distinguaient

les braves soldats de la ville de Tégée. *Platée* fut témoin du nouveau triomphe des Grecs. La multitude des barbares ne put rien contre la discipline de l'armée de Pausanias. Mardonius fut tué par un Spartiate après avoir combattu avec valeur. La mort du général jeta la confusion parmi les Perses ; ils s'enfuirent en désordre dans leur camp ; mais là, soutenus par quelques Grecs que la jalousie avait armés contre leurs compatriotes, ils se défendirent encore. L'arrivée des Athéniens mit fin à cette dernière résistance : l'armée ennemie fut détruite et dispersée (479). Chaque nation éleva un tombeau aux guerriers morts dans cette glorieuse journée, et Aristide fit adopter par l'assemblée des chefs un décret qui décidait « que tous les ans les peuples de la Grèce enverraient des députés à Platée afin d'y honorer par des sacrifices augustes la mémoire de ceux qui avaient péri dans le combat, et que les Platéens seraient regardés comme une nation inviolable et consacrée à la divinité. » Avec quelle puissance de pareils hommages devaient exalter le patriotisme de tous les Grecs !

Le jour même où fut livrée la bataille de Platée, les flottes réunies des Spartiates et des Athéniens achevaient d'anéantir celle des Perses, près du promontoire de *Mycale*. Ce double coup termina la guerre. La Grèce proclama solennellement l'indépendance des colonies grecques. C'était désormais l'Asie qui se voyait menacée. Xerxès vit l'humiliation de ses armes sans pouvoir en tirer vengeance ; il mourut peu après, assassiné par un satrape (472).

§ II. DEPUIS LES BATAILLES DE PLATÉE ET DE MYCALE, JUSQU'A LA FIN DE LA GUERRE MÉDIQUE.

Sparte et Athènes avaient grandi pendant cette guerre, qu'elles avaient soutenue presque à elles seules. Athènes surtout s'était élevée, et laissait entrevoir ses prétentions à dominer la Grèce. Non contente de reconstruire ses édifices renversés pendant la guerre, et de les enrichir des dépouilles des Perses, elle voulut se mettre désormais à l'abri de toute attaque en bâtissant de vastes fortifications. Les Spartiates et les autres peuples s'en inquiétèrent, et défendirent aux Athéniens de continuer leurs travaux. Mais Thémistocle les amusa tous par une négociation trompeuse; et tandis que lui-même, envoyé à Sparte comme ambassadeur, calmait par son adroite éloquence les inquiétudes du sénat, à Athènes le peuple tout entier, hommes, femmes, enfants, travaillaient jour et nuit aux fortifications de la ville, employant pour matériaux les pierres des édifices publics, des temples, des tombeaux mêmes. Quand enfin les Spartiates s'aperçurent de la ruse, les remparts étaient terminés, et une longue muraille joignait à Athènes le port du Pirée, où chaque année Thémistocle avait fait construire soixante galères. Sparte ne pardonna pas au vainqueur de Salamine. Ses intrigues, secondées par l'ingrate inconstance des Athéniens, chassèrent le grand homme dans les états du roi de Perse : il s'y empoisonna bientôt, pour ne pas être forcé de prendre les armes contre sa patrie.

Les Grecs avaient repoussé l'invasion ; mais ils ne devaient pas se croire vengés tant que la guerre n'aurait eu que la Grèce pour théâtre. On résolut de la transporter en Asie. Les villes alliées s'imposèrent un tribut pour la guerre asiatique, et les sommes furent confiées à la garde du vertueux Aristide, qui mourut quelque temps après, sans laisser de quoi fournir aux frais de ses funérailles.

Pausanias, le vainqueur de Platée, fut mis à la tête des forces réunies. Byzance et l'île de Chypre furent enlevées aux Perses ; mais Pausanias, enorgueilli de ses succès et corrompu par l'or des Perses, médita l'asservissement de la Grèce. Ses menées furent découvertes ; il fut rappelé, condamné par les éphores, et réduit à se réfugier dans l'asile inviolable d'un temple. On n'osa pas l'en arracher ; mais on mura les portes de l'édifice, et le traître y mourut de faim. La mère de Pausanias avait apporté la première pierre du tombeau de son fils vivant. Telle était la vertu spartiate.

§ III. EXPÉDITION DES GRECS CONTRE LES PERSES.

Le commandement fut donné à *Cimon*, fils de Miltiade. Brave et habile comme Thémistocle, sage comme Aristide, il travailla avec un merveilleux succès à son double dessein, l'humiliation des Perses et l'élévation d'Athènes. Le moment était favorable pour une guerre contre la Perse. Le fils de Xerxès, *Artaxerxès Longuemain* (471), était monté sur le trône après une longue guerre civile contre le meurtrier de son père. Cimon ravagea toute la côte d'Asie, qu'il trouva sans défense ; et quand il rencontra les Perses, il détruisit leur flotte et leur armée. La guerre fut suspendue après un échec des Athéniens en Égypte, où le plus ambitieux des peuples de la Grèce avait été chercher de nouveaux ennemis. Cimon fut envoyé en exil par le caprice populaire ; mais il fut rappelé assez tôt pour prévenir une conflagration générale dont la haine de Sparte et d'Athènes menaçait la Grèce. Cimon, par ses talents et son irréprochable renommée, étouffa les murmures soulevés par les prétentions orgueilleuses de sa patrie, fit poser les armes aux Spartiates, établit la suprématie d'Athènes ; et mourant de ses blessures après sa dernière victoire sur les Perses, il mit le comble à sa gloire en forçant le grand roi, souverain du monde oriental, à signer l'acte ignominieux par lequel il reconnaissait solennellement l'indépendance des colonies grecques en Asie-Mineure (449). L'empire de Cyrus a tremblé devant une ville de la Grèce. Encore un siècle, et la Grèce l'aura renversé.

OUVRAGES A CONSULTER. — Voir les auteurs indiqués aux chapitres précédents, surtout Hérodote ; consulter spécialement dans Plutarque les *Vies de Thémistocle, Aristide, Cimon*, et dans Cornélius Nepos les *Vies de Miltiade, de Thémistocle, d'Aristide, de Pausanias.*

CHAPITRE QUATORZIÈME.

HISTOIRE DES LUTTES INTÉRIEURES DES PEUPLES DE LA GRÈCE, JUSQU'A LA FIN DE LA GUERRE DU PÉLOPONNÈSE.

SOMMAIRE.

Athènes à l'apogée de sa puissance. Jalousie des peuples grecs. Ambition de Périclès. Commencement de la guerre du Péloponnèse. Guerre entre Corcyre et Corinthe ; elle s'étend à toute la Grèce. Invasion de l'Attique. Peste d'Athènes. Mort de Périclès. Succès des Athéniens dans le Péloponnèse. Ils sont battus à Delium. Paix de Nicias. Alcibiade. La lutte recommence. *Expédition de Sicile : Nicias, Lamachus, Démosthène. Désastre des Athéniens.* Alcibiade à Sparte. Victoires des Spartiates. Alcibiade en Asie ; il revient à Athènes. Lysandre. Callicratidas défait aux Arginuses. Destruction de la flotte athénienne sur l'Ægos Potamos. *Siége et prise d'Athènes par Lysandre.* Fin de la guerre du Péloponnèse.

L'époque du traité de Cimon fut pour Athènes l'époque de toutes les illustrations. Victorieuse du grand roi, elle se montrait la cité la plus brillante, la plus civilisée du monde. A la tête de son gouvernement paraissait l'homme le plus capable de lui conserver sa double supériorité de puissance et de lumières : ambitieux comme Pisistrate, comme lui éloquent et habile, *Périclès* avait résolu de placer sa patrie au-dessus de toutes les villes de Grèce, pour y dominer lui-même avec plus d'éclat. Tous les mobiles de la religion, du patriotisme, de l'intérêt, servaient à l'adresse de Périclès pour rattacher la Grèce entière à Athènes. Il fit proposer à tous les états de contribuer à relever ses temples, pour y accomplir les sacrifices promis aux dieux qui avaient abaissé l'empire des Perses. Il voulait ainsi faire d'Athènes le centre de l'union générale des peuples. Plusieurs cités déjà soumises applaudirent, les autres s'indignèrent, Lacédémone surtout, et Périclès put s'écrier avec raison « qu'il voyait la guerre s'avancer du Péloponnèse avec rapidité. »

Déjà la rivalité de Sparte et d'Athènes s'était réveillée plus d'une fois. Athènes avait indirectement soutenu les Hilotes et les Messéniens révoltés contre leurs maîtres, et les avait reçus sur son territoire. Au lieu de s'unir pour punir Argos et les Thébains, alliés des Perses pendant la guerre, Sparte et Athènes avaient pris parti chacune pour l'une de ces villes, et dans la lutte qui s'éleva entre elles, les Athéniens détruisirent la flotte des Spartiates. La paix qui suivit cet échec fut peu sincère. Tout le Péloponnèse, irrité de plus en plus des prétentions d'Athènes, se groupait autour de Sparte. La politique égoïste de Périclès nourrit tous les germes de divisions. En butte lui-même à la jalousie d'une partie de ses concitoyens, il sentit qu'il lui fallait faire naître des événements qui le rendissent nécessaire, et il ne recula pas devant les terribles conséquences d'une guerre générale.

Une querelle entre Corinthe et Corcyre, sa colonie, en fournit le prétexte. Athènes se déclara pour les pirates de Corcyre contre les Corinthiens, alliés de Sparte (432). Celle-ci demanda hautement satisfaction à sa rivale pour les insultes que son despotisme prodiguait à la moitié de la Grèce. Le peuple d'Athènes, animé par Périclès, répondit avec arrogance, et la guerre du Péloponnèse commença.

(431) Sparte avait pour elle tout le Péloponnèse, excepté l'Argolide et l'Achaïe; Athènes, la Grèce centrale et les îles, excepté la majeure partie de la Béotie. Sparte avait une armée de terre plus considérable, la flotte d'Athènes était plus nombreuse; aussi le territoire de l'Attique fut-il envahi, tandis que les côtes du Péloponnèse étaient ravagées par la flotte ennemie tout entière. Jamais guerre ne fut plus acharnée, plus affreuse. Une armée de soixante mille hommes, sous les ordres du roi de Sparte, oblige les Athéniens à se renfermer dans leurs murs, tandis que leurs campagnes sont dévastées par le fer et par le feu. La peste bientôt joint ses horreurs à celles de la guerre. Le dévoue-

8.

ment du médecin *Hippocrate* n'arrête pas la contagion ; elle atteint Périclès lui-même, qui succombe au milieu du bouleversement général, osant bien se vanter de n'avoir fait porter le deuil à aucun citoyen. Les maladies et la famine avaient chassé les Spartiates ; mais ils renouvellent sans relâche leurs invasions pendant les années suivantes, et, avec leur secours, les Thébains massacrent de sang-froid les défenseurs de la république de Platée, malgré l'inviolabilité solennellement promise. Les Athéniens transportent à leur tour la guerre dans le Péloponnèse, où ils raniment l'insurrection des Messéniens et des Hilotes ; la flotte lacédémonienne tombe en leur pouvoir ; les Thébains, vaincus dans une grande bataille, abandonnent leurs alliés, et Sparte, pressée de toutes parts, est réduite à demander la paix (424).

Athènes, enivrée par son triomphe, la refusa dédaigneusement ; mais elle eut bientôt à se repentir de son fol orgueil. Son armée fut battue complétement à *Délium*, où le jeune *Xénophon* fut sauvé par *Socrate*. En même temps le roi de Macédoine s'unit à Brasidas, général des Spartiates, et chassa leurs rivaux des côtes de la Thrace. Les Athéniens cette fois acceptèrent une trêve avec empressement. Toutefois deux généraux spartiates recommencèrent les hostilités au mépris de la foi jurée ; mais ils furent tués presque aussitôt. La paix fut raffermie par l'Athénien *Nicias*, et un traité d'alliance offensive et défensive fut conclu pour cinquante ans entre les républiques ennemies (422).

Les haines étaient trop vives pour que cette paix fût de longue durée. Encore une fois, une ambition personnelle ralluma la lutte, qui allait devenir fatale à Athènes plus par ses divisions intérieures que par les efforts de ses ennemis. *Alcibiade*, l'héritier de Périclès, homme doué de talents immenses, mais plein d'une ambition plus grande encore, voulut ruiner l'influence que venait d'acquérir Nicias par ses habiles négociations. Il excita par ses intrigues les peuples du Péloponnèse contre Sparte, qui dut reprendre les armes pour sa défense. Elle ouvrit les hostilités par la victoire de Mantinée, gagnée sur les alliés des Athéniens. Ceux-ci, malgré les périls qui les menaçaient en Grèce, malgré le mauvais succès d'une expédition contre la Macédoine, n'écoutèrent que les conseils intéressés d'Alcibiade, et rêvant la conquête de toutes les contrées d'alentour, ils résolurent d'attaquer la Sicile.

Deux grandes dominations se partageaient alors la Sicile. Les Carthaginois, après la victoire qu'avait remportée sur eux le roi Gélon, avaient cessé de lutter contre Agrigente et contre Syracuse. Ils occupaient paisiblement la partie occidentale de la Sicile, et ne s'occupaient que de leur commerce avec les pays voisins. Syracuse était la cité la plus puissante de toute la Sicile, surtout par son union avec la ville de Géla, qui, depuis que Gélon avait régné sur les deux villes, ne se sépara guère de la grande colonie corinthienne. La gloire de Syracuse avait été brillante sous le règne d'*Hiéron* (478-467), vainqueur d'Agrigente (voir chap. XII), maître de toute la Sicile orientale, jaloux de la gloire des arts et des lettres plus que de celle des armes, et qui appelait à sa cour les poëtes *Simonide, Epicharme, Pindare*. Après un prince aussi illustre, les Syracusains ne supportèrent pas longtemps la tyrannie du tyran *Thrasybule*; ils rétablirent le gouvernement républicain dans leur ville (466) et dans toutes les cités voisines; puis, reprenant leurs projets de domination, ils vainquirent les anciens Sicules, humilièrent Agrigente, accablèrent les Léontins, qui demandèrent des secours aux Grecs. Les Athéniens connurent alors pour la première fois le chemin de la Sicile, vers laquelle les portait une constante ambition. Alcibiade n'eut pas de peine à les engager de nouveau dans cette voie fatale, quand la petite ville d'Égeste implora leur protection contre Syracuse.

Alcibiade fut chargé avec Nicias et Lamachus du commandement de la flotte. Il partit malgré une accusation de sacrilége portée contre lui, et il commença la guerre par d'éclatants succès (415). Naxos, Catane, se livrèrent à lui, entraînées par les artifices de son éloquence. Messine allait céder à ses intrigues. Mais à Athènes il avait des adversaires qu'il ne pouvait combattre. Une galère athénienne vint l'arracher à ses premiers exploits pour le forcer de répondre à l'accusation qui le poursuivait toujours. Alcibiade furieux s'enfuit chez les ennemis de sa patrie, tandis que ses concitoyens le condamnaient à mort.

Dès lors la fortune changea. Tandis que Nicias, opposé à l'entreprise qu'il était chargé de conduire, perdait un temps précieux au siége de quelques petites places, les Syracusains reprenaient courage, luttaient contre l'armée athénienne avec persévérance, et demandaient des secours aux Spartiates. Ceux-ci, par les conseils d'Alcibiade, envoyèrent en Sicile l'habile et actif général *Gylippe*, et pressèrent l'équipement d'une flotte. Le vieux Nicias perdait un temps précieux à entourer Syracuse d'un long mur de circonvallation, et attendait patiemment le résultat des divisions intestines qu'il avait soulevées dans la ville, quand le Lacédémonien parut avec quelques troupes, et signala sa présence par de rapides succès. Une flotte nombreuse, équipée par les alliés des Spartiates, parut presque aussitôt sur les côtes de Sicile (414).

Pressé par terre et par mer, Nicias réclame des renforts. Le général Démosthène est envoyé avec soixante-quinze vaisseaux et cinq mille hommes; mais la flotte est détruite en quatre combats. La peste se met dans l'armée athénienne, et Gylippe la tient assiégée dans son camp. Épouvantée par une éclipse de soleil, elle veut s'échapper en cherchant une retraite dans l'intérieur de l'île. Gylippe la suit pas à pas, la harcèle sans cesse, et l'anéantit enfin dans une bataille, où les deux chefs des troupes ennemies, Nicias et Démosthène, sont faits prisonniers.

Syracuse délivrée usa cruellement de sa victoire. Malgré tous les efforts de Gylippe, les deux généraux furent condamnés à mort et lapidés, dit-on, par les Syracusains; les soldats athéniens furent envoyés aux mines et aux carrières. Plusieurs gagnèrent leur liberté en chantant à leurs maîtres quelques passages d'Euripide, poëte chéri à Sy-

racuse. « Les fugitifs trouvaient à boire et à manger en
répétant ses vers (Plutarque). » Ainsi du moins Syracuse
se montrait fille de la Grèce.

Tous ces événements étaient les résultats de l'arrivée
d'Alcibiade à Sparte. Il avait décidé l'expédition de Gylippe, il avait fait commencer en même temps la guerre
dans la Grèce même. « Le poil rasé jusqu'à la peau, se
baignant dans l'eau froide, mangeant du pain bis et du
brouet noir, il disposait les rudes esprits de Laconie,
comme il soulevait naguère les passions tumultueuses de
l'Attique. »

Athènes, consternée du désastre de la Sicile, était réduite à employer le trésor sacré, que l'on gardait pour
les moments d'extrême danger. Le roi de Sparte, Agis,
posté dans l'Attique, la ravageait impunément. Une victoire remportée sur terre par les Athéniens ne put arrêter
qu'un moment les progrès des alliés. Tout à coup Alcibiade fit encore une fois changer le sort de la guerre.

Chassé de Sparte, où il avait excité contre lui la haine
du roi Agis et la jalousie des grands, il s'enfuit auprès du
satrape Tissapherne, qu'il avait d'abord gagné à la cause
des Péloponnésiens. Mais il ne put voir de sang-froid sa
patrie accablée par une cité ennemie qui avait cessé de le
protéger lui-même. L'habile Athénien renouvela ses intrigues auprès des Perses, qu'il étonna par son luxe et
sa mollesse, comme il avait étonné les Spartiates par sa
frugalité. Il ébranla l'attachement du satrape pour Lacédémone, et le détermina à suspendre ses secours. En même
temps Athènes, qui venait de perdre sa flotte sur les rivages de l'Eubée par la trahison des Chalcidiens, tournait
ses regards vers Alcibiade comme vers son dernier espoir.
On révoqua toutes les imprécations prononcées contre lui,
ses accusateurs furent écartés du pouvoir, et on décréta
solennellement le rappel du banni.

Alcibiade voulut revenir à Athènes non comme un condamné qui a obtenu sa grâce, mais après la victoire, et en
général triomphant (410). Il battit la flotte lacédémonienne,

qui, le prenant encore pour un allié, l'avait laissé approcher
sans défiance ; il détruisit à Cyzique les troupes réunies
des Spartiates et des Perses. Les éphores envoyèrent demander la paix, qu'Athènes refusa avec insolence, au
moment où Alcibiade rentrait à Athènes accueilli par l'admiration et l'enthousiasme de ses concitoyens (407). On le
revêtit des insignes de grand prêtre pour la célébration
des mystères d'Eleusis : on lui donna le choix des généraux,
le commandement suprême ; le peuple voulait le proclamer roi. Ses ennemis se taisaient, comptant sur l'inconstance des Athéniens.

Sparte, forcée de reprendre les armes, opposa à Alcibiade
Lysandre, guerrier habile, politique rusé, « qui savait
coudre la peau du renard à celle du lion, et qui amusait les
hommes avec des serments, comme on amuse les enfants
avec des osselets (Plutarque). » C'était le digne adversaire d'Alcibiade. Il lui enleva quinze galères ; ce léger
revers suffit pour faire tomber tout le prestige qui entou-
rait le général athénien. Il fut rappelé immédiatement,
quoiqu'il eût réparé son échec. Dès lors un esprit de
vertige sembla s'emparer des Athéniens. *Callicratidas*
avait été mis à la place de Lysandre. Ce Spartiate austère,
qui refusait dédaigneusement le secours de la Perse et
aimait mieux se faire écraser avec son armée que de reculer devant les Athéniens, avait été bientôt battu et tué
au terrible combat naval des *Arginuses*, par les dix généraux successeurs d'Alcibiade ; les Spartiates, qui, sous le
commandement de Callicratidas, avaient, quelques mois
auparavant, pris trente galères à *Conon*, amiral des Athéniens, perdirent soixante-dix vaisseaux dans cette désastreuse journée des Arginuses. Mais une tempête empêcha
les vainqueurs de recueillir leurs morts. Le peuple athénien
mit en jugement les amiraux et les condamna au dernier
supplice. Cette barbare folie décida l'issue de la guerre.

Lysandre, rappelé après la mort de Callicratidas (405),
rattache par ses intrigues le jeune *Cyrus*, gouverneur de
l'Asie-Mineure, au parti des Spartiates, et en obtient des

secours considérables. Par une apparence de crainte et de faiblesse, il inspire aux Athéniens une fausse sécurité; et tandis que ceux-ci, se croyant sûrs du succès, délibèrent sur les mauvais traitements dont ils vont accabler les captifs que leur livrera la victoire, Lysandre fond à l'improviste sur les galères ennemies réunies à l'embouchure du petit fleuve Ægos-Potamos, et dont l'équipage est descendu à terre. De la flotte entière, neuf vaisseaux à peine échappent aux Spartiates. Ce désastre fut le signal de la défection de tous les alliés d'Athènes. La plupart des villes maritimes ouvrirent leurs portes à Lysandre, qui s'annonçait comme un libérateur. Enfin il parut devant le Pirée avec cent cinquante voiles, tandis que les rois Agis et Pausanias pressaient Athènes par terre (404). Sparte ne voulut pas détruire sa rivale, mais elle lui imposa de dures conditions. Les Athéniens s'engagèrent à démolir les murailles du Pirée, à livrer leurs galères, à l'exception de douze, à abandonner toutes leurs colonies, à conclure une ligue offensive et défensive avec Lacédémone, à recevoir une garnison et un gouverneur, à subir le mode de gouvernement que leur prescriraient leurs rivaux triomphants. Lysandre insulta à la chute d'Athènes. « Il fit venir des ménétriers qui jouaient de la flûte et du hautbois; au son de leurs instruments il fit démolir les fortifications, et brûla les galères en présence des alliés de Sparte, qui cependant dansaient et jouaient, ayant des couronnes de fleurs sur leur tête (Plutarque, Vie de Pausanias). »

OUVRAGES A CONSULTER. — Pour cette époque consulter spécialement le *Précis d'Histoire Ancienne;* voir Thucydide et les *Vies* de Plutarque.

CHAPITRE QUINZIÈME.

HISTOIRE DE LA GRÈCE ET DE LA PERSE DEPUIS LA FIN DE LA GUERRE DU PÉLOPONNÈSE, JUSQU'A L'AVÉNEMENT DE PHILIPPE, PÈRE D'ALEXANDRE.

SOMMAIRE.

Tyrannie des Spartiates. Les Trente. Assassinat d'Alcibiade en Asie. Thrasybule délivre Athènes. Guerre en Grèce. Darius Nothus roi de Perse. Lutte d'Artaxerxès Mnémon et du jeune Cyrus. *Bataille de Cunaxa. Retraite des dix mille. Exploits d'Agésilas en Asie.* Divisions des peuples grecs. Agésilas rappelé. Bataille de Coronée. Athènes secourue par les Perses. Négociations de Sparte avec le Grand Roi. *Traité d'Antalcidas. Pélopidas délivre la citadelle de Thèbes. Epaminondas. Bataille de Leuctres. Puissance de Thèbes. Bataille de Mantinée. Mort d'Epaminondas.* Thèbes rentre dans l'obscurité. Troubles et révoltes dans l'empire des Perses. Ochus demande du secours aux Thébains. Décadence.

Sparte fit lourdement peser son joug sur les vaincus. Trente magistrats, ou plutôt trente tyrans, furent choisis par Lysandre pour maintenir Athènes dans la soumission par la terreur. Ce fut un atroce despotisme. Toutes les réunions furent défendues : des soldats mercenaires frappaient sans pitié les citoyens qui s'assemblaient sur les places publiques ; une foule de personnages illustres, même de pauvres habitants de la ville, furent envoyés à la mort, sans jugement, par les *buveurs de sang* ; ils firent égorger un de leurs collègues nommé Théramène, qui osait s'opposer à leurs excès. « Les plus forcenés » étaient regardés comme les plus fidèles, les plus perfi-» des comme les plus capables, et la douceur naturelle de » l'homme s'était changée en férocité sauvage. »

Alors les Athéniens pensèrent à Alcibiade, réfugié en

Phrygie auprès du satrape Pharnabaze. Mais la soupçon-
neuse cruauté des Trente le frappa jusque dans cet asile.
Cédant aux intrigues de Lysandre, Pharnabaze envoya
contre Alcibiade une bande de soldats, qui n'osant l'approcher le tuèrent de loin à coups de flèches. Ce fut un
Athénien chassé par les tyrans, *Thrasybule*, qui eut la
gloire de délivrer sa patrie. A la tête d'un grand nombre
de bannis, il s'empara d'une forteresse voisine d'Athènes,
et battit l'armée des Trente. Ceux-ci, divisés entre eux,
accusés par le peuple, s'enfuirent d'Athènes, laissant le
pouvoir à dix magistrats qui appelèrent Lysandre à leur
secours. Mais Sparte s'effrayait de la puissance et de l'ambition de son général. Le roi *Pausanias* vint lui-même
avec son armée arrêter Lysandre, renverser les Dix, et
faire triompher Thrasybule (404).

Une amnistie fut proclamée et le gouvernement démocratique rétabli aussitôt. La mort du sage Socrate, condamné à boire la ciguë, signala le retour de la liberté dans
la plus ingrate cité de la Grèce.

Quoique Sparte eût elle-même sanctionné la délivrance
de sa rivale, elle n'avait pas abandonné ses projets de domination; elle entreprit, sous de frivoles prétextes, plusieurs guerres contre Argos, Thèbes, Corinthe, qui refu-
saient de se soumettre à ses lois. Ces divisions, sans cesse
renouvelées par l'ambition des chefs de Sparte, usaient
peu à peu dans d'inutiles combats les forces de la Grèce,
et la préparaient à subir la protection de cette Asie qu'elle
avait terrassée naguère.

Des intérêts particuliers avaient rapproché plus d'une
fois les deux races rivales. Pendant la guerre du Péloponnèse, les subsides de *Darius Nothus* contribuèrent puissamment au triomphe des Spartiates. La Perse se vengeait
de la Grèce en alimentant ses désordres. Darius étant
mort l'année même de la prise d'Athènes (404), laissant le
trône à son fils aîné *Artaxerxès II Mnémon*, le jeune
Cyrus, simple gouverneur de l'Asie-Mineure, songea à
s'assurer l'appui des Grecs pour disputer l'empire à son

frère. Il fournit à Lysandre des sommes énormes, envoya des présents magnifiques à tous les capitaines grecs. Au premier appel, Lacédémone, Thèbes, Mégare, l'Arcadie, la Thessalie, firent débarquer treize mille hommes de leurs meilleures troupes sur le rivage d'Asie. L'ambitieux Cyrus avait déjà tenté d'assassiner son frère, et n'avait échappé que par les prières de sa mère à un juste châtiment. La clémence d'Artaxerxès ne fit que l'encourager à la révolte, et il marcha soutenu par les treize mille Grecs vers la Mésopotamie, où il rencontra l'immense armée du roi. La bataille se livra près de *Cunaxa* (401). Les Grecs mirent en fuite toutes les troupes qui leur furent opposées, mais le jeune Cyrus fut tué dans la mêlée. Artaxerxès, quoique battu, était débarrassé de son rival. Les Grecs, réduits à environ dix mille hommes, reprirent le chemin de leur patrie. C'est alors que commença cette fameuse retraite des *dix mille* célébrée par Xénophon, qui en fut l'historien, après en avoir été le héros. Privés de leurs chefs, qui avaient été victimes d'une infâme trahison, harcelés par des troupes innombrables, traversant les fleuves, les montagnes, les déserts, avec une infatigable énergie, attaqués sans cesse, sans cesse vainqueurs, ils gagnèrent enfin les rivages de l'Asie-Mineure : ils étaient encore huit mille cinq cents hommes quand ils touchèrent le sol de leur patrie.

Lacédémone reçut ces troupes héroïques que l'Asie n'avait pu ravir à la Grèce (399). Elle ne craignait pas de se déclarer hautement l'adversaire du grand roi, et elle se préparait dignement à soutenir le rôle brillant que lui avait assuré son triomphe sur Athènes. La gloire du Spartiate *Agésilas* allait égaler celle de l'Athénien Cimon (397). Ce grand homme envahit rapidement l'Asie-Mineure, malgré les intrigues de Lysandre, jaloux de son pouvoir ; il bat le satrape Tissapherne, accepte les sommes considérables que lui offre le successeur de ce satrape pour l'éloigner de sa province, et ne s'en sert que pour faire ailleurs une guerre plus terrible. Il défait et poursuit de province en province Pharnabaze, le plus puissant des satrapes, étonnant la voluptueuse Asie par la sobriété de ses compagnons, comme il épouvante par leur discipline et leur valeur les troupes nombreuses qui lui sont opposées. Les populations se déclarent de toutes parts en faveur du Grec triomphant ; l'Égypte révoltée lui promet une diversion utile ; Xénophon, ami d'Agésilas, l'exhorte à tenter la conquête de l'Asie ; déjà il marche au centre de l'empire.

La jalousie d'Athènes contre Sparte sauva le grand roi. Une ligue s'organisa contre la cité qui soutenait avec tant d'éclat la cause de toute la Grèce, et Artaxerxès se hâta d'envoyer aux alliés de l'argent et des vaisseaux. Des orateurs vendus réveillèrent les haines assoupies, et Corinthe, Argos, Thèbes, Athènes, réunirent leurs soldats contre les Spartiates. Ceux-ci se préparèrent à la résistance et mirent à leur tête le vieux Lysandre. Mais ce général fut vaincu par trahison, et quelques mois après, la flotte lacédémonienne fut détruite par *Conon*, qui commandait les galères d'Athènes : Sparte rappela Agésilas.

Le vainqueur d'Artaxerxès de retour en Grèce soutint dignement sa haute renommée, en remportant sur les alliés la terrible bataille de *Coronée* (394) ; mais il pleura sur des trophées arrosés par le sang de tant de Grecs. Tout couvert de glorieuses blessures, il fit une noble diversion aux tristes discordes de la Grèce en se faisant porter à Delphes pour y consacrer les dépouilles de l'Asie. Athènes osait bien en même temps renouveler son alliance avec les Perses, et, à l'aide de leurs trésors, elle achevait de relever ses murs.

Les Spartiates comprirent bientôt qu'ils ne pourraient lutter contre Athènes et la Perse réunies. Des négociations furent entamées avec le grand roi et conduites par Antalcidas, homme éloquent et subtil, mais décrié pour la corruption de ses mœurs. Cet indigne représentant de Sparte ne sut obtenir, malgré toute son adresse, qu'un traité honteux, que les historiens désignent sous le titre de *paix d'Antalcidas*. La principale clause portait que toutes les cités grecques de l'Asie-Mineure, avec l'île de Chypre et la péninsule de Clazomène, appartiendraient à la Perse en toute souveraineté, et que tout état qui dérogerait à cette convention encourrait l'indignation du grand roi. On était loin du glorieux traité de Cimon (387).

Sparte, au prix de cette humiliation, put continuer à dominer la Grèce. Mais l'abus de sa puissance la perdit. Elle s'était emparée en pleine paix de la citadelle de Thèbes, et avait établi ses magistrats dans la ville. *Pélopidas* forma une conspiration contre ses oppresseurs. Un traître envoya aux magistrats réunis dans un festin un billet où les projets des conjurés étaient dévoilés : « A demain les affaires sérieuses, » dit l'un des Spartiates, sans même lire le billet. Le lendemain, ils étaient tués ou chassés, et Thèbes avait recouvré son indépendance.

Cette révolution fut le signal d'une lutte qui tout à coup plaça au premier rang cette cité obscure jusque-là et sans influence. Pélopidas commença les hostilités. Agésilas, qui lui fut opposé, ne savait pas se laisser vaincre; mais il apprenait la guerre à ses ennemis par ses victoires mêmes, et malgré plusieurs défaites, les Thébains, à force d'opiniâtre courage, se firent des alliés et s'emparèrent de quelques villes. Enfin un héros parut à la tête des armées thébaines. C'était *Epaminondas*, citoyen noble et riche, mais élevé dans les principes austères de la philosophie pythagoricienne, et que sa rare modestie retenait depuis longtemps dans l'obscurité, lorsque Thèbes sut, pour son honneur, découvrir et apprécier ses talents. Dès que ce grand homme se fut joint à Pélopidas, l'issue de la lutte ne fut plus douteuse. A *Leuctres*, il tua quatre mille ennemis et l'un des deux rois de Sparte (371). Le *bataillon sacré*, commandé par Pélopidas, avait décidé la victoire.

Sparte supporta ce désastre avec une fermeté digne du peuple de Léonidas. Les parents de ceux qui avaient été tués à Leuctres prirent des habits de fête. Les familles des lâches qui avaient sauvé leur vie par la fuite témoignèrent une douleur profonde. Agésilas cependant leva une nou-

velle armée, tandis qu'autour d'Épaminondas vainqueur
se réunissaient les troupes d'une foule de cités. Soixante-
dix mille hommes envahirent la Laconie. Il fallut toute
l'habileté d'Agésilas pour étouffer une sédition dans
Sparte, diviser et dissiper l'armée d'Épaminondas, qui
fut forcé de battre en retraite, et privé du commandement
à son retour.

Thèbes se plaçait à la tête de toutes les villes ennemies
de Lacédémone, et se fortifiait de l'alliance d'Artaxerxès,
roi des Perses; mais déjà sa puissance inquiétait la Grèce,
et Athènes se rapprochait des vaincus. Les Arcadiens, alliés des Thébains, perdirent, près de Médée (367), la
bataille sans larmes, qui ne coûta pas un seul homme
aux vainqueurs. Quelque temps après, Pélopidas fut tué
dans un combat contre un tyran de Thessalie. Les Thébains remirent Épaminondas à la tête des troupes, et trois
fois encore ses invasions rapides épouvantèrent les Lacédémoniens. Sparte vit les étrangers pénétrer jusque dans
ses murs; mais le vieil Agésilas, malgré ses quatre-vingts
ns, repoussa les ennemis et sauva sa patrie.

Enfin toutes les forces des deux partis se rencontrèrent
à *Mantinée* (363). Les troupes de l'Eubée et de la Thessalie grossissaient les rangs de l'armée thébaine; les
Éléens, les Achéens et les Athéniens étaient unis aux
Spartiates. Les Thébains furent vainqueurs, mais leur
général fut blessé à mort. Ses amis gémissaient de voir un
si grand homme périr sans postérité : « Je laisse deux
filles immortelles, répondit-il, Leuctres et Mantinée. »
C'était assez pour sa gloire. Mais Thèbes n'avait grandi
que par lui. Elle retomba d'elle-même dans son obscurité.

Pendant cette période, la Perse s'était constamment
attachée à cette politique de division qui avait amené le
traité d'Antalcidas; mais elle-même se divisait encore davantage. Artaxerxès avait soutenu les Thébains contre les
Spartiates, malgré la révolte de plusieurs provinces, malgré le soulèvement de l'Égypte. On vit encore Sparte, qui

avait été forcée de rappeler Agésilas du milieu de l'Asie,
l'envoyer dans l'Égypte, dont il eut la gloire de régler
quelque temps les destinées. Ce prince termina sa brillante
carrière à quatre-vingt-quatre ans sur les côtes de la
Libye, où une tempête l'avait jeté (361) : Artaxerxès mourut la même année sans avoir rétabli l'union et la paix
dans son vaste empire. De nouvelles révoltes agitèrent
perpétuellement le règne de son fils *Ochus :* un satrape
d'Ionie, *Artabaze*, soutenu par les Athéniens et les
Thébains, taille en pièces une armée de soixante-dix mille
soldats. Le grand roi, sollicitant à son tour l'appui de ces
mêmes Thébains dont Artaxerxès avait aidé les triomphes,
parvient à chasser le satrape rebelle ; mais la Phénicie,
l'île de Chypre, l'Égypte, se soulèvent à la fois. Ochus
ne se soutient qu'à l'aide des secours étrangers, et au
sein de son empire deux satrapes, Mentor et Bagoas, usur-
pent le pouvoir souverain, ne laissant guère au grand roi
que la pompe de ses titres. Une dissolution générale menaçait l'empire de Cyrus, au moment où toutes les forces
de la Grèce allaient se concentrer sous l'influence d'une
seule nation, et se préparer à écraser l'Orient.

OUVRAGES A CONSULTER. — Consulter les ouvrages indiqués ci-
dessus, et en outre la *Retraite des dix mille*, les *Helléniques*
et le *Panégyrique d'Agésilas* de Xénophon.

CHAPITRE SEIZIÈME.

MACÉDOINE.

SOMMAIRE.

§ I. Macédoine avant Philippe. Caranus. Luttes contre les Illyriens et les Thraces. Premiers rapports de la Macédoine et
de la Grèce.

§ II. *Philippe, fils d'Amyntas.* La phalange. Guerres contre les
Pæoniens et les Illyriens. Intrigues de Philippe dans les colonies grecques. Prise d'Amphipolis. Guerre sociale. Progrès de
Philippe en Thessalie. Guerre sacrée. Philippe bat les Phocidiens et entre dans le Péloponnèse. Prise d'Olynthe. Philippiques; Olynthiennes. Première guerre sacrée. Bataille de Chéronée. Philippe, déclaré généralissime des armées grecques,
domine toute la Grèce.

§ I. HISTOIRE DE LA MACÉDOINE JUSQU'AU RÈGNE DE PHILIPPE.

Après l'élévation éphémère de Thèbes, un nouvel état apparaît tout à coup pour établir une domination autrement
importante, autrement durable. Fondé, dit-on, par *Caranus*, de la race d'Hercule (v. 800 avant J.-C.), le royaume
de Macédoine fut longtemps confiné dans son enceinte de
montagnes inaccessibles, et exerça peu d'influence sur les
destinées de la Grèce. Pendant longtemps ses soldats furent occupés à lutter sans relâche contre les sauvages
peuplades de l'Illyrie et de la Thrace. Durant la guerre
médique, les Perses forcèrent les Macédoniens à subir leur
alliance et à leur fournir des troupes contre les Grecs;
mais ces hostilités avec la Grèce durèrent peu. A peine
les Perses avaient-ils disparu, qu'*Alexandre Ier*, roi de Macédoine (496-452), fit reconnaître solennellement son
origine grecque. Pendant la guerre du Péloponnèse, le
roi *Perdiccas*, d'abord allié aux Spartiates, ne tarda pas
à faire la paix avec Athènes. Le successeur de Perdiccas,

Archélaüs (429-405), reçut à sa cour le poëte Euripide, et s'efforça d'introduire dans son pays barbare la civilisation athénienne. Des troubles sanglants, d'interminables guerres civiles, arrêtèrent les premiers progrès de la Macédoine, qui fut livrée pendant cinquante ans à une anarchie effroyable. Durant cette époque désastreuse les destinées du royaume furent plus d'une fois réglées par les Spartiates, les Athéniens ou les Thébains. Après le règne d'*Amyntas* (388-370), qui avait été l'allié des Spartiates, *Alexandre*, l'un de ses fils, fut soumis à l'influence des Thébains, qui emmenèrent en otage Philippe, autre fils d'Amyntas. Le jeune prince apprit l'art de la guerre et du gouvernement à l'école de Pélopidas et d'Épaminondas : digne élève de ces grands maîtres, il allait tirer sa patrie de sa longue obscurité.

§ II. HISTOIRE DE LA MACÉDOINE ET DE LA GRÈCE PENDANT LE RÈGNE DE PHILIPPE.

Philippe, échappé de Thèbes (360), trouve le trône de la Macédoine ensanglanté par le meurtre de deux de ses frères ; il voit le royaume déchiré par la querelle de deux prétendants, que soutenaient les Athéniens et les Thraces, envahi de tous côtés par les Pæoniens, les Illyriens et plusieurs autres peuples du voisinage, inquiété par les prétentions menaçantes des colonies grecques établies sur les côtes. Il fallait chasser les étrangers de la Macédoine, lui rendre ses limites naturelles : il réussit à tout par ce mélange de violence et de ruse, qui fut le constant caractère de sa politique. Également habile et vaillant, usant tantôt de l'adresse, tantôt de la force, Philippe, à la merci des Grecs dans sa jeunesse, allait les obliger tous à marcher sous ses étendards. Un de ses premiers actes fut la création de la *phalange*, corps à peu près invincible par l'immobilité de sa masse, par l'excellence des armes des soldats qui la composaient. « Les hommes de la phalange, autant que la disposition du sol le permettait, étaient rangés sur seize de haut, ce qui composait une masse de fer agissante...; le mouvement était donné par les fantassins armés à la légère et par la cavalerie, qui flanquait toujours les ailes. L'arme principale était la sarisse, longue lance d'environ vingt et un pieds. Les pointes des cinq premiers rangs hérissaient le front de la phalange. A partir du sixième rang, chacun appuyait sa lance sur l'épaule de celui qui le précédait, le bouclier couvrait l'homme entier. » (Schlosser.)

Un corps aussi redoutable a bientôt assuré à Philippe la victoire sur les Pæoniens et les Illyriens. Au bout de deux ans, il a reculé les limites de la Macédoine à l'est jusqu'à celles de la Thrace (358), à l'ouest jusqu'au lac Lychnite. Les côtes de la mer Égée, et surtout la péninsule Chalcidique, étaient couvertes de colonies, athéniennes pour la plupart, qui étaient restées indépendantes de la Macédoine et empêchaient ce royaume d'acquérir aucune puissance maritime. Philippe songea à en préparer la soumission en les isolant par ses intrigues du reste de la Grèce. Il se fit un parti à Pydna, à Potidée, à Amphipolis ; les unes s'unirent volontairement à lui, les autres cédèrent à la force des armes. Les Olynthiens tremblant pour leur liberté, envoyèrent à Athènes des députés qui trouvèrent le peuple prévenu par les promesses insidieuses de Philippe, et ne furent pas même écoutés. Amphipolis, qui, attachée d'abord au parti de Philippe, avait bientôt démêlé ses véritables projets, révéla à son tour ses justes craintes, et n'obtint pas plus de succès. Philippe prit d'assaut Amphipolis, persuadant aux Athéniens qu'il ne cherchait qu'à y rétablir leur pouvoir. Les Athéniens aveugles votèrent des actions de grâces à celui qui les dépouillait.

Pendant qu'il fondait ainsi l'unité de la Macédoine, il travaillait de tout son pouvoir à augmenter la division des peuples grecs, à les armer les uns contre les autres, à susciter des orateurs passionnés et turbulents, à amener enfin les querelles qui lui fournirent bientôt l'occasion d'intervenir directement dans les affaires de la Grèce.

La *guerre sociale*, en armant (358-356) la plupart des peuplades des îles de l'Archipel contre celles du continent,

servit merveilleusement les projets ambitieux de Philippe,
qui déjà poussait vers le midi sa terrible phalange. Laissant
les partis s'affaiblir réciproquement, il intervint en toute
liberté dans les querelles de la Thessalie, dont plusieurs
cités l'accueillirent comme un libérateur. Il établit peu à
peu son autorité dans un grand nombre de villes presque
sans combat et sans bruit ; car *il ne connaissait pas de
ville imprenable, du moment qu'un mulet chargé d'or
pouvait y monter.* L'oracle de Delphes lui avait répondu :
« Sers-toi d'armes d'argent, et rien ne te résistera. »

En même temps, il ne négligeait aucune occasion de se
rapprocher de la nation grecque, dont il rêvait la fusion,
dit-on, avec la race macédonienne. A la naissance d'Alexandre, il invita le philosophe Aristote à se charger de l'éducation du futur roi de Macédoine. Il envoya ses chevaux
disputer la palme olympique, et vainqueur dans la lutte,
il fit frapper sur ses monnaies *un char de forme grecque.*

Bientôt la *guerre sacrée* (355) éclate. Les Phocidiens,
accusés de sacrilége, sont attaqués par les Thébains, et toute
la Grèce prend parti pour les uns ou pour les autres. Philippe se fait déclarer par le conseil amphictyonique vengeur
du temple de Delphes, bat les Phocidiens, garde les villes
prises, et, par ce prétendu service, commence à établir
son influence sur toute la Grèce. Déjà il peut parcourir
le Péloponnèse en se proclamant le protecteur des peuples
opprimés. Une tentative sur l'Eubée échoue par l'habileté
et la valeur de l'Athénien *Phocion*, qui seul eût été capable de lutter avec Philippe, si sa patrie ne se fût livrée
elle-même aux intrigues de son adroit ennemi. Pour se
dédommager de cet échec, Philippe attaque la puissante
colonie d'Olynthe, qui étendait sa domination sur trente-
deux villes de la péninsule chalcidique. C'est alors que le
plus grand orateur d'Athènes et du monde antique, Démosthènes, combattant son rival Eschine vendu au parti
macédonien, fait retentir la tribune de ses éloquentes
Olynthiennes et de ses foudroyantes *Philippiques*, qui
dévoilent toute la politique de Philippe, le signalent comme

un ennemi infatigable, que son activité multiplie, et en même temps comme un usurpateur et un tyran qui mérite, par son impiété et ses parjures, de soulever contre lui les dieux et les hommes. L'or de Philippe est plus fort que les paroles de Démosthènes. La prise d'Olynthe (347) n'excite à Athènes qu'un mécontentement passager. Le Macédonien peut s'emparer des Thermopyles, continuer ses envahissements avec sécurité, depuis que la folle jalousie des Athéniens a enlevé le commandement à Phocion.

Un traité de paix augmente encore son influence en l'introduisant dans le conseil des amphictyons (345).

Une seconde guerre sacrée commença; Philippe fut de nouveau choisi pour punir les sacriléges. C'était la Locride qui cette fois était offerte à son ambition. Sûr désormais de l'accomplissement de ses projets, Philippe ne cherchait plus même à les dissimuler. La prise d'Élatée, qui livrait au roi de Macédoine les passages de la Phocide et de la Béotie, fit ouvrir les yeux aux peuples de la Grèce : la voix patriotique de Démosthènes fut enfin entendue; mais il était trop tard; déjà Philippe était établi sur les frontières de l'Attique. Les Grecs, commandés par d'inhabiles généraux, furent complétement battus à *Chéronée*. Le bataillon sacré des Thébains ne put tenir contre la phalange macédonienne, et Démosthènes s'enfuit le premier, « demandant grâce aux buissons de la route, que dans sa terreur il prenait pour des ennemis (338). » C'en était fait de la Grèce; Philippe se fit déclarer par le conseil amphictyonique généralissime de toutes les armées des différents peuples, régla à son gré leur gouvernement, et déjà il se préparait à porter la guerre en Perse, à la tête des troupes grecques; mais sa tâche était finie. La Grèce soumise, Philippe mourut assassiné (336). Alexandre, son fils, se chargea de soumettre la Perse.

OUVRAGES A CONSULTER. — V. Diodore, Justin, Plutarque. *Vie de Démosthènes.* — Schlosser. — Démosthènes, *Philippiques olynthiennes,* et les auteurs énumérés ci-dessus.

CHAPITRE DIX-SEPTIÈME.

HISTOIRE DE LA MACÉDOINE, DE LA GRÈCE ET DE LA
PERSE, PENDANT LE RÈGNE D'ALEXANDRE LE GRAND.

SOMMAIRE.

Alexandre poursuit les projets de Philippe. Guerre contre les
Thraces, les Triballes, les Gètes, les Illyriens. Insurrection en
Grèce. Alexandre y établit la paix et l'unité.

Darius Codoman, roi de Perse. *Alexandre passe en Asie. Ba-*
taille du Granique. Le nœud gordien. Mort de Memnon le
Rhodien. Maladie d'Alexandre. Bataille d'Issus. Siége de
Tyr ; de Gaza. Alexandre à Jérusalem. Conquête de l'E-
gypte ; fondation d'Alexandrie. Bataille d'Arbelles. Conquê-
tes rapides d'Alexandre. Fuite et mort de Darius. Bessus.
Danger que court Alexandre en Bactriane. Alexandre dans
les Indes. Porus. Retour des Macédoniens. La ville des
Oxydraques. Résultats généraux des conquêtes d'Alexandre.
Sa mort. Nouvelles divisions en Grèce.

Alexandre, dont le génie d'Aristote avait développé la
haute intelligence, avait été formé à la guerre dans les armées de son père, et il avait signalé sa valeur en lui sauvant la vie dans un combat contre les Triballes. Héritier
de ses projets, de son ambition et de ses talents, « il trouva
les Macédoniens non-seulement aguerris, mais encore
triomphants, et devenus, par tant de succès, presque autant supérieurs aux autres Grecs en valeur et en discipline, que les autres Grecs étaient au-dessus des Perses et
de leurs semblables. » (Bossuet.) Alexandre se hâta d'affermir son pouvoir en Grèce, et se fit déclarer, comme son
père, par les amphictyons, chefs des soldats levés contre
la Perse. Les Grecs s'étaient vainement flattés de recouvrer leur liberté à la mort de Philippe : honteux de re-
tomber sous le joug, ils accueillirent avec transport un

bruit mal fondé de la mort d'Alexandre, et s'insurgèrent à la voix de Démosthènes, qu'avait acheté le roi de Perse à grand poids d'or. Alexandre crut devoir faire un exemple, au moment où il allait s'éloigner pour longtemps. La ville de Thèbes, prise d'assaut, fut rasée; le roi n'épargna que la maison du poëte Pindare, par respect pour le génie (335). Il venait de soumettre, malgré leur opiniâtre résistance, plusieurs peuples barbares, qui s'étaient ligués contre la Macédoine, les Thraces de l'Hémus, les Triballes, les Gètes des bords du Danube, les princes illyriens. Il s'était acquis l'alliance de ces tribus, pleines d'admiration pour son courage, et l'amitié des peuplades celtes, qui ne craignaient qu'une chose, *c'est que le ciel ne tombât sur leur tête.* Alexandre put quitter ses états sans laisser d'ennemis derrière lui.

Le roi de Perse, Ochus, était mort assassiné par le satrape Bagoas, qui ne plaça sur le trône le jeune *Arsès*, fils de sa victime, que pour le sacrifier bientôt avec tous ses enfants. *Darius Codoman*, neveu d'Ochus, menacé à son tour par le redoutable ministre, s'en débarrassa par le poison, et put se disposer à faire face aux événements.

Le sceptre de Perse venait de passer aux mains de Darius (336). Ce prince, « qui ne manquait, dit Bossuet, ni d'esprit ni de vigueur, » fit activement ses préparatifs de défense, et leva de tous côtés des troupes innombrables. Ce fut avec trente mille fantassins et quatre mille cinq cents cavaliers qu'Alexandre osa attaquer l'empire de Darius, défendu par six cent mille Perses et cinquante mille Grecs auxiliaires. A peine débarqué en Asie, il va visiter le tombeau d'Achille, le héros d'Homère son poëte chéri : bientôt il est sur les bords escarpés du *Granique*, que défendent les satrapes de Darius; sa téméraire valeur l'emporte sur le nombre des ennemis : il se précipite le premier au milieu des Perses, échappe par le courage de *Clytus* à une mort presque certaine, et force le passage du fleuve. La soumission des côtes de l'Asie-Mineure est le prix de ce premier succès, et Alexandre se lance en avant, après avoir licencié sa flotte, comme pour s'obliger à la victoire en se fermant lui-même la retraite. Un oracle célèbre appelle à Gordium le vainqueur du Granique. Il tranche le *nœud gordien* qu'il n'a pu dénouer, et fait ainsi connaître de quelle manière il prétend à l'empire du monde.

Alexandre n'avait qu'un ennemi redoutable, *Memnon le Rhodien*, qui commandait une armée grecque et se préparait à changer le théâtre de la guerre en faisant une descente sur les côtes de Macédoine; tandis que les trésors de la Perse, répandus à profusion en Grèce, commençaient à détacher le peuple de l'alliance macédonienne. En Asie, un sage système de temporisation allait peut-être déjouer tous les plans hardis d'Alexandre; mais Dieu avait résolu que rien n'arrêterait le conquérant vengeur des abominations asiatiques. Memnon meurt au commencement de la campagne, et le héros macédonien peut marcher en avant. Au sortir des défilés de Cilicie, une maladie le met aux portes du tombeau. Son médecin Philippe lui présente un breuvage qui seul peut le sauver. Une lettre venait d'annoncer au malade que le médecin, gagné par Darius, voulait l'empoisonner. Alexandre épuise la coupe en montrant la lettre au médecin, et cette intrépide confiance lui sauve la vie. Il court aussitôt au-devant de Darius, et taille en pièces ses trois cent mille soldats dans les gorges d'*Issus* (333). La phalange macédonienne avait décidé la victoire. Darius s'enfuit, laissant ses femmes et sa mère aux mains de son ennemi, qui s'honora par sa généreuse conduite envers ses captives.

Toutes les villes de Syrie et de Phénicie ouvrirent leurs portes. Tyr seule osa arrêter Alexandre. Le conquérant, triomphant de la résistance des assiégés, des fureurs de la mer elle-même, unit, par une immense chaussée, la ville au continent, et au bout de sept mois l'emporta d'assaut. Le vainqueur irrité ne sut point pardonner. Tyr fut détruite de fond en comble, les habitants furent vendus comme esclaves, et même un grand nombre périrent, dit-on, mis en croix. Gaza fut traitée de même, et Bétis, son gouverneur, attaché par les talons au char d'Alexandre, fut traîné autour de la ville, comme autrefois Hector autour des remparts de Troie. Jérusalem elle-même, demeurée fidèle aux Perses, allait éprouver la vengeance du Macédonien; mais le grand-prêtre Jaddus parut avec toute la pompe des cérémonies sacrées devant Alexandre, qui, frappé de la majesté du culte du vrai Dieu, s'humilia dans son temple et pardonna à la ville (1).

Désormais aucun obstacle ne l'arrêta plus. Son passage en Égypte, signalé par la fondation d'Alexandrie, ne fut qu'une course triomphale; et les prêtres d'Ammon le proclamèrent fils de leur dieu. Cependant Darius avait réparé sa défaite : toutes les forces de la Perse s'étaient levées à sa voix, et la lutte allait recommencer, terrible, mais décisive. Alexandre reparut en Orient. Darius lui fit offrir alors la cession de toute l'Asie jusqu'à l'Euphrate, et une de ses filles en mariage : « J'accepterais, dit Parménion, un des généraux macédoniens, si j'étais Alexandre. — Et moi aussi, reprit le roi, si j'étais Parménion. » Darius dut tenter encore une fois le sort de la guerre : les deux armées se rencontrèrent à *Arbelles*. Un instant les Grecs plièrent devant une immense armée qui couvrait toute la plaine de ses innombrables bataillons; mais un devin s'écria qu'il voyait un aigle voler au-dessus de la tête d'Alexandre. Les Grecs reprirent courage, et firent des prodiges de valeur à l'exemple d'Alexandre, qui tua de sa propre main

(1) L'historien juif Joseph, auquel nous empruntons les circonstances de ce récit, ajoute qu'Alexandre lut avec admiration dans les livres d'Isaïe les prédictions si claires et si précises par lesquelles ce prophète annonçait quatre siècles à l'avance sa future grandeur. Quoique cet historien soit le seul qui parle du voyage d'Alexandre à Jérusalem, nous n'avons pas cru pouvoir rejeter cette tradition si généralement admise. Elle semblerait d'ailleurs justifiée par le soin que mit partout Alexandre à traiter avec respect les croyances religieuses des nations soumises par ses armes.

l'écuyer de Darius. Ce prince quitta aussitôt le champ de
bataille, et les Perses, qui le crurent mort, ne songèrent
plus qu'à se dérober au fer de l'ennemi. Un grand nombre fut massacré dans la déroute (331). Au bruit de la victoire, tout l'empire de Darius se soumit, et le malheureux
roi s'enfuit vers l'Orient, tandis que son rival parcourait
avec une incroyable rapidité les nombreuses satrapies.
Les plus fortes villes ouvrirent leurs portes presque sans
résistance. A Babylone, Alexandre traversa les rues jon-
chées de fleurs sous ses pas, accompagné d'un magnifique
cortége. Alexandre était maître du plus grand empire de
l'univers; l'Orient, tout entier prosterné à ses pieds, l'a-
dorait. Mais ses jours les plus glorieux étaient passés. On
vit ce dominateur superbe se livrer aux plus honteux
excès de la débauche, et tuer dans un festin le plus fidèle
de ses capitaines, Clytus, qui lui avait sauvé la vie. Maître
de Persépolis, la capitale du royaume, il mit le feu de sa
propre main au palais des rois de Perse pour égayer une
orgie, et entassa, pour plaire à une courtisane, des ruines
magnifiques qui subsistent encore au milieu du désert. Cependant le désir d'étendre encore ses conquêtes l'arracha
à ses honteuses voluptés, et il se mit à la poursuite de Darius. Le malheureux roi, abandonné de tous, fuyait en
Bactriane : le satrape *Bessus* l'assassina, croyant s'en faire
un mérite auprès du vainqueur; mais Alexandre pleura
son ennemi, et la mort du traître vengea le dernier successeur de Cyrus.

De la Bactriane, satrapie de Bessus, Alexandre
passe en Scythie. Mais tandis qu'il lutte contre les belliqueux habitants du désert, Spithamène, successeur de
Bessus, arme la Sogdiane et la Bactriane. Alexandre était
attaqué à la fois en avant et en arrière. Jamais il n'avait
couru un plus grand danger. Il triomphe pourtant à
force d'habileté et de valeur, fait reposer son armée durant tout l'hiver dans la ville de Bactres, et s'avance vers
l'Inde, où sa renommée l'a précédé. La plupart des
peuples se soumettent; *Porus* ose seul résister (327);

battu malgré son courage et malgré le nombre de ses éléphants, il est fait prisonnier et amené devant Alexandre : « Comment veux-tu être traité? dit le vainqueur. — En roi, » répondit Porus. Et Alexandre, admirant cette fière réponse, lui laisse son royaume.

Les Macédoniens pourtant se fatiguaient de ces guerres lointaines : leurs prières et leurs murmures forcèrent Alexandre de s'arrêter. Il revint vers le Midi sans cesser de combattre et de soumettre les peuples qu'il rencontrait sur son passage. Il faillit trouver la mort dans la ville des Oxydraques, où il s'était élancé le premier, en avant des siens, que les échelles rompues empêchaient de le rejoindre. Il voulut enfin marquer le terme de ses conquêtes, et il fit construire sur les bords de l'Hyphase douze autels consacrés aux principaux dieux, par cette inscription où éclate le délire de son orgueil : « A Ammon, mon père; à Hercule, à Minerve, à Jupiter Olympien, au soleil des Indes et à mon frère Apollon. » On sait le mot d'Olympias, mère d'Alexandre, qui écrivait à son fils pour le prier de ne pas la confondre avec Junon. Le roi de Macédoine reprit la route de l'Assyrie, après avoir parcouru sur ses vaisseaux une mer jusque alors inconnue, dont le flux et le reflux épouvantèrent les soldats. Il revit Babylone, ne ramenant avec lui que le quart des soldats qui l'avaient accompagné dans l'Inde. Alors il méditait, dit-on, des projets plus grands encore que tous ceux qu'il venait d'exécuter ; mais les longs rêves de l'ambition allaient s'évanouir; le rôle éclatant et terrible qu'avait joué Alexandre touchait à sa fin. Il avait accompli une œuvre immense en mêlant par tant de secousses le monde d'Orient et le monde d'Occident, jusque alors si complétement séparés. Les fils de la Hellade étaient introduits en Perse. Alexandre adoptait pour lui les coutumes, les mœurs des vaincus; il faisait représenter en Asie les drames des poëtes grecs, et célébrait le mariage de plusieurs milliers de Macédoniens avec des jeunes filles de Perse; lui-même avait épousé une des femmes de Darius; il était parvenu à grossir le camp de son armée

9.

d'un grand nombre de barbares formés à la discipline des Grecs. Il se préparait à creuser des ports et à construire des flottes considérables pour établir des communications entre les rivages de toutes les mers; il avait renversé les barrières que la nature semblait avoir mises entre l'Europe et l'Asie. Tout à coup il fut arraché à ce colossal empire, où de la Thrace à l'Inde il prétendait être roi et dieu. Une débauche de table, ou le poison peut-être, l'emporta à l'âge de trente-trois ans (323). Il mourut sans désigner de successeur, léguant son héritage *au plus digne :* c'était demander de sanglantes funérailles.

Des symptômes de division s'étaient déjà manifestés dans la partie européenne de l'empire d'Alexandre. Ce prince, à l'exemple de Philippe son père, avait établi en Grèce une véritable confédération; mais l'humeur indépendante des diverses peuplades ne pouvait se soumettre à aucune contrainte. Pendant qu'Alexandre renversait l'empire de Darius, les Thraces attaquaient la Macédoine, les Spartiates s'efforçaient d'armer toute la Grèce; malgré les victoires d'Antipater sur les uns et sur les autres, les Athéniens, suivant les conseils intéressés de Démosthènes, se soulevèrent à leur tour, mais ils évitèrent un châtiment assuré en sacrifiant l'auteur de la révolte; quelques jours de tranquillité succédèrent enfin à cette inquiète et stérile agitation.

OUVRAGES A CONSULTER. — Diodore de Sicile. *Expédition d'Alexandre*, par Quinte-Curce. Justin. Plutarque. Arrien. *Expédition d'Alexandre. — Examen critique des anc. hist. d'Alexandre*, par Sainte-Croix. Bossuet. Gillies. Rollin. Poirson et Cayx. Bouillet (*pour la biographie*).

CHAPITRE DIX-HUITIÈME.

CAUSES PRINCIPALES QUI ONT ASSURÉ TOUR A TOUR LA PRÉPONDÉRANCE AUX ATHÉNIENS, AUX SPARTIATES OU AUX MACÉDONIENS DANS LA GRÈCE, ET AUX GRECS DANS L'ASIE AUX DIVERSES ÉPOQUES, ET PRINCIPALEMENT A L'ÉPOQUE DES CONQUÊTES D'ALEXANDRE.

SOMMAIRE.

§ I. Caractère politique des Grecs. Morcellement général, malgré l'influence du conseil amphictyonique, des jeux publics et des fêtes religieuses. Contraste des mœurs de la race ionienne et de la race dorienne. Suprématie de Sparte et d'Athènes due à leurs fortes constitutions. Rapports et différences de leurs législations. Causes de l'élévation successive de Sparte et d'Athènes. Le rôle glorieux d'Athènes dans la guerre médique commence à lui assurer la supériorité; elle l'emporte par la civilisation, les lumières, la puissance maritime. Elle est affaiblie par l'ambition de quelques citoyens, qui détruit l'unité du gouvernement. Ingratitude et légèreté du caractère athénien. Jalousie contre tout citoyen qui devient influent. Sparte conserve plus longtemps sa discipline et ses mœurs. Son triomphe sur Athènes. Décadence générale de la Grèce; l'influence de l'étranger s'y établit. La division des peuples augmente. Élévation éphémère de Thèbes. Affaiblissement universel produit par la longue tyrannie de Sparte et d'Athènes. Politique de Philippe, roi de Macédoine: son ascendant en Grèce acquis par l'adresse, les négociations, les intrigues, autant que par la force des armes.

§ II. Causes de la supériorité des peuples grecs dans leurs rapports avec les peuples d'Asie. — Lutte de résistance contre l'invasion. Énergie et patriotisme des Grecs. Courage exercé par des luttes perpétuelles. Excellence de l'éducation; dévouement des individus au bien général. En Orient, absence de patriotisme, amollissement et corruption des mœurs. Supériorité du système militaire des Grecs. — Lutte d'agression; succès partiels, mais sans résultat décisif tant que la Grèce reste divisée. Dans la deuxième période l'unité est établie par Philippe et Alexandre. Triomphe de l'Europe sur l'Asie.

L'histoire des Grecs a fait comprendre le caractère politique de ce peuple, qui formait non pas un état, mais une multitude de cités bien distinctes, et souvent opposées de mœurs, de gouvernements, d'intérêts, bien qu'elles fussent unies par quelques institutions communes. Mais les principes d'union, fortifiés par la nécessité de soutenir deux fois un grand effort contre l'étranger, s'affaiblissent de nouveau dès que la Grèce, renfermée en elle-même, cesse d'intervenir les armes à la main dans les affaires du dehors. Le conseil amphictyonique n'exerce pas longtemps une utile influence, et devient un tribunal arbitraire dont les arrêts perdent leur autorité; les jeux publics et les fêtes religieuses seules continuent à maintenir entre les Grecs des rapports pacifiques; mais les cités se développent, s'organisent isolément, et les différences d'origine et de mœurs se manifestent dans les institutions. Les principes de division augmentent à mesure que les villes acquièrent une puissance plus indépendante et plus réelle : les dissensions politiques deviennent permanentes, et les deux grandes cités rivales, Sparte et Athènes, exploitent toutes les querelles dans l'intérêt de leur ambition. L'influence guerrière des Grecs à l'étranger est retardée longtemps par toutes les causes qui les divisent : elle ne devient vraiment décisive que lorsqu'une grande domination, en s'imposant à toute la Grèce, y a momentanément établi l'unité.

Nous avons à chercher la raison des faits qui se sont accomplis dans les relations des Grecs entre eux, et dans leurs relations avec les peuples du dehors.

§ 1. RAPPORT DES PEUPLES GRECS ENTRE EUX.

Les rivalités des peuples grecs se rattachent généralement à la querelle des deux races qui, après de longs mouvements de population, finissent par prédominer dans la Hellade et dans le Péloponnèse. Les Héraclides, à leur retour, unissent leur cause à celle des Doriens, les plus belliqueux des enfants de Pélops, qui dédaignent toute autre puissance que celle des armes, tout autre empire que celui de la violence, toute autre gloire que celle de la conquête : ces tribus guerrières se rendent maîtresses de tout le Péloponnèse. Une autre famille pélopide, les Ioniens, amis de la paix, du commerce, de la civilisation et des arts, sont refoulés par leurs frères au delà de l'isthme ; ils s'établissent dans l'Attique et le pays voisin, et y défendent leur indépendance. Mais les Doriens s'efforceront toujours de ressaisir cette proie qui leur est échappée sous Codrus (voir ch. X, § iv).

Sparte, la cité dorienne, et Athènes, la ville des Ioniens, se placent bientôt à la tête des états grecs, et chacune représente une des deux races rivales. Cette supériorité, qu'elles ont conservée à peu près sans interruption, est due certainement à la constitution de ces deux villes, résultat de législations sages, complètes, religieusement observées ; législations assez fortes pour prévenir à Sparte même les révolutions, et appuyer pendant de longs siècles le gouvernement sur des bases inébranlables ; pour subsister à Athènes, et maintenir son action, malgré les changements, malgré les commotions de tout genre, et produire ses derniers fruits au moment où le triomphe des ambitions particulières semblait compromettre toute la régularité du gouvernement. Aussi la prépondérance de Sparte et d'Athènes ne fut elle pas, comme plus tard celle de Thèbes, dépendante du génie d'un homme, elle ne fut pas l'œuvre du talent d'un guerrier. Athènes put envoyer au supplice ses généraux triomphants, renverser elle-même ceux qui l'avaient élevée, et cependant se tenir au premier rang par sa propre vigueur.

Les législations de Lycurgue et de Solon eurent cela de commun qu'elles rapportèrent tout à la patrie, et mirent le patriotisme au-dessus de tous les devoirs ; l'amour de la patrie ne fut pas un sentiment ordinaire, ce fut un culte religieux, et nul ne fut célébré par plus de sacrifices. Aussi Sparte et Athènes paraissent presque les seules villes chez lesquelles le patriotisme n'ait jamais faibli. Dans les beaux temps de la Grèce, un grand nombre de cités cédèrent à la terreur de l'invasion étrangère et composèrent avec l'ennemi. Athènes commença les guerres médiques en sacrifiant à la patrie plusieurs jeunes Perses pour rendre tout accommodement impossible.

Du reste, les deux législations offrent des différences profondes, résultant bien moins des vues particulières des deux législateurs que de la nature des deux peuples. A Sparte, à Athènes, comme partout, la législation a été la conséquence du caractère originaire de la nation bien plutôt qu'elle n'a formé ce caractère. Sparte était la ville des traditions guerrières ; Lycurgue ne fit que la ramener à sa mission primitive, en lui imposant ce régime sévère dont le but était d'assurer le triomphe de la force matérielle. Solon comprit le rôle que devait jouer Athènes, issue de la race polie des Ioniens ; il voulut qu'à la supériorité militaire elle joignît l'ascendant de la civilisation et des lumières ; il l'associa aux destinées communes de la famille ionique, qui faisait régner en même temps sur les côtes d'Asie les arts, les lettres et le commerce.

Sparte dut exercer d'abord la suprématie. Sa constitution, plus ancienne que celle d'Athènes, fit cesser presque immédiatement toute incertitude dans le gouvernement. L'unité fut établie à tout prix dans la nation.

Tandis qu'à Athènes l'ancienne population se servait encore d'un reste de liberté pour revendiquer ses priviléges perdus, à Sparte les vaincus étaient réduits à l'état non de sujets, mais d'esclaves ; à Athènes il y avait des réactions politiques entre des partis divers, des factions opposées ; à Sparte, il n'y eut bientôt qu'un seul élément dans la cité ; les Hilotes n'étaient pas des hommes.

La sauvage énergie de Sparte renouvelée par Lycurgue, ne tarda pas à se manifester dans les guerres de Messénie. La lutte fut terrible entre des ennemis d'égale puissance ;

l'indomptable vigueur des mœurs spartiates décida le succès de la lutte. Mais Sparte était épuisée par ses triomphes, et il lui fallut un long repos pour réparer ses pertes.

Ce fut alors qu'Athènes fut constituée elle-même par
Solon, qui la rendit capable de disputer à Sparte la prépondérance. Les variations fréquentes du gouvernement
avaient été la principale cause de la faiblesse d'Athènes.
Elle dut son rapide essor à la domination forte et paisible
des Pisistratides, qui permit à la législation de Solon de
s'établir, de s'incorporer à la nation, qui mit le peuple
athénien en état de supporter la liberté.

Dès lors plusieurs causes se réunirent pour assurer aux
Athéniens la supériorité sur toute la Grèce, sur Sparte
elle-même. La situation d'Athènes, les coutumes de la
race ionique, dont les colonies étaient répandues sur
toutes les côtes d'Asie, devaient en faire une puissance
maritime. La multiplicité de ses possessions sur la mer
Égée et la mer Ionienne, où toutes les côtes lui étaient
ouvertes par quelque port ou par quelque comptoir, était
pour elle une source inépuisable de revenus constamment
employés à augmenter les forces navales de la république.
Le rôle important qu'elle joua dans la guerre médique, et
que sa marine lui permit d'entreprendre et de soutenir,
détermina son triomphe.

L'origine même des guerres médiques semblait appeler
Athènes à y prendre la plus grande part. Elle s'était portée dès l'abord protectrice de la race dont elle était originaire, et ses vaisseaux étaient allés les premiers défier le grand
roi. Presque tout l'effort de la guerre tomba sur elle. Les
trophées de Marathon sont dus à l'Athénien Miltiade; et si
dans la deuxième guerre le Spartiate Eurybiade eut le
commandement suprême, ce fut réellement Thémistocle et
les galères athéniennes qui remportèrent la victoire. Trois
cents Spartiates étaient morts aux Thermopyles. Athènes
eut aussi son dévouement sublime : elle s'incendia elle-
même pour ne pas laisser ses murs au pouvoir des Perses.

Athènes resta au rang qu'elle avait conquis pendant la

guerre ; sa puissance maritime s'accroissait de jour en jour, et, à l'intérieur, la législation de Solon favorisait les progrès de la civilisation et des lumières. Malgré les efforts de Sparte, Athènes était encore seule capable, avec ses vaisseaux, de soutenir la cause de la Grèce au-delà des mers, et de transporter en Asie le théâtre de la guerre. Les autres états suivirent sa bannière, et un de ses généraux laissa son nom au plus glorieux traité que la Grèce ait conclu avec l'Asie (traité de Cimon).

En même temps tous les talents se développaient à Athènes et entouraient cette cité d'un prodigieux éclat. La magnificence de ses temples, l'éclat de ses fêtes, en faisaient un centre religieux. Sparte restait dans l'ombre.

Mais Athènes fut éblouie par sa gloire. Au milieu d'une république, le peuple remit aveuglément le pouvoir à celui qui l'avait séduit par son éloquence, par le prestige de son génie. L'élévation de Périclès commença le règne d'habiles ambitieux qui subordonnèrent l'intérêt de la patrie à celui de leur grandeur, qui engagèrent des luttes fatales dans des vues particulières, et amenèrent enfin la ruine de la puissance athénienne. Périclès frappa les premiers coups en commençant la guerre du Péloponnèse ; Alcibiade poussa ses concitoyens à la désastreuse expédition de Sicile. Le gouvernement avait perdu toute unité dans sa marche et dans sa direction. Dès lors, la légèreté, qui avait toujours été le fond du caractère athénien, et qui n'avait pu être contenue que par la force des institutions, reprit son déplorable empire, dissipa en folles entreprises les ressources de l'état, sacrifia les citoyens les plus dévoués, et rendit désormais inutiles les efforts des défenseurs de la patrie. L'ingratitude d'Athènes s'était manifestée dans ses plus beaux jours ; cette funeste disposition était presque naturelle dans une république jalouse de ses droits, qui s'alarmait dès que les talents d'un citoyen, ses services mêmes, lui donnaient un ascendant capable de rompre l'égalité et de menacer la liberté de ses compatriotes.

Au moment où la rivalité des deux races éclata dans toute sa violence par la guerre du Péloponnèse, Sparte au contraire avait conservé toutes ses anciennes ressources avec son invariable discipline et ses mœurs inflexibles ; malgré des défaites partielles, des revers momentanés, Sparte fut victorieuse, et Lysandre, entrant dans Athènes, acheva l'œuvre de l'ancienne invasion dorienne.

Sparte triomphante prit le rôle qu'Athènes avait rempli avant elle, et se mit à la tête de la Grèce dans sa lutte contre la Perse ; mais Athènes échappant au joug de sa rivale, se fortifia contre elle du secours des ennemis mêmes de la patrie. Sparte, incapable de lutter à la fois contre les Perses et contre la moitié de la Grèce, interrompit ses victoires pour négocier. Le traité d'Antalcidas lui maintint la suprématie, mais il constata la décadence de la Grèce entière. C'est un fait d'une importance immense. Il était désormais certain que seule et par elle-même la Grèce n'était plus capable de tenter la conquête de l'Orient, et que pour assurer le succès d'une invasion en Asie il fallait l'impulsion d'une force étrangère.

L'élévation de Thèbes fut une nouvelle preuve de l'affaiblissement de Sparte, qu'Agésilas sauva avec peine ; mais cette grandeur soudaine, œuvre du génie de Pélopidas et d'Épaminondas, ne put se soutenir après eux. Elle avait eu pour résultat de jeter en Grèce de nouveaux germes de division.

Tout se préparait pour faciliter le triomphe de la Macédoine.

La longue oppression que Sparte et Athènes avaient exercée sur les cités grecques avait peu à peu détruit en elles, avec la liberté, le patriotisme et l'énergie. Les deux villes dominatrices avaient successivement ôté à leurs *alliés* leur gouvernement particulier, la disposition de leurs revenus et de leurs vaisseaux, l'administration de la justice ; Sparte imposait partout le joug de ses magistrats ; Athènes transformait toutes les constitutions en démocraties irrégulières ; les villes qui résistaient étaient privées de leur

liberté civile et politique : Thèbes dans sa fortune éphémère imita ces odieux exemples. Toutes les cités grecques, incapables de se délivrer elles-mêmes, devaient recevoir les Macédoniens comme des libérateurs.

Athènes et Sparte, qui, à l'époque de Philippe de Macédoine, représentaient la partie la plus vigoureuse de la
Grèce, n'étaient plus en état de disputer l'empire, et
Athènes, après la paix d'Antalcidas, avait fait une tentative inutile de confédération. Le sentiment qui avait fait
leur force principale, le patriotisme semblait s'éteindre,
surtout à Athènes, depuis que l'étranger avait décidé les
affaires de la Grèce. L'orateur qui excita les Athéniens contre Philippe, Démosthènes, était vendu aux Perses.

Philippe, qui par son génie organisa la puissance macédonienne, pouvait agir avec les mêmes moyens matériels
qui avaient rendu Athènes et Sparte supérieures au reste
de la Grèce, qui avaient assuré le triomphe momentané de
Thèbes. Il ne manquait à sa nation aguerrie et belliqueuse
que la discipline : il créa ou réorganisa la phalange, plus
redoutable que le bataillon sacré des Thébains et que l'infanterie spartiate. Il trouva en Thessalie la meilleure cavalerie de toute la Grèce. Il mit en œuvre les ressources
de la partie maritime du royaume, et construisit des flottes
qui le rendirent puissant sur les mers. L'extrême division,
les perpétuelles rivalités des Grecs, favorisèrent les menées
adroites de Philippe, lui fournirent toutes les occasions
d'intervenir par les armes et les négociations dans les
affaires de la Grèce.

Philippe rallia aisément à lui la plupart des cités, auxquelles il rendait leurs lois, leurs magistrats, leur gouvernement. Il n'imposa généralement ni tribut, ni garnison.
Le but de sa politique était de former en Grèce une seule
confédération de cités libres, auxquelles la puissance macédonienne servirait de lien. Les rois de Macédoine devaient être, au moins en apparence, les chefs, non les
maîtres du corps hellénique. Chaque république conservait son droit de vote indépendant sur toutes les affaires

générales. Philippe, vainqueur des Grecs ligués, demanda encore à leur libre élection le titre de généralissime des troupes destinées à combattre les Perses.

Alexandre continua l'œuvre de son père; ses expéditions contre les Grecs n'eurent d'autre objet que de les forcer à accepter une unité qui seule désormais pouvait être leur force et leur salut, et qui assura le succès de la grande querelle avec l'empire des Perses.

§ II. RAPPORTS DES GRECS AVEC LES PERSES.

Avant l'époque des guerres avec la Perse, les Grecs, depuis la prise de Troie, avaient eu peu de rapports hostiles avec l'étranger. Ils avaient agi sur le monde par leurs nombreuses colonies; et cette influence, non moins forte au reste que l'influence des armes, convenait seule à un peuple fractionné en mille états divers, qui isolément ne pouvaient tenter aucune expédition importante, et dont l'union était rarement de longue durée. Si les Athéniens engagèrent les premiers la guerre médique par la prise de Sardes, ce fut pour secourir des alliés, et non pour tenter une conquête.

La lutte des Grecs avec les Perses se présente sous un double point de vue; lutte de résistance contre l'invasion étrangère; lutte d'agression sur le sol ennemi.

Les Grecs, attaqués sur leur propre territoire, avaient à opposer aux Orientaux, outre l'énergie naturelle à un peuple qui défend ses foyers, toutes les ressources de ce courage et de ce patriotisme qui faisaient l'essence même de leur caractère. Le contraste des mœurs explique l'avantage que les Grecs ont constamment conservé pendant l'invasion. En Grèce, tout dans l'éducation tendait à inspirer un dévouement absolu à la patrie; tous les intérêts étaient subordonnés à celui de l'état, ou plutôt, par une admirable combinaison politique, l'intérêt de chacun était confondu avec l'intérêt public. L'éducation, réglée à Sparte et à Athènes par les lois mêmes, donnait aux rapports du citoyen avec la cité toute la force d'un lien de famille. Le citoyen devait tout à l'état qui l'avait gardé, protégé dès sa jeunesse. Plus tard, il s'identifiait plus complétement encore avec la chose publique dans ces cités où chacun était appelé à prononcer sur les grandes questions, où le talent avait l'empire, où les vieillards étaient consultés et honorés comme les pères de la patrie. En Orient, le mot de patrie n'avait pas de sens, l'état n'était qu'un seul homme, arbitre suprème des destinées des peuples. Nul, excepté les privilégiés de la caste sacerdotale, ne participait aux affaires que pour accomplir en esclave les volontés d'un maître ; aucun objet commun, aucun esprit public n'unissaient les sujets : tel était le résultat inévitable du despotisme oriental. Parmi les Grecs, toutes les institutions tendaient à exalter le courage : la nature âpre du sol exerçait les forces physiques : la vigueur et l'intrépidité étaient mises en tel honneur, qu'on leur sacrifiait souvent même les plus précieuses qualités de l'âme. Les luttes perpétuelles des cités voisines tenaient constamment en haleine la valeur militaire, et les peuples entre lesquels la victoire avait hésité tant de fois, devenaient invincibles, quand une cause commune unissait les enfants d'Ion et de Dorus.

En Orient, l'énergie guerrière des compagnons de Cyrus s'était énervée depuis qu'établis dans les molles contrées de l'Assyrie, ils avaient adopté les mœurs des peuples qu'ils avaient domptés. L'aspect seul des armées orientales, encombrées de somptueux équipages, d'esclaves et de harems, prouvait que depuis longtemps les rois de Perse s'étaient habitués à épouvanter leurs ennemis par le nombre de leurs troupes et non par leur valeur. Avec le système militaire des anciens, le nombre devait céder au courage individuel.

Quand les Grecs eurent transporté le théâtre de la guerre sur le sol asiatique, cette supériorité du courage et de la discipline continua à leur assurer l'avantage dans les combats ; et elle se manifesta de la manière la plus éclatante quand on vit dix mille Grecs traverser toute l'Asie occidentale armée contre eux. Mais cette lutte de la Grèce contre l'empire des Perses a deux phases tout à fait distinctes, dont les résultats sont bien divers.

Dans la première période, où les seuls peuples de la Grèce proprement dite paraissent sur la scène, de grands succès partiels répandent la terreur du nom grec sur les côtes asiatiques; mais d'insurmontables obstacles devaient en borner promptement le cours. Déjà, dans l'invasion des Perses, on avait vu plusieurs tribus compromettre le salut de la Grèce en prenant parti pour les étrangers. L'esprit de division, qui alors avait à peine été vaincu par l'imminence du danger et par l'héroïsme des défenseurs de la patrie, reparut avec tous ses désastreux effets dès que l'éloignement du péril laissa renaître les passions et les intérêts particuliers. Si Athènes, profitant de l'ascendant qu'elle avait pris par ses victoires, put entraîner à sa suite la Grèce contre la Perse, et imposer le glorieux traité de Cimon, cet accord éphémère se rompit tout à coup : Athènes fut la première à s'élever contre Sparte, quand celle-ci parut prendre le premier rang. Les intrigues des Athéniens et l'or des Perses suscitèrent des ennemis aux Spartiates dans leur pays même, tandis que leurs guerriers combattaient au loin pour la Grèce. Tous les efforts de Sparte furent frappés d'impuissance. Les brillantes campagnes d'Agésilas n'eurent d'autres résultats que de faire trembler l'empire des Perses, et les Spartiates n'obtinrent pour prix de leurs succès que la triste paix d'Antalcidas.

La seconde période de la lutte d'agression commence avec un tout autre caractère, dès qu'Alexandre, fidèle au système de son père, a groupé autour de lui tous les peuples grecs. La conquête d'Alexandre ne doit pas être considérée comme une expédition isolée des Macédoniens. Alexandre avait besoin du concours des Grecs ; il le comprenait comme Philippe; il fit tout pour l'obtenir, en rattachant la Grèce à la Macédoine. Les deux pays s'unirent d'intérêts et de destinées. Tous deux envoyèrent leurs enfants combattre ensemble contre Darius. Alexandre ne dut réellement sa force qu'à cette unité, établie pour la première fois dans la péninsule hellénique.

Dégagé des obstacles qui avaient entravé jusque-là les succès des Grecs, Alexandre put réaliser tous les plans d'une admirable politique. Il n'avait pas à craindre en Asie l'énergie de ce patriotisme qui avait fait échouer en Grèce tous les efforts des Perses. Deux ou trois batailles le rendirent maître de provinces immenses, habituées à passer indifféremment d'une domination à l'autre. La mort de Darius lui livra presque de droit un empire qui, dans les idées orientales, reposait tout entier sur la tête du monarque et s'identifiait avec lui. L'Asie ne put voir dans Alexandre qu'un libérateur, alors qu'il remplaçait partout l'absolutisme par un gouvernement modéré, qu'il donnait au pays conquis une existence nationale, qu'il appelait l'Orient à une vie qu'il n'avait pas connue jusque alors, tout en lui laissant ses coutumes et ses dieux.

Si la fusion des mondes d'Orient et d'Occident fut un grand résultat qui dura après Alexandre, l'œuvre d'unité réalisée par le conquérant périt avec lui. La Grèce ne comprit pas qu'il lui avait laissé le seul principe possible de force et de puissance pour le moment où elle serait appelée à des luttes plus formidables que ses plus terribles guerres contre l'Asie. Le fol enthousiasme qui éclata après la mort d'Alexandre manifesta tristement cet aveuglement général. L'union avec la Macédoine étant brisée, la rivalité des républiques diverses se ranima plus vive, et prépara la conquête romaine. Quand, à la vue de la catastrophe prochaine, Aratus et Philopœmen voulurent enfin sauver la Grèce en la ramenant à l'unité, les éléments étaient détruits, les sentiments nationaux perdus, les courages énervés. Au moment où la lutte décisive s'engagea, la Grèce, blessée à mort par ses propres mains, ne pouvait plus soutenir son épée.

OUVRAGES A CONSULTER. — Consulter pour ce chapitre le *Précis* de MM. Poirson et Cayx, l'*Histoire du monde* (1er vol.). Le Bas, *Histoire anc.*; Burette, *Cahiers*, etc.

CHAPITRE DIX-NEUVIÈME.

RIVALITÉ ET GUERRES DES GÉNÉRAUX D'ALEXANDRE JUSQU'A LA BATAILLE D'IPSUS.

SOMMAIRE.

Premier partage de l'empire. Perdiccas régent. Soulèvement de la Grèce. Guerre lamiaque. Soumission d'Athènes. Ligue d'Antipater, de Cratère, d'Antigone, de Ptolémée, de Lysimaque, contre Perdiccas et Eumène. Perdiccas assassiné. Antipater régent. Polysperchon lui succède. Nouvelle ligue contre Eumène, défenseur des droits de la famille d'Alexandre. Lutte en Grèce. Mort de Phocion. Olympias fait périr Arrhidée. elle est mise à mort par Cassandre. Lutte d'Antigone contre Eumène, qui est livré par ses soldats. Progrès de la puissance de Séleucus. Projets ambitieux d'Antigone. Ligue contre lui; exploits de son fils Démétrius. Séleucus à Babylone. Cassandre en Macédoine; il fait périr le fils d'Alexandre le Grand et de Roxane, puis Hercule, fils naturel du conquérant, de concert avec Polysperchon. Ptolémée et Séleucus menacent la domination d'Antigone. Cassandre puissant en Grèce. Nouveaux succès de Poliorcète. Les généraux prennent le titre de roi. Lysimaque, Ptolémée, Séleucus, Cassandre, s'unissent contre Antigone. *Bataille d'Ipsus*. Mort d'Antigone.

A peine Alexandre avait-il rendu le dernier soupir, que les généraux s'assemblèrent pour régler le sort de l'immense héritage. Un premier partage se fit avec ordre. Les généraux déclarèrent successeurs à l'empire l'enfant que *Roxane*, femme d'Alexandre, allait mettre au monde, et *Arrhidée*, frère du conquérant; mais ce prince, imbécile dès l'enfance, ne pouvait être qu'un fantôme de roi.

Le plus ambitieux, *Perdiccas*, à qui Alexandre mourant avait laissé son anneau, se fit nommer régent, et laissa les

autres généraux se distribuer les provinces. Nous ne parlerons que des principales.

Lysimaque eut la Thrace; *Antipater* et *Cratère*, la
Macédoine et la Grèce; *Ptolémée*, l'Égypte et les contrées voisines; *Antigone*, *Eumène* et *Cassandre* se partagèrent l'Asie-Mineure. Les satrapies du centre et
de l'Orient furent laissées aux gouverneurs nationaux
qu'Alexandre lui-même y avait établis, et au-dessus
d'eux tous furent placés *Néoptolème*, *Laomédon*, *Mé-
léagre*. *Séleucus* fut déclaré généralissime de la cavalerie
des alliés.

Perdiccas s'était réservé le commandement de l'armée
et de la flotte. A la faveur du morcellement de l'empire,
et sous prétexte de soutenir, en qualité de tuteur, les
droits de la famille d'Alexandre, il prétendit s'élever peu
à peu sur les ruines de tous, et reconstituer pour lui-même
le vaste empire qui se déchirait. Le seul honnête homme
parmi tant d'ambitieux, Eumène, aveuglé par son dévouement au fils d'Alexandre, se joignit à Perdiccas. Les
autres, plus clairvoyants, manifestaient déjà contre lui des
intentions hostiles. Cependant plusieurs révoltes dans les
provinces mal soumises occupèrent d'abord pendant quelque temps les généraux. Les Grecs, qui avaient déjà tenté
de se soustraire à l'ascendant de la Macédoine pendant les
guerres d'Alexandre, se crurent affranchis soudain par la
mort du conquérant. Athènes surtout fit éclater une joie
insensée, et malgré les avis du sage *Phocion*, elle confia
à l'éloquence de Démosthènes le soin de susciter une ligue
contre la Macédoine. La guerre *lamiaque* commença (322).
Les Grecs eurent d'abord l'avantage. Deux armées macé-
doniennes furent vaincues successivement. Mais les alliés,
enivrés par ces succès, licencièrent une partie de leurs
troupes. Une victoire décisive d'Antipater les fit repentir de
leur présomption. Phocion engagea ses compatriotes à demander la paix. Le vainqueur la leur accorda, à condition
que les Athéniens livreraient Démosthènes et recevraient
une garnison dans leur ville. Les Athéniens, habitués à

l'ingratitude, consentirent sans peine; et le plus célèbre des orateurs de l'antiquité, poursuivi d'île en île par les agents de la Macédoine, fut réduit à se donner la mort dans un temple où il s'était réfugié.

Pendant ce temps, Perdiccas faisait la guerre en Asie-Mineure pour assurer à Eumène le royaume de Cappadoce, défendu par Ariarathe. A peine la paix fut-elle rétablie, que les généraux se préparèrent à tourner leurs armes les uns contre les autres.

Perdiccas donne l'éveil à la jalousie de ses concurrents en épousant la sœur d'Alexandre. Aussitôt Antipater, Cratère, Antigone, Ptolémée, se liguent contre lui. Eumène, son allié, est victorieux d'abord; mais Perdiccas périt assassiné par ses propres soldats. Antipater, qui succède à la régence, se proclame le défenseur des droits de la famille d'Alexandre, afin de voiler ses desseins ambitieux; mais il meurt bientôt, et est remplacé par *Polysperchon*, le plus vieux des généraux d'Alexandre. Une ligue se forme de nouveau sous l'influence d'Antigone, qui lève une immense armée, occupe presque toute l'Asie-Mineure, et attache à sa cause le fils d'Antipater, Cassandre, qui a été supplanté par Polysperchon. Eumène, toujours attaché à la famille royale, se déclare pour le régent, et rallie autour de lui l'ancienne armée d'Alexandre, tandis que Polysperchon établit son influence en Grèce.

A Athènes, le pouvoir était entre les mains de Phocion, chargé du gouvernement par Antipater. Demeuré fidèle au parti du fils d'Antipater, Phocion opposait une invincible résistance aux prétentions du régent de Macédoine; il fut condamné à mort dans une assemblée tumultueuse, composée des amis de Polysperchon. Les Grecs, dans leur lâche insolence, osèrent lui cracher au visage, et le sage but la ciguë dans cette ville qui avait fait mourir Socrate, Miltiade, Thémistocle et Démosthène (319).

Antigone, de son côté, fait déclarer Eumène ennemi public, pendant que Ptolémée s'agrandit au midi, et que Séleucus prend pied dans Babylone.

10

L'antique héritage de Philippe est en même temps en proie à une inexprimable confusion.

Arrhidée, ou plutôt sa femme Eurydice, à qui l'ambitieuse Olympias, mère d'Alexandre, menace d'enlever l'autorité, appelle à son secours Cassandre, qui envahit la Macédoine, et chasse Polyperschon. Le vainqueur épouse une sœur d'Alexandre le Grand pour se concilier les Macédoniens, et envoie au supplice Olympias, qui a fait périr Arrhidée. Une épouvantable série d'assassinats commence. Les prétendants à l'empire comprenaient trop bien que la mort seule de leurs rivaux pouvait laisser libre la carrière, et leur ouvrir le chemin au trône.

Antigone avait juré la perte d'Eumène, fidèle toujours à la mémoire de son maître ; il le suit dans la haute Asie, et après une lutte soutenue par son adversaire avec le courage du désespoir, il parvient à se faire livrer par trahison celui qui avait été son ami autrefois; l'infortuné est aussitôt mis à mort: c'était un concurrent de moins (316).

La famille d'Alexandre a perdu avec Eumène son seul appui. Le vieux Polysperchon, effrayé des luttes qui se préparent, abandonne la régence; déjà toutes les petites principautés ont disparu. Cinq gouverneurs restent après tous les autres : Cassandre, Lysimaque, Ptolémée, Antigone et Séleucus.

Antigone ressuscite pour lui le projet de Perdiccas, et inonde toute l'Asie de ses armées; Séleucus cède à sa fortune et s'enfuit auprès de Ptolémée. Une ligue nouvelle se forme contre le plus puissant, tandis que les lieutenants d'Antigone s'emparent de toute la Grèce, excepté d'Athènes et de Mégare. Antigone lui-même triomphe en Asie-Mineure, chasse Cassandre et bat tous ses ennemis à la fois; en même temps son fils *Démétrius*, qui mérita plus tard le surnom de *Poliorcète* (preneur de villes), fait la conquête de la Palestine, de la Phénicie et de la Syrie, que défend en vain Ptolémée. Cependant Séleucus, profitant des mécontentements excités par la tyrannie d'Anti-

gone, reparaît dans la haute Asie, et s'établit définitivement à Babylone. Cassandre, quoique rejeté en Europe,
s'affermit dans la Macédoine; il la conserve malgré le traité
conclu en 311, par lequel Antigone garde toutes ses conquêtes, mais en laissant à Babylone Séleucus, qui en chasse
les troupes de Démétrius Poliorcète.

Les derniers débris de la famille d'Alexandre gênaient
encore les ambitieux; quelques assassinats en firent justice. Cassandre tue le fils d'Alexandre le Grand et de
Roxane. Polysperchon aussitôt reparaît avec le jeune *Hercule*, fils naturel d'Alexandre, et déjà les Macédoniens
sont prêts à donner leur couronne au rejeton du héros.
Cassandre fait proposer à Polysperchon de partager avec
lui la régence, s'il veut faire disparaître un prétendant qui
pourrait un jour les renverser tous deux. L'infâme marché
est accepté, et cimenté par le sang du jeune Hercule : la
race d'Alexandre est éteinte.

L'ambition des généraux en devint plus ardente; désormais nul ne cacha plus ses prétentions. Pendant que Cassandre recueillait le fruit de ses crimes en achevant la soumission de la Grèce, Séleucus joignait à ses états la Perse,
la Médie, la Bactriane et toutes les provinces de la haute
Asie; Ptolémée s'avançait sur les côtes de la Méditerranée.
Antigone, dont la domination était menacée de toutes
parts, reprit les armes, et envoya en Grèce Démétrius,
qui signala son arrivée par des triomphes. Cassandre s'é-
tait emparé d'Athènes, et avait confié le pouvoir à *Démétrius de Phalère*, dont le gouvernement sage et modéré
rappelait celui de Pisistrate. Les Athéniens, dans un moment d'enthousiasme, lui avaient élevé trois cents statues;
ils ne tardèrent pas à l'envoyer en exil, comme Aristide,
pour célébrer en toute liberté les victoires de Démétrius
Poliorcète. Ce peuple, si fier et si jaloux jadis de son indépendance, ne savait plus que saluer la fortune du vainqueur : le résultat de cette lâche politique fut pour Athènes un asservissement complet à l'influence étrangère.

Démétrius Poliorcète est également vainqueur sur mer,

et détruit entièrement la flotte de Ptolémée. Enivré de ses
succès, Antigone prend le titre de roi; ses rivaux imitent
son exemple (307).

Ce n'est pas encore assez pour Antigone; il veut non-
seulement régner, mais régner seul. Ses nouveaux progrès
en Asie, les brillantes expéditions de son fils Démétrius
contre Rhodes et contre la Grèce, suscitent une ligue formidable qui va le punir enfin. Au moment où, vainqueur
de Cassandre, maître de tout le Péloponnèse, proclamé
chef de tous les Grecs, Démétrius se prépare à envahir
la Macédoine, il est rappelé en Asie par son père, que
Lysimaque, Ptolémée et Séleucus menacent à la fois. Les
cinq généraux d'Alexandre se rencontrent à *Ipsus* en Phrygie (301). Toutes les forces des partis étaient en présence;
Antigone avait plus de soixante-dix mille soldats et soixante-
quinze éléphants. Les alliés comptaient soixante-quinze
mille hommes, quatre cents éléphants, cent vingt chariots
armés de faux. La bataille fut terrible. Démétrius, vainqueur d'abord, à la tête de sa cavalerie, se laissa emporter
par son ardeur à la poursuite des fuyards, et quand il revint, son infanterie était en déroute. Le vieil Antigone y
combattit avec toute la valeur de ses jeunes années; mais
il périt dans la mêlée, et Démétrius, accompagné de *Pyrrhus*, alla chercher un asile sur sa flotte; son parti était
désormais abattu. Le fils d'Antigone ne conservait plus
qu'une faible partie de la Grèce et quelques villes sur la
côte d'Asie. Tout le royaume de son père était envahi par
les vainqueurs.

OUVRAGES A CONSULTER. — Justin. Diodore de Sicile. Pausanias. Plutarque. *Vie de Démétrius Poliorcète* et *Vie de Phocion.*
Polybe. — Heeren. Rollin. *Précis. Cahiers d'Histoire ancienne.*

CHAPITRE VINGTIÈME.

HISTOIRE DE LA MACÉDOINE ET DE LA GRÈCE APRÈS LA BATAILLE D'IPSUS JUSQU'A LA RÉDUCTION DE LA GRÈCE EN PROVINCE ROMAINE.

SOMMAIRE.

Formation de quatre grands royaumes : l'Egypte, la Macédoine, la Thrace avec l'Asie Mineure, l'Asie centrale et supérieure. Expéditions de Démétrius Poliorcète, en Grèce, en Macédoine. Troubles en Macédoine. Lutte de Démétrius et de Pyrrhus. Défaite de Démétrius; Antigone Gonatas chassé par Lysimaque, qui est tué par Séleucus. Puissance et gloire de Séleucus, le *vainqueur des vainqueurs.* Ptolémée Céraunus l'assassine et règne en Macédoine. Antiochus en Asie. Céraunus tué par les Gaulois. Lutte de Pyrrhus et d'Antigone Gonatas, qui s'empare du trône de Macédoine et étend son influence en Grèce.— *Formation de la ligue achéenne. Aratus : organisation de la ligue. Réforme de Sparte par Agis III et par Cléomène. Rétablissement de la législation de Lycurgue.* Rupture entre Sparte et la ligue achéenne. Victoires de Cléomène. Aratus demande les secours de la Macédoine. Défaite des Spartiates à Sellasie. Antigone à Sparte. Les Etoliens repoussent l'alliance macédonienne. Ligue étolienne. Politique de Philippe, roi de Macédoine. Son alliance avec Annibal. Il fait mourir Aratus.— Philopœmen, *le dernier des Grecs.* Influence des Romains en Grèce. Philopœmen tue Machanidas, roi de Sparte, et relève la puissance de la ligue achéenne. Guerre des Romains contre Philippe de Macédoine. Sulpicius, Flaminius, Nabis. Bataille de Cynoscéphales. Flaminius proclame la liberté des Grecs. Lutte courageuse des Etoliens contre les Romains ; ils appellent Antiochus , qui est chassé de Grèce. Soumission des Etoliens. Mort de Philopœmen. Intrigues du sénat. — Persée, roi de Macédoine; son avarice imprudente. Guerre avec les Romains. Paul-Emile ; bataille de Pydna. Le sénat proclame l'indépendance de la Macédoine : son despotisme cruel. Andriscus soulève la Macédoine, qui est réduite en province romaine par Métellus. — *Guerre des Romains contre la ligue achéenne.* Diœus et Critolaüs vaincus par Métellus et Mummius. *Prise de Corinthe.* La Grèce réduite en province romaine.

Après la bataille d'Ipsus, quatre grands royaumes se constituèrent : le royaume d'Égypte avec la Palestine et la Phénicie pour Ptolémée ; celui de Macédoine et de Grèce pour Cassandre ; celui de Thrace et d'Asie-Mineure pour Lysimaque ; enfin celui d'Asie centrale et supérieure pour Séleucus (301). Ce partage fut définitif, et ne put être détruit par les expéditions aventureuses de Démétrius Poliorcète, qui continua pendant plusieurs années à parcourir le monde, tantôt roi, tantôt proscrit, toujours les armes à la main. La plupart des villes de Grèce avaient abandonné Démétrius après la bataille d'Ipsus. Athènes, qui l'avait naguère proclamé dieu, lui envoya des députés pour lui signifier qu'il ne pouvait entrer dans la ville, parce qu'un décret en expulsait les rois et condamnait à mort quiconque parlerait d'accommodement avec le fils d'Antigone. Toutefois le vaincu, assez puissant pour se faire craindre, vit son amitié recherchée par Séleucus, qui épousa sa fille. Il lui donna en dot le trésor de Cassandre, qu'il avait enlevé dans une de ses courses, et il reparut en Grèce, où il eut bientôt reconquis le Péloponnèse et forcé Athènes à recevoir une garnison. Les Spartiates, battus à Mantinée, étaient réduits à défendre les murs de leur ville, quand les progrès de Lysimaque et de Ptolémée en Asie forcèrent Démétrius à s'éloigner de Sparte. La conquête de la Macédoine dédommagea Poliorcète de ses pertes en Orient.

Cassandre était mort (298) ; ses deux fils, *Antipater* et *Alexandre*, se disputaient la couronne, et la souillaient par leurs crimes. Démétrius, appelé par l'un des concurrents, dépouille son allié, se fait proclamer roi par l'armée macédonienne, et redescend du nord pour achever la soumission de la Grèce. L'héritier de Cassandre oppose à Démétrius un autre royal aventurier, Pyrrhus, le roi d'Épire. Échappé par une espèce de prodige aux poignards

des assassins de son père, élevé au milieu des armes, doué
d'un génie audacieux, d'une bravoure à toute épreuve
comme Achille, dont il prétendait descendre, Pyrrhus était
un digne adversaire de Poliorcète. Le roi d'Épire apparut
en Macédoine au moment où une nouvelle guerre éclatait
entre Démétrius et Lysimaque. Des mécontentements s'é-
levaient de toutes parts en Grèce et en Macédoine contre
l'orgueilleuse tyrannie du fils d'Antigone. Une victoire de
Pyrrhus entraîna plusieurs peuples dans son parti; les
vainqueurs d'Ipsus se déclarèrent pour le rival de Poliorcète.

Celui-ci avec cinq cents galères et cent dix mille soldats prétendit lutter contre tous ses ennemis à la fois; mais
il fut abandonné de son armée, forcé de fuir en Asie, où il
se mit à la tête de quelques aventuriers, et pilla plusieurs
villes de la Carie et de la Lydie. Traqué comme un bandit
par le fils de Lysimaque, il demanda un asile à son gendre Séleucus, dont il ravagea bientôt les provinces; et
après avoir longtemps erré dans les bois et les déserts, il
fut réduit par la faim et la maladie à se livrer au roi de
Syrie, qui le retint prisonnier (288).

Il ne restait au fils de Démétrius, Antigone Gonatas,
qu'une flotte et quelques villes en Grèce. Pyrrhus vainqueur vit Lysimaque lui disputer le trône de Macédoine.
Le royaume d'Alexandre le Grand se déclara pour un des
capitaines du héros, contre un roi étranger. Pyrrhus quitta
la Macédoine pour aller engager la première lutte entre
l'Orient et Rome. Lysimaque triomphait: enorgueilli par
son élévation, il osa prétendre encore une fois à la domination universelle; mais il subit le même sort que Perdiccas et Antigone.

Les deux derniers généraux d'Alexandre, Lysimaque et
Séleucus, âgés l'un et l'autre de quatre-vingts ans, se livrèrent une bataille décisive. Le roi de Syrie fut vainqueur,
et son rival périt les armes à la main (281).

Séleucus s'empara de tous les états de Lysimaque; un
instant le royaume de Thrace disparut, mais pour se re-

constituer plus tard. Le trône de Macédoine cependant semblait porter malheur. Séleucus, au faîte de la gloire et de la puissance, fut assassiné (281) par un fils du roi d'É-gypte, *Ptolémée Céraunus*, auquel il avait donné asile. L'empire colossal du *vainqueur des vainqueurs* s'écroula par cette catastrophe.

Le fils de Séleucus, Antiochus, se sentit trop faible pour accepter son lourd héritage ; il se contenta de l'Asie. L'as-sassin de Séleucus, Ptolémée Céraunus, se maintint pen-dant deux ans en Macédoine et en Thrace, après avoir égorgé les fils de Lysimaque. Mais une invasion des Gau-lois vint punir ses crimes. Ces barbares aventureux et in-trépides étaient attirés par ce beau climat de la Grèce, où quelques-uns d'entre eux avaient combattu comme auxi-liaires. Ce fut une épouvante générale. Céraunus fut vaincu et tué. Trois princes passèrent après lui sur le trône sans pouvoir délivrer la Macédoine du joug de l'étranger. Les Gaulois descendirent en Grèce, franchirent les Thermopy-les par le même chemin que Xerxès, et s'avancèrent en ra-vageant les villes et les temples. Une partie de leur armée marchait vers le temple de Delphes pour le livrer au pil-lage : arrivée près de l'édifice sacré, elle fut assaillie par un affreux orage qui mit en fuite les Gaulois saisis d'une ter-reur panique. Les Grecs massacrèrent les ennemis disper-sés, et publièrent que le dieu avait défendu son sanctuaire. Le reste de la tribu gauloise s'établit en Thrace. Le fils de Démétrius put ressaisir la couronne de Macédoine aban-donnée. Mais Pyrrhus revenait alors d'une expédition brillante d'abord, malheureuse ensuite dans l'Italie et la Sicile. (*Voir* Histoire romaine.) Avec l'aide de quelques bandes gauloises, il battit Antigone, qui ne conserva que quelques villes sur la côte, passa dans le Péloponnèse, échoua devant Sparte, que les femmes elles-mêmes défen-dirent avec héroïsme, et périt au siége d'Argos, blessé d'un coup de pierre par une vieille femme qui, du toit d'une maison, regardait le combat. La mort de l'ancien rival de son père rendit la Macédoine à Antigone ; et dès lors, la famille de Poliorcète fut définitivement établie sur le trône.

Après tant de déchirements, de crimes et de guerres, les états d'Alexandre se trouvent divisés en quatre royaumes, qui garderont leur existence à part, jusqu'à ce qu'ils soient engloutis tour à tour par la conquête romaine : le royaume de Syrie sous les Séleucides, celui d'Égypte sous les Ptolémées, celui de Macédoine sous le fils de Démétrius, et le petit royaume de Thrace lorsqu'il sera retourné à ses princes indigènes.

Maître de la Macédoine, Antigone Gonatas voulut imposer ses lois aux villes de la Grèce, qui pendant les derniers troubles avaient presque toutes repris leur indépendance. L'influence macédonienne n'avait jamais pu être établie à Sparte ni dans l'Étolie, qui grandissait alors par sa forte et sage constitution ; elle avait péri à Athènes, à Thèbes, à Argos, dans toutes les autres cités. Une ligue se forma pour résister aux projets d'Antigone, contre lequel s'élevait alors le fils de Pyrrhus. Mais celui-ci, vainqueur un instant, fut bientôt renversé, et Antigone reprit l'avantage en s'unissant aux Étoliens, qui songeaient à partager avec la Macédoine l'empire de la Grèce. Sparte, qui s'était mise à la tête de la ligue, soutint avec peine contre ces redoutables ennemis une lutte inégale. Les armées grecques étaient battues, le Péloponnèse, la Laconie elle-même, envahies et dévastées ; la Grèce presque entière retomba sous le joug.

Deux événements arrêtèrent tout à coup les progrès de la Macédoine, et firent briller pour la Grèce ses derniers jours de liberté : la formation de la ligue achéenne et la réforme de Sparte.

Libérateur de Sicyone (251), sa patrie, qu'il arracha au joug du tyran Nicoclès, le jeune *Aratus* entreprit avec une audace et une adresse admirables l'œuvre de l'affranchissement de la Grèce entière : « Il pensait, dit Plutarque, que toutes les villes, faibles d'elles-mêmes, se conserveraient et deviendraient fortes, si elles se liaient les unes

10.

aux autres par la communauté d'intérêts. » Toute sa vie fut consacrée à réaliser cette grande idée : associer tous les états grecs en une seule confédération pour repousser la domination étrangère.

Malgré des obstacles sans nombre, malgré plusieurs défaites, Aratus poursuivit son entreprise avec une infatigable persévérance. La ligue avait pris naissance en Achaïe dès l'année 284, et s'était développée peu à peu. En 243 Aratus y réunit Corinthe, dont la forte citadelle fut emportée d'assaut malgré l'opiniâtre résistance de la garnison macédonienne. La confédération embrassa successivement Mégare, Trézène, Argos, défendue longtemps par les troupes d'Antigone Gonatas, et délivrée après la mort de ce roi, Athènes, qui se livra aux Achéens avec toutes les villes voisines, et enfin l'Étolie, l'Arcadie, la Messénie. En 229, presque tout le Péloponnèse était gagné : douze grandes villes constituaient la confédération ; toutes avaient recouvré le gouvernement démocratique, et chacune s'administrait elle-même ; seulement les affaires d'intérêt général étaient traitées dans une assemblée composée des députés élus par chaque état. « Le Péloponnèse entier, dit Polybe, n'aurait été qu'une seule cité si les habitants n'avaient pas demeuré dans l'enceinte de plusieurs villes. C'était le plus parfait modèle du gouvernement fédératif ; et le judicieux historien que nous venons de citer rend à la ligue achéenne un magnifique hommage, en disant que nulle part ailleurs, dans une société d'hommes, on n'a vu régner l'égalité des droits, la liberté, la vraie démocratie. »

Par malheur l'unité de la Grèce ne put être complète. Sparte s'obstina à rester en dehors de la ligue, neutre d'abord, bientôt hostile. La ville de Léonidas était d'autant plus jalouse de conserver toute son indépendance, qu'elle venait de recouvrer avec son austère constitution toute son ancienne vigueur.

Le roi Agis III à son avénement (244) avait trouvé la ville dans un état déplorable d'affaiblissement et de dé-

cadence. La population était diminuée d'une manière ef-
frayante par suite de la triste condition du peuple. De l'ancienne race spartiate, il ne restait guère que sept cents
hommes, et parmi eux il y en avait à peine cent qui eus-
sent conservé leur héritage. Le reste de la nation n'était
qu'une populace accablée par la misère, qui n'avait plus
ni dignité ni énergie. En vain Sparte ravivait quelquefois
ses souvenirs guerriers, en envoyant des secours aux Ta-
rentins, aux Crétois, aux Carthaginois : ces manifestations
dissimulaient mal la faiblesse réelle de la ville.

Agis osa entreprendre de relever sa patrie de cette dégradation. Dès l'âge de vingt ans, il disait hautement
qu'il ne voulait être roi qu'à la condition de faire revivre
les lois et la discipline de Lycurgue. Il appela à lui tous
ceux qui n'avaient pas oublié l'antique gloire de Sparte;
il se dépouilla lui-même de ses biens pour entraîner ses
concitoyens par son exemple, et il parut en public vêtu
comme un homme du peuple. Il avait à vaincre l'opposition des riches menacés de perdre tous les avantages de
leur fortune, de son collègue lui-même, qui s'était habi-
tué dans les guerres d'Asie au faste des cours orientales,
des vieillards qui tremblaient, dit Plutarque, au seul
nom de Lycurgue comme des esclaves fugitifs qu'on ramène devant leur maître; des femmes nobles enfin qui
pendant ces guerres avaient hérité de la plus grande partie des propriétés. Toutefois, il parvint à force d'adresse
à faire décréter l'abolition des dettes, dont on brûla tous
les titres sur la place publique, le partage des terres, qui
fut retardé par des difficultés d'exécution sans nombre, et
l'établissement des repas en commun. Mais son collègue,
qu'il avait fait déposer, remonta bientôt sur le trône, et
lui-même fut assassiné par la faction ennemie de sa réforme.

L'œuvre d'Agis ne périt pas avec lui : le jeune *Cléomène*
(238) trompa l'attente de ceux qui l'avaient soutenu au pouvoir, en se déclarant l'ardent propagateur des projets de
réforme. La douceur avait mal réussi à son prédécesseur;
Cléomène agit avec la plus énergique fermeté, avec cruauté

même. Quatre éphores furent égorgés, parce qu'ils résistaient à ses desseins : la nation entière dut céder. Toutes les terres furent partagées entre quatre mille familles, l'éducation des enfants reprit son ancienne austérité, les repas communs furent remis en usage, le peuple retrouva ses mœurs inflexibles avec la législation de Lycurgue, et Sparte régénérée dut se croire revenue à ses plus beaux jours.

Mais Cléomène, moins prudent qu'Agis, avait décidé la rupture entre Sparte et la ligue achéenne. Cette division fut la ruine de la Grèce. Sparte, renouvelée par son ancienne constitution, put encore remporter quelques brillantes victoires sous son roi Cléomène ; elle put renverser dans tout le Péloponnèse l'influence de la ligue vaincue. Mais ses succès devinrent funestes à toute la Grèce. Aratus frémit de voir après tant d'efforts le pouvoir lui échapper, et la suprématie passer aux mains de son jeune rival ; le fondateur de la ligue achéenne et le restaurateur de la liberté grecque appela à son secours *Antigone-Doson*, qui venait de monter sur le trône de Macédoine à la mort de Gonatas. « Cléomène se présenta comme le défenseur de l'indépendance menacée par la Macédoine ; en peu de temps dix villes furent enlevées ; Argos, Corinthe furent prises. Aratus perdait le sens : Les affaires me mènent bien plus que je ne mène les affaires, disait-il. Il était assiégé dans l'*Acro-Corinthe*. Cléomène offrit la paix, ne demandant qu'une égalité de puissance entre Sparte et l'Achaïe ; Aratus refusa, et livra aux Macédoniens cette citadelle de Corinthe, théâtre de son plus beau triomphe. » Les Athéniens et plusieurs peuples grecs se déclarent pour Cléomène. Mais Antigone arrive en Grèce avec des forces supérieures. En vain le roi de Sparte prétend soutenir la lutte à force d'audace, d'activité et de constance. Il perd la bataille décisive de *Sellasie* (222), et s'enfuit au delà des mers, cherchant des ennemis à la Macédoine jusqu'en Égypte, où il meurt bientôt assassiné (219).

Sparte ne put tenir contre le vainqueur. Le premier de tous les rois étrangers, Antigone pénétra les armes à

la main dans l'enceinte (vierge jusqu'alors) de la cité dorienne. Il se hâta d'abolir les réformes, sources de sa force
et de son énergie nouvelles. Les Achéens le proclamèrent généralissime sur terre et sur mer. Aratus ne dut
pas être fier de sa délivrance, car il perdait en même temps
tout le fruit des travaux de sa vie entière. La Grèce était
retombée sous le joug de la Macédoine.

Toutefois il restait un peuple qui n'avait pas cédé.
Les Étoliens repoussèrent hautement l'alliance de la Macédoine ; Antigone, rappelé dans sa patrie par une invasion étrangère, mourut (221) avant d'avoir pu les réduire.
Ils profitèrent de la minorité du jeune Philippe V (1   pour
augmenter leur influence en Grèce ; Sparte, toujours ennemie de la ligue, se déclara bientôt pour les Étoliens.
Aratus avait déjà réclamé la protection de Philippe. Celui-
ci pourtant, occupé à repousser les attaques des peuples
voisins et à comprimer plusieurs révoltes, prit peu de part
à la guerre qui éclata entre les deux ligues. La lutte se
prolongea pendant trois ans sans résultats décisifs ; mais
chaque combat affaiblissait la Grèce ; c'était son sang
qu'elle versait de ses propres mains, quand, à la veille
d'une lutte contre Rome, elle aurait eu besoin de toute
son ancienne vigueur. Philippe fit conclure la paix en 217
pour s'occuper exclusivement d'une alliance avec Annibal
(215). Il voulait écraser les Romains, qui déjà puissants
en Illyrie, menaçaient la Grèce.

L'énergique résistance de Rome, malgré la défaite de
Cannes, déconcerta tous les projets de Philippe. Le roi
de Macédoine perdit son armée et sa flotte (voir Histoire
romaine, *Guerres puniques*), et ne put empêcher la politique romaine de lui susciter de toutes parts des ennemis
en Grèce. Inquiet de l'affaiblissement de son parti, il fit
secrètement empoisonner Aratus, qui apprit en mourant

---

(1) Ce prince est le cinquième roi de Macédoine du nom de
Philippe, si on fait figurer sur la liste de ses prédécesseurs Philippe Arrhidée, frère d'Alexandre, et Philippe, fils de Cassandre.

à connaître *le prix de l'amitié de Philippe*. Il rendit le fils de sa victime incapable de venger son père, en lui donnant un breuvage qui altéra pour jamais sa raison ; bientôt par ses intrigues il parvint à dominer complète- ment la ligue achéenne. Le sénat se bornait à fomenter les discordes de ceux qu'il se préparait à soumettre, et tout en se tenant à peu près étranger aux hostilités, il di- rigeait et observait les événements. La Grèce précipitait elle-même son heure fatale. Un héros cependant va paraî- tre encore, qui la retiendra sur le bord de l'abîme ; mais toutes les destinées de la Grèce reposeront sur sa tête, et ce sera fait de la liberté hellénique quand il aura quitté la scène.

Philopœmen, qui avait puissamment servi la ligue du vivant d'Aratus, fut choisi pour lui succéder. La Grèce était alors divisée en deux camps : les Spartiates, les Athé- niens, les Étoliens, placés sous l'influence des Romains, étaient prêts à se déclarer pour eux. La ligue achéenne restait attachée au parti macédonien. Mais la mort d'Ara- tus, une tentative d'assassinat contre Philopœmen lui- même, et plusieurs autres crimes, commençaient à rendre Philippe odieux dans toute la Grèce. Le chef de la ligue sentit pourtant qu'il ne devait pas augmenter la discorde en rompant avec la Macédoine ; il tourna ses armes contre *Machanidas*, tyran de Sparte, qu'il tua de sa main, et releva par son habileté la puissance de la ligue achéenne. Philippe, quoique vainqueur des Étoliens et d'un consul, conclut la paix avec Rome. Le traité de 205 ne fit que fa- voriser les vues du sénat en consacrant d'une manière solennelle la division de la Grèce. Les Étoliens, les Spar- tiates, les Athéniens, furent isolés du reste des Grecs ; sou- mis à la Macédoine ; ils formaient un parti tout dévoué aux Romains.

Philippe voulut détruire les conséquences fatales du traité ; il recommença la guerre en Grèce, et ravagea l'At- tique. Les Athéniens étaient incapables de se défendre ; Rome n'abandonna pas ses alliés. Pendant deux ans les succès se partagèrent (voir Histoire romaine) ; mais le consul Sulpicius obtint l'alliance des Achéens ; Flaminius arma contre Philippe, *Nabis*, qui avait remplacé à Sparte Machanidas, et lui-même continua les hostilités avec autant de talent que de vigueur. Philippe, qui, par ses perfidies et ses crimes, s'était aliéné tous les peuples de la Grèce, ne pouvait plus lutter seul. La bataille de *Cynoscéphales* (197) l'obligea à accepter une paix désastreuse. Il dut abandonner toutes ses possessions en Grèce, détruire sa flotte, désarmer ses troupes, se réduire à une entière impuissance. Bientôt après, il mourut de chagrins et de remords pour avoir fait périr son fils légitime *Démétrius*, sur les suggestions perfides de *Persée*, son fils naturel. (Voir pour toute cette période le chapitre sixième de notre Histoire Romaine.)

Les Grecs aveuglés s'étaient réjouis de l'abaissement de la Macédoine : d'après un ordre du sénat, Flaminius apparut en Grèce, non plus pour y porter la guerre, mais pour proclamer l'indépendance de tous les peuples, à la solennité des jeux isthmiques. Les Grecs accueillirent cette proclamation avec un stupide enthousiasme. Ils ne comprenaient pas qu'un mot du sénat pourrait désormais les déclarer sujets du peuple romain, aussi bien qu'il les avait déclarés libres.

Les Étoliens seuls semblèrent entrevoir les suites de la politique de Rome ; ils reprirent les armes et entraînèrent les Spartiates dans leur parti ; mais Philopœmen battit Nabis, tyran odieux qui faisait périr ses ennemis entre les bras mobiles d'une statue toute hérissée de pointes de fer. Bientôt après, la mort de ce monstre décida aussi Sparte à entrer dans la ligue achéenne (191). Ce fut alors que les Étoliens affaiblis appelèrent en Grèce le roi de Syrie, Antiochus le Grand (voyez Histoire de Syrie, chapitre XXI de ce volume). Mais une campagne heureuse n'empêcha pas Antiochus d'être chassé de Grèce l'année suivante, et les armées romaines forcèrent les Étoliens à la soumission.

La tentative malheureuse de ce peuple brave et ami de la liberté avait prouvé désormais l'impuissance de la Grèce ; déjà, au lieu de décider eux-mêmes leurs querelles intestines, les peuples grecs ne cessaient d'en appeler au sénat, dont les commissaires vinrent à deux reprises (185-184) parcourir les différentes villes, plutôt pour fomenter les troubles que pour les apaiser. C'est à ce moment critique que la Grèce indépendante allait perdre son dernier appui. Philopœmen, chargé de punir les Messéniens qui s'étaient détachés de la ligue, fut fait prisonnier par eux, et périt par le poison à l'âge de soixante-dix ans (183). Lui seul avait pu, sinon soustraire la ligue à l'influence romaine, du moins éviter une rupture ouverte, sans cesser pourtant de combattre avec adresse les sourdes attaques de Rome. Il était trop vrai qu'avec lui *le dernier des Grecs* était mort. Les Achéens tirèrent de cette mort une vengeance éclatante, mais inutile, par le ravage de la Messénie.

Une fois débarrassé de l'intégrité et de l'habileté de Philopœmen, le sénat travailla par les voies les plus odieuses à augmenter son parti dans toutes les villes de la Grèce, tandis qu'il se préparait à en finir violemment avec la Macédoine. Persée ne sut pas se maintenir longtemps sur le trône qu'il avait acheté par un fratricide. Son père, qui prévoyait une rupture nouvelle avec les Romains, avait fait secrètement de grands préparatifs; au lieu de les compléter de tout son pouvoir, Persée se priva des secours étrangers en refusant de payer les sommes promises, et en même temps il précipitait imprudemment une crise qu'il devait redouter. Il osa engager la lutte après avoir perdu la plupart de ses alliés. Cependant les montagnes de la Macédoine la protégeaient comme un rempart naturel, la phalange macédonienne était redoutable encore, Persée pouvait unir à son armée les infatigables et intrépides soldats du roi des Thraces. Pendant trois ans, la guerre parut à l'avantage du fils de Philippe. Mais vaincu à *Pydna* par *Paul-Emile* (168), il fut fait prisonnier et condamné à aller à Rome orner le triomphe du vainqueur. Peu après il y mourut faisant le métier de scribe. Le sénat fit proclamer encore l'indépendance de la Macédoine, après l'avoir morcelée.

Cependant l'œuvre de la politique du sénat avançait en Grèce. La corruption lui avait déjà gagné la plupart des magistrats, quand la défaite de Persée et l'abaissement de la Macédoine lui permirent d'employer des moyens plus violents. Un despotisme ombrageux et cruel rechercha et punit jusqu'au crime d'avoir été *dans le cœur* partisan de Persée. Soixante-dix villes ou villages furent détruits dans l'Épire en un seul jour ; les émissaires du sénat favorisèrent le massacre du sénat étolien. Mille Achéens, violemment transportés en Italie, y moururent de misère pour la plupart ; et toujours les décrets du sénat et du peuple reconnaissaient hautement la liberté des Grecs ! On mit un terme à cette sanglante ironie, et la réduction de la Macédoine fut le signal de celle de la Grèce. Un aventurier, *Andriscus*, se disant fils de Persée, souleva les Macédoniens, arma en sa faveur les Thessaliens et les Thraces, et écrasa une légion envoyée contre lui. Mais le consul Métellus anéantit en une campagne toutes les espérances d'Andriscus, et la Macédoine devint une province romaine (147).

Le sénat aussitôt travailla sans plus dissimuler à la destruction de la ligue achéenne. Il fit promulguer un décret qui détachait de la ligue achéenne, Sparte, Corinthe, Argos, Héraclée et Orchomène. Les Grecs, réduits au désespoir, instruits par le sort de la Macédoine, prirent enfin les armes pour secouer un joug intolérable ou périr.

Les députés romains furent insultés, et la guerre commença ; mais que pouvait le patriotisme de quelques villes contre l'effort de la puissance romaine ? Les chefs de la ligue, *Diœus* et *Critolaüs*, furent successivement vaincus par les consuls Métellus et Mummius. Corinthe résista la dernière ; mais Mummius la prit d'assaut et la détruisit de fond en comble (voyez Histoire romaine). La chute de cette ville célèbre apprit à la Grèce qu'elle ne subsistait plus comme nation ; elle fut réduite en province romaine sous le nom d'Achaïe (146). L'historien grec Polybe, alors en faveur à Rome, s'honora dans ce grand désastre de sa patrie, en sollicitant du sénat romain la conservation des monuments élevés à la mémoire de Philopœmen, et les Achéens, effacés de la liste des peuples, élevèrent une statue à celui qui avait osé plaider la cause du *dernier des Grecs.*

OUVRAGES A CONSULTER. — Justin, Diodore de Sicile. Pausanias. Plutarque. Polybe. Tite-Live. Cornelius Nepos. — Heeren. Rollin. *Précis. Cahiers d'Histoire ancienne.* — Gillies, *Histoire de la Grèce. Histoire romaine*, par M. Dumont. Bossuet, *Histoire universelle.*

CHAPITRE VINGT ET UNIÈME.

ÉGYPTE ET SYRIE.

SOMMAIRE.

§ I. Ptolémée, fils de Lagus, ses guerres en Asie; sa politique
intérieure; *son gouvernement sage et habile.* Ptolémée Philadelphe; il favorise le commerce, l'industrie, la civilisation.
Version des Septante. Traité d'alliance avec les Romains.
Rapports avec les Grecs. Évergète; il envahit la Syrie; ses
expéditions guerrières; il se déclare protecteur de la ligue
achéenne. Ptolémée Philopator, débauché et cruel. Épiphanes,
ses guerres contre les rois de Macédoine et de Syrie; il meurt
empoisonné. Ptolémée Philométor fait prisonnier par le roi de
Syrie. Évergète II ou Physcon battu par le roi de Syrie; intervention des Romains, qui décident aussi la querelle de
Philométor et de Physcon. Eupator. Physcon seul roi; sa
cruauté, ses mœurs corrompues. Guerre civile entre Lathyre
et Alexandre Ier; Alexandre II; Sylla arbitre de l'Égypte;
Aulètes; sa docilité aux volontés du sénat. Il achète l'amitié
de Pompée. Dionysius épouse Cléopâtre; il assassine Pompée;
il est vaincu par César. *Cléopâtre* épouse Ptolémée Néotéros,
et le fait mourir peu après. Antoine en Égypte; sa honteuse
passion pour Cléopâtre. Bataille d'Actium. Mort d'Antoine.
Cléopâtre essaye en vain de séduire Octave. Sa mort. L'Égypte
est réduite en province romaine.

§ II. Résumé de l'ancienne histoire de la Syrie. Après Alexandre
elle appartient à Laomédon, puis à Séleucus. Habile gouvernement de ce prince. Antiochus Ier Soter; il perd la Bithynie,
la Macédoine; il bat les Gaulois; est vaincu par le roi d'Égypte.
Antiochus Théos; révolte d'Arsace; commencement de la décadence. Séleucus Callinicus; guerre avec l'Égypte; révolte
d'Antiochus Hiérax. Séleucus vaincu et tué. Séleucus Céraunus;
il est assassiné. Antiochus le Grand; sa position critique;
guerres extérieures, guerres civiles; ses premiers succès, ses
conquêtes dans la haute Asie. Invasion en Grèce. Antiochus
chassé d'Europe, vaincu à Magnésie. Sa mort. Affaiblissement
rapide de la Syrie. Séleucus Philopator. Héliodore. Antiochus

Epiphanes ; il envahit l'Egypte ; est chassé par les Romains ;
il persécute les Juifs ; guerre contre Judas Machabée ; mort
d'Epiphanes. Démétrius Soter et Alexandre Bala se disputent
le trône. Guerres civiles; crimes. Démétrius II Nicator. Antiochus. Tryphon. Cléopâtre. Nicator prisonnier des Parthes. Antiochus Sidètes. Retour de Nicator ; il est tué par Alexandre
Zébina, qui est vaincu par Séleucus. Forfaits de Cléopâtre.
Son fils Antiochus Gryphus lui donne la mort. Tigrane, roi
d'Arménie, règne en Syrie. Antiochus l'Asiatique dernier roi.
Pompée réduit la Syrie en province romaine.

§ I. HISTOIRE DE L'ÉGYPTE DEPUIS LA BATAILLE D'IPSUS JUSQU'A LA
RÉDUCTION DE L'ÉGYPTE EN PROVINCE ROMAINE.

Depuis la conquête des Perses, l'Égypte, province d'un
empire d'Asie dont elle s'efforce plus d'une fois, mais en
vain, de se détacher, l'Égypte n'a plus d'histoire jusqu'au
temps où *Ptolémée* fils de *Lagus*, général d'Alexandre,
lui rend son indépendance, et la replace au nombre des
plus puissants royaumes de l'Orient.

Une ère nouvelle commence alors pour l'Égypte. Elle
prend une part active aux affaires de l'Europe, et jusqu'au
moment où elle se brisera contre le colosse romain, elle
joue un rôle important dans l'histoire du monde.

Ptolémée, le premier de la dynastie des Lagides, paraît
pendant la plus grande partie de sa vie plus comme général d'Alexandre que comme roi d'Égypte. Souvent il fut
hors de ses états, occupé à des guerres lointaines : il avait
compris que pour conserver l'intégrité de son royaume il
fallait se séparer entièrement d'un empire qui se déchirait,
et le mettre à l'abri en refoulant dans leurs héritages chacun de ses turbulents collègues. (Voir Histoire des guerres des généraux d'Alexandre.)

Tout entier aux terribles démêlés qui ensanglantaient
le monde, il s'unit à plusieurs autres généraux contre
Perdiccas, régent de Macédoine, qui vint se faire massacrer par ses soldats dans une tentative d'invasion contre
l'Égypte. Toujours ennemi du plus ambitieux, Ptolémée fit
ensuite la guerre à Antigone, et s'établit dans la Syrie mé-

ridionale et la Palestine. En 306, il se fit proclamer roi
d'Égypte, à l'exemple de ses collègues, qui avaient tous pris
le diadème. Cinq ans après, il combattit à cette terrible
bataille d'Ipsus, où périt Antigone (304), et dans le partage qui suivit, Ptolémée unit définitivement à ses états
d'Égypte, la Cyrénaïque, la Libye, la Célésyrie et la Palestine.

Dès lors le règne de Ptolémée ne fut plus troublé que
par quelques guerres contre Démétrius Poliorcète : le roi
put s'occuper activement de l'organisation et de la prospérité intérieure de l'Égypte. Il conserva l'ancienne division en districts ou nomes, mais il en augmenta le nombre,
peut-être dans la vue de n'avoir aucun gouverneur trop
puissant. Il agrandit et fortifia Alexandrie, si admirablement
située pour être l'entrepôt du commerce de l'Orient et
de l'Occident, et à l'entrée du port il éleva un phare colossal pour guider au loin les navigateurs. Ce phare, construit avec un art merveilleux, avait dans l'origine environ
mille coudées de haut. Au douzième siècle de notre ère,
ses ruines s'élevaient encore à cent cinquante coudées.
Ptolémée voulut faire aussi de sa capitale un centre de civilisation et de lumières ; il y attira un grand nombre d'é-
trangers, et fonda cette célèbre bibliothèque d'Alexandrie, qui contint jusqu'à sept cent mille volumes, magnifique arsenal de toute la science de l'antiquité.

Ptolémée mourut en 283, après avoir abdiqué quelque
temps auparavant en faveur de son fils. Il avait reçu de la
reconnaissance de ses sujets le surnom de *Soter* (sauveur), et pendant les deux ans qui suivirent sa retraite,
« il avait joui en quelque sorte des honneurs réservés à sa
mémoire. » Le nouveau roi (285), qui s'était affermi sur
le trône par le meurtre de ses frères, et que la sanglante
ironie des Alexandrins avait surnommé *Philadelphe* (qui
aime ses frères), fut cependant comme son père un protecteur éclairé de la littérature et du commerce. La gloire
de son règne a été célébrée à l'envi par les poètes et par
les historiens. Ce fut par son ordre et sur l'avis du philo-

sophe Démétrius de Phalère que soixante-douze Juifs
firent cette traduction des livres saints connue sous le
nom de version des Septante, qui plus' d'une fois sans
doute éclaira les recherches de la philosophie païenne.
Sous le règne de Ptolémée Philadelphe, le canal destiné à
unir la mer Rouge à la Méditerranée fut mis en état de
recevoir des vaisseaux. Philadelphe, en politique habile,
établit des rapports d'amitié entre l'Égypte et les grandes
puissances de l'Europe. En 274, il conclut avec les Romains le premier traité d'alliance, entretint des relations
fréquentes avec les Grecs, et envoya une flotte aux Athéniens. Il laissa à ses généraux le soin de quelques guerres
contre la Cyrénaïque et la Syrie. *Ptolémée Évergète I*er
(247), fils de Philadelphe, s'illustra par de' brillants exploits; il envahit lui-même la Syrie pour venger sa sœur
Bérénice, répudiée et assassinée par Antiochus. Nouveau
Sésostris, il parcourut la Babylonie, la Perse, la Susiane,
la Médie, et il revint dans son royaume chargé des dépouilles de tous les peuples qui habitaient entre le mont Taurus et le fleuve du Tigre. Les Égyptiens recouvrèrent avec
transport les divinités que le roi de Perse Cambyse avait
jadis arrachées à leurs temples. La Syrie et la Cilicie reconnurent l'empire d'Évergète; et le roi Séleucus, qui
tenta de s'opposer à sa fortune, fut battu à son tour. En
Afrique, il conquit une grande partie de l'Éthiopie, et y
signala sa pieuse munificence en élevant plusieurs monuments religieux. Homme d'état en même temps que grand
général, Évergète eut soin d'entretenir son influence en
Grèce, en se déclarant protecteur de la ligue achéenne. Il
mourut en 222, laissant l'Égypte à un haut degré de
puissance et de gloire, mais elle ne s'y maintint pas longtemps. Évergète, digne héritier de Ptolémée Soter, fut le
dernier grand roi de sa race. Après lui des princes indignes déshonorèrent successivement le trône.

Ptolémée Philopator (222-205) se plongea dans le
sang de ses plus proches parents et dans les plus honteuses
voluptés. Le roi de Sparte, Cléomène, fut une de ses vic-

times. — Son fils *Épiphane* (205-181), encore au berceau à la mort de son père, fut vaillamment défendu par ses généraux contre les rois de Macédoine et de Syrie, qui s'étaient réunis pour écraser sa faiblesse, et s'étaient trop hâtés de partager son héritage. Mais déclaré majeur avant l'âge, Épiphane n'usa de son autorité que pour faire périr ceux qui l'avaient le plus fidèlement servi. Ses cruautés et l'infamie de ses mœurs excitèrent contre lui de fréquentes révoltes, qui ne l'empêchèrent pas cependant de repousser Antiochus, roi de Syrie, et de resserrer l'alliance de l'Égypte avec Rome. Il périt jeune encore, empoisonné par ses ministres, qu'il voulait dépouiller (181).

L'empire des Lagides s'était affaibli sous ces deux derniers princes; la Syrie, qui lui avait été soumise, commença à le dominer à son tour. *Ptolémée Philométor* (181-146), roi à six ans, sous la régence de sa mère Cléopâtre et sous la tutelle d'un Romain (1), fut fait prisonnier par Antiochus Épiphanes (voir l'Histoire de Syrie), qui régna sous son nom. *Ptolémée Évergète II*, ou *Physcon* (ventru), frère de Philométor, et élu à sa place, fut encore battu par le Syrien. Il fallut la puissante voix de Rome pour chasser Épiphanes et délivrer l'Égypte. Mais ce royaume n'échappa à l'influence de la Syrie que pour tomber sous une influence bien plus dangereuse. Désormais le sénat romain avait posé la main sur la couronne d'Égypte; il pouvait prévoir le moment où elle deviendrait sa proie. Ce fut lui aussi qui termina la querelle des deux Ptolémées, et leur imposa un partage, donnant l'Égypte et l'île de Chypre à Philométor; à Physcon, la Cyrénaïque et la Libye. Après la mort de Philométor et le règne éphémère de *Ptolémée Eupator*

---

(1) Le sénat, sur la sollicitation des ministres du jeune roi, désigna pour cette fonction un tribun militaire, M. Æmilius Lepidus, qui fit inscrire sur une médaille de sa famille le titre de *tutor regius.*

(146), Physcon, devenu seul roi, se hâta de faire périr le fils de son frère, qui avait été reconnu son héritier. Ce crime fut le prélude d'une épouvantable série de forfaits. Détesté pour sa cruauté, méprisé pour ses débauches, Physcon fut chassé d'Alexandrie par ses sujets révoltés. Il remonta sur le trône, l'ensanglanta par de nouveaux meurtres, et mourut cependant en paix (117). Les Alexandrins l'avaient surnommé *Kakergète* ou malfaiteur.

L'ambition de Cléopâtre, veuve de Physcon, fut pour l'Égypte une source de discordes et de malheurs. Contrainte de rendre à son fils aîné *Lathyre* le trône où elle avait placé son second fils *Alexandre I*er, elle le força à répudier sa femme, et bientôt après, ne le trouvant pas assez docile, le fit chasser par le peuple d'Alexandrie, qu'elle-même avait soulevé. Lathyre s'enfuit dans l'île de Chypre, tandis que son frère reprenait la couronne d'Égypte. Celui-ci, inquiet des prétentions de sa mère, l'assassina, et seul maître du trône, il signala son avidité impie en exhumant le cercueil d'Alexandre pour ravir l'or dont il était couvert. Mais avant qu'il eût pu profiter de cette riche proie, il fut, dit Strabon, chassé encore une fois par les Alexandrins indignés. Il périt bientôt après en s'efforçant de rentrer en Égypte (88). — Son fils, *Alexandre II*, ne devait parvenir au trône que par un décret du sénat de Rome. Lathyre étant mort (81), le dictateur Sylla, pour terminer la querelle des deux branches en confondant leurs droits, donna la couronne à Alexandre II, et lui fit épouser sa cousine, fille de Lathyre. Mais au bout de dix-neuf jours le roi fit périr sa femme, et lui-même fut massacré par les Alexandrins, qui proclamèrent à sa place *Ptolémée Aulète*, fils naturel de Lathyre, qui n'avait guère d'autre talent que de jouer habilement de la flûte (80). Un roi d'Égypte nommé sans l'agrément du sénat devait alors s'estimer trop heureux de n'être pas dépouillé de sa couronne. Sur un testament vrai ou supposé, qui léguait l'Égypte au peuple romain, le sénat se contenta de s'emparèr des trésòrs d'Alexandre II. On débattit plusieurs fois la question de savoir si l'on occuperait l'Égypte. Mais la faiblesse d'Aulète et sa docilité aux volontés de Rome lui conservèrent un sceptre avili. A force d'or, il acheta l'amitié de Pompée, qui avait songé à soumettre l'Égypte après la défaite de Mithridate. Chassé par une révolte, il eut assez de crédit pour obtenir des Romains son rétablissement, malgré les Égyptiens, qui voulaient maintenir le sceptre aux mains des filles d'Aulète. Il mourut humble esclave de ses trop puissants protecteurs, laissant un trône chancelant à son fils *Ptolémée Dionysius* (Osiris ou Bacchus), qui, selon la coutume d'Égypte, épousa sa sœur, la fameuse *Cléopâtre* (52).

Ptolémée Aulète avait légué au peuple romain la tutelle de ses enfants : c'était lui léguer son royaume. Dionysius crut faire sa cour à ses tuteurs en assassinant Pompée, après la bataille de Pharsale. César n'en conçut pour lui que haine et mépris : il le lui prouva bientôt. Une querelle s'était élevée entre les deux époux : César, dictateur et représentant du peuple romain, fut pris pour arbitre. La beauté de Cléopâtre eut bientôt séduit son juge, et César se déclara contre Ptolémée, qu'il voulait punir. Le jeune roi en appela à son bon droit et à ses armes : ce fut le dernier effort de l'Égypte expirante. Ptolémée se noya dans le Nil, après avoir assiégé et failli prendre César dans l'île du Phare d'Alexandrie (voir Histoire Romaine, ch. XI). Cléopâtre épousa son second frère, Ptolémée Néotéros, âgé de onze ans, dont elle comptait se débarrasser dès qu'il serait en âge de prendre part au gouvernement, et peu de temps après elle mit au monde un fils qu'elle avait eu de César. Celui-ci, pendant ce temps, lui faisait élever des statues à Rome auprès de celles de Vénus : ces deux divinités n'avaient rien à se reprocher.

C'était la destinée de Cléopâtre de subjuguer le cœur des généraux romains. Après la mort de César, elle employa son art perfide contre Antoine, qui n'y résista pas. Il parcourut 'Asie avec Cléopâtre déguisée en déesse et

11

entourée de tout le luxe de l'Orient. Il la montra à la Grèce, et revint à Alexandrie lutter de profusion et de folie avec elle, et même la faire déclarer reine indépendante de l'Egypte et de l'île de Chypre. Bientôt ces hommages ne suffirent plus à Cléopâtre. Elle voulut être honorée comme une divinité; elle prit en public le nom d'Isis, et sur la monnaie frappée à cette occasion se fit donner le nom de nouvelle déesse; Antoine même y laissa inscrire son nom à côté de celui de cette princesse, « faisant douter par là s'il était roi d'Egypte ou triumvir de la république romaine. » Le bruit des progrès d'Octave, son rival, l'arracha enfin à son assoupissement, et il vint à *Actium* livrer cette fameuse bataille qui décida le sort du monde. Par lâcheté ou par trahison, Cléopâtre se retira, au milieu du combat, avec soixante vaisseaux; Antoine, par un aveuglement inconcevable, suivit aussitôt l'objet de sa passion, abandonnant une victoire que ses amis, sa flotte, son armée, disputaient encore après qu'il les eut aussi ignominieusement quittés (30).

Tous deux revinrent à Alexandrie s'étourdir encore dans l'ivresse des plaisirs; ils voulaient couler gaiement les derniers jours de leur puissance et de leur vie, et rien n'égala la profusion, le luxe, le scandale des orgies que renouvelaient chaque jour les *associés de la mort*. Cléopâtre cependant ne s'endormait pas: elle essayait sur des esclaves les poisons les plus subtils, pour s'en servir comme d'une dernière ressource, si Octave résistait à ses charmes. Antoine vaincu l'embarrassait. Elle lui fit annoncer la nouvelle de sa mort, pour déterminer son aveugle amant à terminer ses jours; elle parut encore une fois près de lui avant son dernier soupir, puis elle attendit tranquillement le vainqueur. Elle vit toutes les séductions de sa beauté échouer contre la froide ambition d'Octave, qui ne voulait que la gloire d'amener à Rome une telle prisonnière, et elle se fit piquer par un aspic pour ne pas être traînée à la suite d'un char triomphal.

L'Egypte ne fit aucune résistance. Depuis longtemps

soumise de fait, elle fut déclarée province romaine (30 ans avant J.-C.) par Octave, qui, sous le nom d'Auguste, allait devenir le maître du monde.

§ II. HISTOIRE DE LA SYRIE DEPUIS LA BATAILLE D'IPSUS JUSQU'A LA RÉDUCTION DE LA SYRIE EN PROVINCE ROMAINE.

La Syrie, cette partie de l'Asie Occidentale qui s'étend de la Palestine au Taurus, de l'Euphrate au Liban, avait été divisée originairement en plusieurs petits royaumes, dont le plus important, celui de Damas, était déjà célèbre du temps d'Abraham. Ils étaient restés indépendants jusqu'au règne de David, et avaient eu un grand nombre de guerres à soutenir contre ce prince, qui les rendit tributaires, puis contre les rois de Juda et d'Israël. Affaiblie dans ces luttes, et bientôt après conquise et unie à l'empire de Ninive (733-732) par Théglathphalasar, la Syrie avait suivi depuis cette époque la fortune de ses vainqueurs : devenue une satrapie de la Perse, elle fut encore entraînée par la chute de cette vaste monarchie, et Alexandre le Grand, dans une de ses marches triomphales, l'ajouta à ses conquêtes (332). Après lui, elle devint le partage d'un de ses généraux, *Laomédon* : mais ce fut pour tomber bientôt entre les mains d'un prince plus puissant et plus habile.

Séleucus, un des plus célèbres lieutenants d'Alexandre, n'avait reçu de son héritage que le commandement de la cavalerie des alliés. Ce rôle secondaire ne suffisait pas à son ambition : il se hâta de prendre part aux querelles qui divisaient ses collègues, pour s'agrandir à la faveur de leurs rivalités. Le gouvernement de Babylone fut d'abord le prix de son alliance avec Antigone contre Eumène et Perdiccas (320). Pendant que Démétrius Poliorcète, fils d'Antigone, défendait avec peine les états de son père contre une formidable invasion, Séleucus s'établit en Syrie, s'empara de l'Asie supérieure, et en 306 prit le titre de roi comme les autres généraux. Dès lors son influence fut toute-puissante : toujours uni à Ptolémée contre l'ambi-

tieux Antigone, il décida le succès de la bataille d'Ipsus,
où périt son rival (301). Un partage définitif lui assura
toute l'Asie, depuis le Liban et le Taurus jusqu'à l'Indus
et au Tigre. Le général de la cavalerie avait su, à force
de persévérance et de talents, soumettre à ses lois la
plus grande partie de l'empire d'Alexandre. Lysimaque,
roi de Macédoine, prétendit ébranler cette formidable
domination, mais il succomba dans la lutte, et ses états
vinrent se joindre aux états du *vainqueur des vainqueurs.*

Séleucus était digne de sa haute fortune. Son génie lui
avait fait comprendre et poursuivre tous les grands desseins d'Alexandre. Il avait établi dans tout son empire un
vaste et uniforme système d'administration : il avait favo-
risé partout la civilisation et le commerce, fondé un grand
nombre de villes, et parmi elles Antioche, dont la prospérité devait succéder à celle de Babylone, condamnée,
selon les menaces des prophètes, à servir de repaire aux
bêtes féroces. Son fils *Antiochus*, à qui il avait confié la
haute Asie, partageait avec lui les soins du gouvernement. Séleucus, survivant seul à tous ses collègues, croyait
pouvoir se reposer dans sa gloire; mais il fut assassiné par
Ptolémée Céraunus, qui s'était réfugié à sa cour (279).

Ses successeurs furent pour la plupart peu capables de
porter la lourde couronne qu'il leur avait léguée. Antiochus fut assez lâche pour faire alliance avec le meurtrier
de son père, et par cette indigne conduite souleva contre
lui une partie des états qui avaient obéi à Séleucus.

Il ne put réduire le roi de Bithynie, et fut obligé de
céder la Macédoine à Antigone Gonatas. Cependant ses
éléphants le rendirent vainqueur des Gaulois, qui menaçaient son royaume, et telle était la terreur inspirée par
les hommes de l'Occident, que la reconnaissance publique décerna à Antiochus le nom de Soter (sauveur).
Son ambition l'engagea dans une guerre injuste contre
l'Egypte. Il fut repoussé par Ptolémée Philadelphe, et
mourut sans avoir pu empêcher son ennemi de ravager
ses états (260).

Malgré l'orgueil impie de son nom, *Antiochus Théos* vit les premiers symptômes de la décadence de son empire. Tandis qu'il ne songeait qu'à faire briller sa cour de l'éclat d'un luxe effréné, Arsace se révoltait avec les Parthes (255), qu'il fut désormais impossible de soumettre ; Théodote se faisait proclamer roi de Bactriane. Antiochus voulut se dédommager en reprenant les hostilités commencées par son père contre l'Égypte. Son mariage avec Bérénice, fille de Ptolémée Philadelphe, fut le sceau d'une alliance qui termina la guerre. Mais Antiochus avait été contraint de répudier sa première femme Laodice. Celle-ci, rappelée après la mort de Philadelphe, empoisonna son mari, pour ne plus avoir à redouter son inconstance. Elle donna le trône à son fils *Séleucus*, surnommé *Callinicus*, ou le Victorieux, quoique le nombre de ses défaites ait été beaucoup supérieur à celui de ses victoires (247). Ptolémée Évergète envahit les états de Séleucus pour venger sa sœur, sacrifiée à la haine de Laodice. En même temps le jeune *Antiochus Hiérax*, frère du roi de Syrie, se révoltait en Asie-Mineure. Réunis un instant contre Ptolémée, les deux frères se séparèrent de nouveau. Antiochus fut vaincu enfin et assassiné dans sa fuite par des brigands. Mais par ces dissensions, la famille des Séleucides semblait appeler elle-même les ennemis du dehors. Arsace descendit avec les cavaliers Parthes, et se retira emmenant avec lui Séleucus captif (227). — *Séleucus Céraunus* (le Foudre), aussi digne de son surnom que son prédécesseur, ne se soutint que par l'appui de son oncle *Achæus*, homme aussi habile que brave, et mourut assassiné par des officiers qui méprisaient sa faiblesse (222). Le royaume de Syrie cependant devait encore briller un moment de quelque gloire. — Le frère de Céraunus, *Antiochus le Grand*, releva l'honneur de son sceptre humilié. La situation du nouveau roi était critique. Les Égyptiens occupaient la Célésyrie et une partie de la Phénicie, le roi de Pergame était en armes, la Bactriane menaçait. Plusieurs gouverneurs se déclaraient indépendants. Enfin Achæus, accusé de trahison, cherchait dans le crime même qu'on lui avait faussement reproché un refuge contre la vengeance du roi. Antiochus, quoique très-jeune encore, ne perdit pas courage. Vainqueur de Ptolémée Philopator, puis vaincu à la désastreuse bataille de *Raphia* (216), il acheta la paix en abandonnant les provinces conquises. Mais il sut rattacher à son parti le roi de Pergame, jaloux d'Achæus, vainquit le rebelle, qu'il fit exécuter, et arrêta l'invasion des Parthes, qui paraissaient sur les frontières de Syrie. Le roi des Bactriens fit la paix, et Antiochus s'avança dans la haute Asie jusqu'à l'Indus, pour rétablir dans toutes ces contrées la domination des Séleucides. A son retour, une grande partie de l'Asie-Mineure, et même la Chersonèse de Thrace, reconnurent ses lois ; la Célésyrie et la Phénicie, qu'avait conservées Philopator, furent enlevées en deux campagnes au jeune Ptolémée Épiphanes. Antiochus reçut de l'admiration générale le surnom de *Grand*. Mais le temps de sa prospérité était passé. Il avait rencontré les Romains, appelés par l'Égypte alarmée. Arrêté au midi par les redoutables tuteurs du roi d'Égypte, il les trouva encore au nord, protégeant contre lui le roi de Pergame. Annibal, fugitif devant la haine de Rome (voir l'Histoire Romaine), trouva Antiochus tout disposé à la guerre ; mais au lieu de suivre les avis du plus grand général de l'antiquité, le roi écouta les flatteries intéressées d'un obscur Étolien nommé Thoas. Il passa en Grèce avec un petit nombre de soldats, et fier de quelques légers avantages, il prétendit soutenir avec sa faible armée les efforts de la puissance romaine. Chassé de Grèce à la seconde campagne, privé de sa flotte par sa propre imprudence, il vit ses états envahis par Scipion l'Asiatique, qui lui porta le dernier coup à la bataille de *Magnésie* (190). L'empire des Séleucides y fut frappé à mort. Antiochus fut obligé d'abandonner l'Asie jusqu'au Taurus, et de payer en douze ans quinze mille talents aux Romains. Ruiné par cet énorme tribut, le roi, pour rétablir ses finances, alla piller le temple de Bélus à Élymaïs; les habitants indignés le massacrèrent. Selon quelques historiens, il fut tué par un de ses officiers qu'il avait maltraité dans une orgie (186).

Après lui, la décadence fut rapide. L'histoire de Syrie n'offre plus guère, comme celle d'Égypte à la même époque, qu'une honteuse série de discordes, de crimes, de défaites. Au dedans, les descendants de Séleucus s'arrachent, à force de trahisons et de forfaits, les débris de leur couronne, tandis que les gouverneurs des principales provinces se rendent indépendants (chap. XXII). Au dehors, c'est la puissance romaine qui grandit toujours, et resserre sans cesse cet empire qu'elle va engloutir. Dieu lui-même suscite des héros parmi son peuple et fait éclater des prodiges pour punir la sacrilége audace des rois de Syrie. Tandis que *Séleucus Philopator*, en Asie-Mineure, s'incline devant les ordres de Rome, son ministre Héliodore, persécuteur des Juifs, est frappé dans le temple même d'une honteuse maladie, et revient assassiner le prince qui l'a envoyé (175).

Le successeur de Philopator, *Antiochus Épiphanes* envahit l'Égypte, dont le roi Philométor a pour tuteur un député du sénat; le Romain Popilius lui ordonne de se retirer; Antiochus hésite; Popilius trace un cercle autour de lui avec sa baguette: « Vous ne sortirez pas, dit-il, avant d'avoir rendu réponse. » Antiochus se détermine à évacuer l'Égypte, et, à ce prix, il reste l'ami du sénat: voilà quelle était déjà l'influence romaine.

Épiphanes, furieux, mais impuissant à se venger, fit tomber sa colère sur les Juifs; il prétendit abolir le culte du vrai Dieu, et éteindre la foi dans le sang des enfants d'Israël. Le grand prêtre Mathathias opposa une héroïque résistance à ses ordres sacriléges, et mourut en confiant à son fils Judas la défense de sa patrie et de son Dieu. On sait comment les petites armées de Judas Machabée exterminèrent les troupes innombrables de la Syrie; comment le temple se releva de ses ruines; comment l'autel fut consacré de nouveau, et l'honneur du sacerdoce rétabli. Antiochus pré-

tendit écraser lui-même cette poignée d'hommes que ses
généraux ne pouvaient vaincre ; mais c'était prétendre lutter contre Dieu. Frappé par la main du Seigneur, l'impie périt en chemin dans les douleurs d'une horrible
maladie (164). Judas continua le cours de ses succès, et
cloua la main du fameux général Nicanor aux portes du
temple qu'il avait si souvent menacé. Ce ne fut qu'a-
près de brillantes victoires que Judas périt dans une bataille, accablé par le nombre. Il laissait un héritier de ses
talents et de sa gloire, son frère Jonathas , qui, à la faveur
des troubles de la Syrie , déclara les Juifs indépendants
sous la protection de Rome. Bientôt on vit *Démétrius
Soter* (162) et l'usurpateur *Alexandre Bala* (149), qui se
disputaient la couronne de Séleucus, solliciter l'un et l'autre les secours de la nation juive. Quelques années après,
le grand prêtre Jonathas éleva et renversa tour à tour le
Séleucide *Démétrius II Nicator* et *Antiochus Théos*,
fils de Bala, qui trois ans après fut remplacé par *Tryphon*,
son assassin (140).

La colère divine s'était appesantie sur les malheureux
héritiers de Séleucus. Une femme, Cléopâtre, souillait le
trône de sang et de crimes, tandis que les étrangers l'é-
branlaient au dehors. L'époux de Cléopâtre, *Démétrius
Nicator*, fut fait prisonnier par Mithridate, prince arsacide, qui avait envahi une partie de son royaume. Cléopâtre épousa *Antiochus Sidètes*, frère de Nicator, pour se
soutenir contre Tryphon. Sidètes, vaincu par celui-ci, se
donna la mort ; Tryphon fut tué lui-même dans une expédition contre les Parthes. Démétrius, mis en liberté, remonta sur le trône (131) ; mais il fut vaincu et tué par
un aventurier, *Alexandre Zébina*, qui périt lui-même,
vaincu par Séleucus, fils aîné de Cléopâtre (123). Cette
princesse, afin de régner seule, assassina son fils aîné,
qui prétendait partager le pouvoir avec elle. Son fils cadet
Antiochus Gryphus (123-97) aurait eu le même sort,
s'il ne l'eût forcée de s'empoisonner elle-même.

Les guerres civiles, suites de ces crimes de palais, firent

passer successivement le sceptre entre les mains de plusieurs
princes obscurs, Eusèbe, Philippe, Eucher, Dionysius,
et réduisirent les Syriens à se mettre d'eux-mêmes sous
l'empire de *Tigrane*, roi d'Arménie (85). Rome laissa
faire ; elle n'avait plus besoin de se mêler des affaires de ce
royaume, en proie aux dernières convulsions de son agonie.
Une nouvelle révolution remit le sceptre aux mains d'un
Séleucide ; mais *Antiochus l'Asiatique* (70) devait être le
dernier roi de son nom. La plus grande partie de la Syrie
était déjà tombée au pouvoir des nations limitrophes. Les
Romains, à la prière d'Antiochus, lui rendirent ce qu'avait
conservé Tigrane, sauf à le reprendre bientôt. L'an 64
avant Jésus-Christ, Pompée, traversant l'Asie, n'eut qu'à
déclarer la Syrie province romaine. Elle se soumit sans
aucune résistance.

OUVRAGES A CONSULTER. — Voir Champollion-Figeac, *Égypte*
(dans l'*Univers pittoresque*). *Annales des Lagides.* — Dans la
Biographie universelle les articles sur les *Ptolémées*.....

CHAPITRE VINGT-DEUXIÈME.

INDICATION DES ÉTATS SECONDAIRES FORMÉS EN ASIE DES DÉBRIS DE L'EMPIRE PERSE ET DE L'EMPIRE MACÉDONIEN.

SOMMAIRE.

Au moment où l'empire des Séleucides disparut absorbé dans l'empire romain, il n'était plus à beaucoup près ce qu'il avait été à la mort du premier Séleucus. Alors il comprenait la haute Asie et presque toute l'Asie-Mineure;

à l'époque de sa chute, il ne s'étendait guère au-delà de la Syrie ; il était tombé pièce à pièce, et le démembrement avait commencé dès les premiers successeurs de Séleucus. Quelques petits états, rendus à la liberté par la chute de l'empire des Perses, avaient échappé à la conquête d'Alexandre, s'étaient maintenus indépendants près du royaume de Syrie, et s'étaient agrandis de ses dépouilles : d'autres, en plus grand nombre, avaient pris naissance au milieu des divisions de l'héritage de Séleucus, et s'étaient formés des provinces que les révoltes enlevaient aux rois de Syrie. Les principaux sont ceux de Pergame, de Cappadoce, de Bithynie, d'Arménie, de Pont, de Bactriane, et de Parthiène, et, sur les côtes d'Asie, la république de Rhodes.

§ I. ROYAUME DE PERGAME.

Établi par Lysimaque (283) en faveur de *Philétère*, un de ses eunuques, le gouvernement de Pergame commença à s'accroître sous *Eumène Ier* (263), à la faveur des querelles de Séleucus Callinicus et d'Antiochus Hiérax. *Attale Ier* (241) prit le titre de roi après une grande victoire remportée sur les Gaulois, et mérita quelque gloire par la protection éclairée qu'il accorda aux belles-lettres. Il fonda la célèbre bibliothèque de Pergame. Ce fut, dit-on, sous son règne que le parchemin (*pergamenum*) commença à remplacer le papyrus. Ce prince et ses successeurs, pour se maintenir contre l'ambition des rois de Syrie, s'attachèrent invariablement à l'alliance romaine. *Eumène II* (198) aida les Romains dans leurs guerres contre Antiochus le Grand, contre Philippe, l'avant-dernier roi de Macédoine, et grâce à leur puissante protection, il étendit son empire jusqu'au Taurus. C'était pour le sénat un moyen sûr d'accroître son influence. Il consentit à soutenir les rois de Pergame dans toutes leurs guerres justes ou injustes ; mais, en retour, ces princes durent s'habituer à regarder comme des ordres la volonté du peuple romain. Après la mort d'*Attale II*, successeur d'Eumène (157-137), qui ajouta quelques villes au royaume de Pergame, l'imbécile *Attale III* paya la république romaine de ses services intéressés en lui léguant *ses biens*. Le sénat prétendit que ce prince avait entendu par là léguer son royaume (132).

Un fils naturel d'Eumène II, *Aristonic*, protesta contre un acte émané d'un roi dont toute la conduite n'avait été qu'une série de barbares extravagances, contre un acte qui peut-être même était supposé. Vainqueur d'un consul, il fut battu ensuite, fait prisonnier, et mis à mort après avoir suivi le char triomphal du vainqueur (129).

§ II. CAPPADOCE.

Les Cappadociens, renommés depuis longtemps pour leur bravoure parmi les peuples soumis à l'empire des Perses, obéissaient à des rois particuliers, quand Alexandre parut en Asie : le conquérant maintint *Ariarathe II*, qui lui avait fait hommage de sa couronne. Ce prince fut cependant vaincu et mis en croix par Perdiccas, dont il ne voulait pas reconnaître les lois (321). A la mort de Perdiccas, le fils du dernier roi, *Ariarathe III*, monta sur le trône, et s'y affermit à la faveur des querelles qui agitaient l'Asie (321-284). Ce royaume subsista sans éclat pendant deux cents ans. *Ariarathe VIII* (94) fut assassiné par Mithridate le Grand, roi de Pont, qui s'empara de ses états. Après la chute de Mithridate, les Romains laissèrent aux Cappadociens le choix de leur gouvernement. Ils continuèrent à se donner des rois, qui jouèrent un assez faible rôle dans les guerres civiles de Rome, jusqu'au règne de Tibère, où la Cappadoce fut réduite en province romaine, sous le règne d'*Archélaüs*, 17 ans après Jésus-Christ.

§ III. BITHYNIE.

Le royaume de Bithynie remonte à une époque assez reculée. Indépendant de nom, s'il ne l'était pas de fait, sous

les rois de Perse, il put se soustraire à la conquête d'A-
lexandre, se défendit avec succès sous le roi *Bias* (ou *Bas*),
contre les généraux du roi de Macédoine, et conserva son
existence jusqu'à l'époque où, comme tous les autres états
voisins, il subit le joug de Rome. Le roi de Bithynie le
plus connu est *Prusias II* (192-148); il avait accueilli
Annibal fugitif, et ce grand général l'avait rendu vainqueur
d'Eumène II, roi de Pergame; mais effrayé par les menaces du sénat, Prusias allait livrer aux Romains l'illustre
banni, quand Annibal lui échappa par le poison. Dès lors,
les rois de Bithynie ne furent plus que les sujets de Rome,
et se nommèrent eux-mêmes les *affranchis du peuple romain*. La protection du sénat, achetée par tant d'abaissement, les maintint sur le trône, malgré les efforts du roi
de Pont, Mithridate le Grand, jusqu'à ce qu'un testament
de *Nicomède III* eut livré la Bithynie à la république romaine (75).

§ IV. PONT.

Plus glorieuses furent les destinées du royaume de Pont.
Il avait été établi par Xerxès en faveur de son frère;
soumis un instant par la conquête macédonienne, il se
rendit indépendant et s'agrandit pendant les querelles des
généraux d'Alexandre; de bonne heure il s'allia avec la
république romaine, et le roi *Mithridate VI* (157-
123), pour prix de ses services pendant la troisième
guerre punique, et pendant la guerre contre Pergame, reçut
des vainqueurs la grande Phrygie. Mais le royaume de
Pont s'indigna du rôle secondaire auquel il était réduit
sous la protection romaine. *Mithridate le Grand*, successeur de Mithridate VI (123-65), trouva dans ses états
assez de puissance, dans son âme assez de génie, pour
oser concevoir de gigantesques projets. Il n'avait échappé
aux embûches de ses courtisans qu'en vivant dans les
forêts pendant plusieurs années, et qu'en s'habituant à
prendre impunément les poisons les plus subtils. Doué

d'une force physique et morale qui souvent dégénérait en cruauté, animé d'une haine violente contre Rome, il entreprit de détruire sa domination en Asie. Il vainquit les Scythes, conquit la Paphlagonie et la Cappadoce, envahit la Bithynie malgré l'intervention du sénat, et inaugura par des victoires sa lutte contre les généraux de Rome. Nous raconterons dans l'Histoire Romaine ces longues et sanglantes guerres, qui commencèrent par le massacre de quatre-vingt mille Romains. Toute l'Asie-Mineure fut un instant au pouvoir de Mithridate ; mais vaincu successivement par Sylla, Lucullus et Pompée, abandonné par Tigrane, son gendre, Mithridate, trahi encore par son fils *Pharnace*, se donna la mort pour échapper aux Romains, au moment où il allait venger ses défaites en portant la guerre au sein de l'Italie (65). Son royaume fut aussitôt réduit en province romaine. Pharnace avait reconquis une partie des états de son père quand il fut repoussé au fond du Bosphore par une rapide expédition de César.

§ V. GALATIE.

La Galatie, formée du démembrement de la Paphlagonie, de la Cappadoce et de la Phrygie, fut enlevée à Antiochus Soter (278) par une tribu gauloise. Les nouveaux habitants ne sortaient de leurs montagnes que pour rançonner et piller toutes les contrées voisines, défiant dans leurs sauvages retraites toutes les attaques des rois de Syrie. Ils s'unirent cependant à Antiochus le Grand contre les Romains, et furent punis par de sanglantes défaites. Manlius Vulso fit prisonniers six mille Galates qu'il vendit comme esclaves. La république ne se releva pas de ce coup (189), quoiqu'elle conservât, sous la protection de Rome, une indépendance nominale. On vit un de ses chefs, *Déjotarus*, après avoir été l'ami de Pompée, faire plaider sa cause auprès de César par Cicéron. Son procès et son acquittement prouvent également ce degré d'abais-

sement où était tombée la Galatie, qui fut bientôt annexée
à la province de Pont.

§ VI. ARMÉNIE.

L'Arménie, dont nous avons raconté ailleurs l'antique
origine (*Voir* ci-dessus, chap. VII, § I), fut enlevée par
Alexandre aux princes descendants d'Haïg (328), et ne
fut détachée de l'empire des Séleucides qu'après la bataille
de Magnésie (189). Elle forma d'abord deux royaumes indépendants connus sous le nom de grande et de petite Arménie, qui subsistèrent obscurément pendant plus d'un
siècle, et furent réunis pour quelque temps sous *Tigrane I*er (128), avant le commencement des guerres contre Mithridate. Tigrane, dont l'orgueil s'était arrogé le titre
de roi des rois, prit parti pour le roi de Pont; mais il fut
battu plusieurs fois par Lucullus, et réduit à lui demander
à genoux la grâce de conserver une couronne humiliée. Ravagée sans cesse par les Parthes après la mort de Tigrane,
l'Arménie se livra à la merci des Romains, qui ne cessèrent de disputer aux Arsacides le droit de lui donner des
lois. L'Arménie fut réduite en province romaine par l'empereur Vespasien (75 après Jésus-Christ).

§ VII. BACTRIANE.

Malgré l'étendue et l'importance de ce royaume, son
histoire est peu connue. La Bactriane fut détachée de la
monarchie syrienne par le gouverneur *Théodote*, qui prit
le titre de roi, et se rendit puissant dans la haute Asie (255).
Quoique abaissé par Antiochus le Grand, ce nouvel état
s'accrut prodigieusement par les conquêtes de ses rois à
l'Orient. En 148, l'Inde presque entière fut assujettie, et
les frontières de la Bactriane furent reculées jusqu'à celles
de la Chine; mais cette grande domination s'anéantit peu
après dans des luttes continuelles contre les Parthes, et fut
enfin absorbée dans l'empire des Arsacides (141).

§ VIII. PARTHIÈNE.

Les différents royaumes dont nous venons de parler eurent une courte existence, et tous, envahis tôt ou tard par l'étranger, suivirent la fortune de leurs vainqueurs. Tel ne fut pas le sort du royaume des Parthes. Après avoir été séparé de l'empire des Séleucides par *Arsace* en 255, il sut se maintenir indépendant sur les frontières de l'empire romain : ses déserts et la bravoure de ses enfants le protégèrent toujours contre l'invasion, et souvent il fit éprouver aux maîtres du monde de sanglantes défaites. C'est encore l'empire des Parthes qui, sous un autre nom, devait, pendant la décadence de l'empire romain, porter les plus rudes coups au colosse chancelant, et précipiter sa chute. Il semble s'être conservé libre pour venger le monde asservi.

Flottant à l'orient de la Syrie, et sans limites fixes, dans les steppes immenses de l'Asie centrale, le royaume des Parthes, né de la guerre, s'accrut par la guerre. Antiochus le Grand essaya en vain de le réduire, et un de ses successeurs, Démétrius II, fut fait prisonnier par les troupes de l'Arsacide : la puissance du nouvel empire était dès lors solidement établie. On vit *Mithridate I*er (174-138) soumettre la Bactriane, la Médie, la Perside, et faire mourir son ambassadeur parce qu'il avait cédé la place d'honneur à un consul romain. Sous ce prince, la ville de Ctésiphon devint une cité florissante. *Mithridate II* (124-90) mérita le surnom de Grand par ses victoires sur Tigrane, roi d'Arménie, et surtout par ses difficiles et glorieux succès contre les peuples nomades de la Scythie et de l'Asie centrale. La suprématie des Parthes continua à s'exercer sur les contrées voisines, jusqu'à ce que les Romains, de conquêtes en conquêtes, arrivassent jusqu'à eux.

L'ambition aveugle de Crassus engagea la lutte. *Orode I*er (54-36), le quatorzième Arsacide, occupait alors le trône. Ailleurs nous dirons comment la légère cavalerie des Parthes, habituée à combattre en fuyant, insaisissable ennemi que jamais les Romains ne pouvaient joindre, les entraîna à sa suite dans les plaines de la Mésopotamie, où la faim moissonna ceux qui échappèrent aux flèches des soldats (54). Les aigles de Crassus, enlevées par le vainqueur *Suréna*, restèrent en trophée à la cour des Parthes, et ne purent être recouvrées par Ventidius, lieutenant d'Antoine, malgré quelques succès, ni par Antoine lui-même, qui fut forcé de fuir devant la cavalerie du roi *Phraate IV*, successeur d'Orode. Il fallut le bruit des victoires et de la puissance d'Auguste pour effrayer le roi des Parthes au fond de ses déserts. Les aigles furent renvoyées à Rome, et il s'établit entre les deux empires une paix que jamais les Arsacides ne payèrent de leur liberté.

Nous avons indiqué les états qui, formés des débris de l'empire des Perses et des Séleucides, exercèrent une influence notable sur les destinées de l'Asie. Nous ne parlerons pas des royaumes de Colchide, de Bosphore, de Pamphylie, de Comagène, etc., issus de la même origine, mais dont l'histoire est à peine connue, et n'a d'ailleurs quelque importance que dans ses rapports avec celle des grandes nations voisines. La république de Rhodes a jeté plus d'éclat dans l'antiquité. L'île fut peuplée par des Phéniciens et par des Pélasges; la civilisation phénicienne et la civilisation grecque y fleurirent à la fois. Les habitants se livrèrent avec ardeur au commerce maritime. Au huitième siècle, ils partageaient avec les Phéniciens l'empire des mers. Fidèles au souvenir de leur origine, les Rhodiens conservèrent de fréquentes relations avec les Grecs, ils s'allièrent pendant la guerre du Péloponnèse, tantôt avec Athènes, tantôt avec Lacédémone. Les Athéniens, entraînés par l'éloquence de Démosthène, les délivrèrent du joug de la Carie, auquel les avait assujettis le roi *Mausole*, époux d'Artémise. Après avoir été alliés d'Alexandre le Grand, les Rhodiens prirent parti dans les guerres des généraux d'Alexandre, et soutinrent en 304 ce siége fameux où Démétrius gagna le surnom de Poliorcète. En mémoire de leur héroïque défense, ils élevèrent à l'entrée de leur port cette statue gigantesque connue sous le nom de colosse de Rhodes. Plus tard, les Rhodiens figurèrent dans différentes guerres d'Orient comme alliés des Romains contre Philippe de Macédoine, Antiochus le Grand, Mithridate. Leur île fut réduite en province romaine, l'an 71 après Jésus-Christ.

OUVRAGES A CONSULTER. — Voyez les auteurs énumérés ci-dessus et Tacite. — Voir le *Recueil* d'Eichhorn. — Consulter le *Dictionnaire universel* de M. Bouillet.

CHAPITRE VINGT-TROISIÈME.

RELIGION, MOEURS, SCIENCES ET ARTS DES GRECS.

SOMMAIRE.

§ I. II. Polythéisme grec. L'Olympe peuplé des dieux de toutes les nations. Les douze grands dieux. Les dieux inférieurs. Principales fêtes religieuses. Sacrifices humains. Divination. Oracles. Jeux olympiques, isthmiques, néméens, pythiens. Amphictyons. Résultats de cette institution.

§ III. Philosophie. Les sept sages. École ionique. Thalès. École italique. Pythagore. École d'Élée. Anaxagoras. Socrate; caractère de sa philosophie. Sa mort. Platon, chef de l'Académie. Sublimité de sa doctrine. Aristote. Stoïciens : Zénon. Cyniques : Diogène. Epicure. Scepticisme : Pyrrhon. Décadence de la philosophie grecque. Premières écoles d'Alexandrie. Théophraste. Démétrius de Phalère.

Littérature. Orphée, Linus, etc. Homère : l'Iliade, l'Odyssée. Cycle épique. Hésiode. Tyrtée. Solon. Pindare. Simonide. Corinne. Sapho. Anacréon. Esope. — Thespis. Eschyle. Sophocle. Euripide. Aristophane. Ménandre. — Théocrite. Décadence de la poésie. Callimaque. Apollonius.

Histoire. Hérodote. Thucydide. Xénophon.

Eloquence. Pisistrate. Périclès. Alcibiade. Eschine. Démosthène. Isocrate.

Sciences. Pythagore. Thalès. Euclide. Aristarque. Apollonius. Hipparque. Archimède. Esculape. Hippocrate. Erasistrate.

Arts. Les trois ordres d'architecture. Phidias. Alcamène. Polyclète. Praxitèle, etc. Lysippe. Apollodore. Zeuxis, Parrhasius. Apelle.

Au peuple romain appartint dans l'ancien monde l'influence de la force et de la conquête : les Grecs, plus accoutumés à envoyer au loin des colonies que des armées, exercèrent une action non moins forte peut-être par les doctrines, la science, les institutions. Ils semèrent dans tout l'univers leurs mœurs, leurs lois, leurs dieux ; ils lui offrirent dans les arts, dans les lettres, dans les sciences, de magnifiques modèles. Les plus grands écrivains de tous les temps se sont formés à l'école des maîtres de la Grèce ; au pied de ses colonnes chancelantes, nos architectes vont étudier encore, et nos sculpteurs ont demandé souvent de belles inspirations à ses statues mutilées.

§ I. POLYTHÉISME GREC. — FÊTES RELIGIEUSES.

La Grèce, si brillante, si polie, si sage, si fière de ses découvertes et de ses admirables productions, erra cependant comme toutes les autres nations antiques dans la recherche de la vérité religieuse ; et c'est un affligeant spectacle que de voir dans quel abîme de dégradation et de folie était tombé, sous le rapport religieux, le plus civilisé de tous les peuples. La philosophie grecque montra que l'esprit humain, abandonné à lui-même, peut s'élever parfois très-haut, mais ne sait pas se soutenir : la religion grecque nous prouve que sans un secours divin l'esprit humain peut tomber dans des aberrations monstrueuses, et ne sait pas se relever.

L'Olympe, le ciel des Grecs, se peupla par la réunion des divinités de divers peuples, comme la Grèce elle-même se peupla de leurs colonies ; on y trouve des divinités égyptiennes, phéniciennes, phrygiennes : les héros prirent place parmi ces dieux étrangers ; puis on en vint à diviniser toutes les pensées, toutes les passions, tous les vices : un auteur a recueilli par milliers les noms de ces honteux objets de l'adoration des hommes.

Les Grecs semblaient admettre, comme la plupart des peuples, une intelligence suprême, au-dessus de tous les êtres et de toutes les puissances, mais qu'ils ne distinguaient pas de l'univers lui-même. Tous les éléments, tous les phénomènes de la nature étaient personnifiés et divinisés. Après *Jupiter*, le roi des hommes et des dieux, et aussi le dieu de l'air, ils adoraient : *Neptune*, le dieu des eaux, *Vulcain*, le dieu du feu, *Vesta*, déesse de la terre. *Junon*, reine des dieux. *Vénus*, déesse de l'amour, *Diane*, protectrice des accouchements, *Apollon*, père de la lumière et du jour, *Cérès*, amie de l'agriculture, représentaient les forces productrices de la nature. *Mercure* présidait à l'industrie et au commerce ; *Minerve* était la déesse de la paix et des beaux-arts; *Mars* animait la fureur des combats. Tels furent les grands dieux. Dans un ordre inférieur étaient *Hercule*, fils de Jupiter, le destructeur des monstres, *Bacchus*, dieu du vin, *Pluton*, roi des esprits infernaux, et toute la foule des divinités secondaires, habitantes des cieux, de la terre et des enfers. Chaque peuple honorait certains dieux d'un culte particulier. Jupiter et Hercule étaient le plus généralement adorés. Athènes était la ville de Minerve. Les fêtes des *Panathénées* y étaient célébrées avec beaucoup d'éclat en l'honneur de la déesse. Au milieu d'une troupe de musiciens on portait dans toute la ville une riche bannière où était brodée l'image d'un vaisseau qu'on allait déposer solennellement dans le temple de Minerve. On consacrait à Bacchus *les grandes* et *petites Dionysiaques*, les *Orgies*, les *Lénéennes* L'ivresse était regardée comme l'hommage le plus agréable qu'on pût rendre au dieu des raisins. Pendant les fêtes de Bacchus, on voyait les prêtresses appelées *Bacchantes* courir dans les rues, à peine vêtues, la raison égarée par le vin, déchirant de leurs ongles les entrailles des victimes en poussant des hurlements effroyables. Plus austère dans son culte, la guerrière Lacédémone offrait de sanglants sacrifices au dieu Mars et à Diane chasseresse (voir ch. XII, § 11). Aux fêtes de *Cybèle*, des prêtres appelés *Corybantes* exécutaient, les armes à la main, des danses frénétiques. A Delphes était un fameux temple d'Apollon, où l'on venait de tous côtés consulter l'oracle. Corinthe, la plus corrompue des villes grecques, honorait Vénus par des débauches dans les infâmes *Aphrodisies*. Les fêtes de Cérès, ou de *la bonne déesse*, servaient à voiler de leurs mystères les plus honteuses voluptés. Dans la ville d'Éleusis, souillée d'impureté, la religion était encore souillée de sang. Les sacrifices humains n'y étaient pas rares, et la coutume s'en répandit partout : Thémistocle se prépara par l'immolation de trois jeunes Perses à la victoire de Salamines.

C'est un spectacle déplorable que celui des folles et atroces superstitions de ce peuple, qui fut le plus poli, le plus civilisé des peuples anciens ; tant il est vrai que loin de la vérité religieuse il n'est pas de bornes pour les déceptions et les erreurs de l'esprit humain.

La divination, source de faussetés et d'impostures, était un des principaux fondements des religions païennes. On cherchait les secrets de l'avenir dans le vol des oiseaux, dans les entrailles des victimes. Chaque temple avait son *oracle*, où l'on recueillait avec respect les paroles sans suite échappées à une prêtresse ivre et menteuse. Le plus célèbre de tous fut l'oracle du temple d'Apollon à Delphes. La *pythie* se plaçait sur un trépied à l'entrée d'un soupirail d'où sortaient des vapeurs enivrantes. Bientôt hors d'elle-même, elle prononçait en vers ambigus des réponses qui ont fait dire plus d'une fois que le dieu de la lyre était un mauvais poëte. Dès qu'elle s'était écriée : *Voici le dieu !* les prêtres interprétaient ses cris les plus incohérents et ses hurlements frénétiques, dont le bruit frappait le peuple d'une religieuse terreur. Les prophètes chargés de rédiger les oracles, et qui étaient considérés, non comme les serviteurs, mais comme les enfants d'Apollon, s'enrichissaient avec les nombreuses *hécatombes* (sacrifice de cent bœufs) qu'on offrait à la divinité. Le trésor de Delphes devint tellement opulent, que les Phocidiens en enlevèrent sans l'épuiser vingt-quatre millions de notre monnaie.

§ II. JEUX PUBLICS. — INSTITUTIONS. — AMPHICTYONIE.

Les Grecs se réunissaient dans plusieurs grandes occasions pour célébrer en commun les fêtes de leurs dieux.

Tels furent les quatre jeux solennels, appelés jeux *olym-piques, isthmiques, néméens, pythiens*, institutions à la fois politiques et religieuses (voir chap. X). Dans l'arène, entourée par un immense amphithéâtre, et en présence d'une foule innombrable, les athlètes déployaient leur force et leur adresse dans les combats de la lutte, du ceste, du pugilat, dans les courses à pied, à cheval, en char. Les musiciens les plus habiles, les poëtes illustres, ambition-naient l'honneur de s'y faire entendre ; et là leurs accents patriotiques firent plus d'une fois tressaillir d'enthousiasme la Grèce entière ; là furent couronnés les lutteurs qu'exal-tent Simonide et Pindare ; là aussi l'admiration des Grecs donna le nom des neuf muses aux neuf livres de l'histoire d'Hérodote. Le prix n'était qu'une couronne d'olivier sauvage ; mais le vainqueur recevait des honneurs presque divins ; il était porté en triomphe dans sa ville natale, son nom était chanté par tous les poëtes, et il désignait une olympiade. (*V.* chap. X.)

Les guerres particulières étaient suspendues pendant les fêtes d'Olympie. Ce fut un des plus grands bienfaits de cette célèbre institution.

Elle fut utile encore en établissant quelque unité, mal-gré le morcellement de la Grèce, en conservant l'esprit na-tional, en multipliant les relations amicales des différentes peuplades.

Le conseil amphictyonique avait pour but, d'une ma-nière plus spéciale encore, d'unir les intérêts des cités grecques, de les rapprocher les unes des autres en une sorte de confédération. Il fut d'abord composé des princes de la Thessalie, qui formèrent une ligue pour résister aux invasions étrangères, et convinrent de s'assembler chaque année aux Thermopyles, près desquelles régnait Amphic-tyon. Ils discutaient toutes les affaires d'intérêt commun, et les décisions de ce tribunal étaient reçues avec un tel respect, que pendant plusieurs années elles terminèrent les contestations, prévinrent les guerres intérieures. Avant d'entrer en délibération, les députés faisaient serment « de

« ne jamais détruire une ville amphictyonique; de né
« point intercepter le cours des rivières; de punir au-
« tant qu'il leur serait possible ceux qui se rendraient
« coupables de pareils attentats. » Les heureux résultats
que les amphictyons trouvaient dans leur union engagèrent plusieurs villes de la Grèce centrale et du Péloponnèse à se joindre à eux ou à former des associations semblables. Mais cette institution ne tarda pas à dégénérer
quand elle se fut étendue à toute la Grèce. Les rivalités
particulières déclinèrent l'autorité des jugements rendus
par le tribunal amphictyonique; on finit par ne lui reconnaître d'autres droits que celui de protéger le culte d'A-
pollon et de défendre les priviléges du temple de Delphes.
Ce patronage lui-même finit par devenir à peu près ineffi-
cace, et n'empêcha pas, à plusieurs reprises, la violation
sacrilége du sanctuaire. (Voir chapitre XVI, § II.) Nous
avons parlé des principales institutions politiques dans
l'histoire des différents peuples. (Voir chap. XI et XII.)

§ III. NOTIONS SOMMAIRES SUR LES LETTRES, LES ARTS ET LES SCIENCES
EN GRÈCE DEPUIS HOMÈRE JUSQU'A LA CONQUÊTE DES ROMAINS.

« La philosophie grecque fut d'abord toute pratique.
Elle s'occupait exclusivement de morale et de politique, et
travaillait à rendre les hommes plus vertueux, plus libres,
plus heureux : ce fut celle des sept sages. » (M. Poirson.)
Déjà cependant *Thalès de Milet* (639-548) joignait à ces
doctrines des spéculations sur l'origine des choses et l'essence de l'homme; mais ses études se portèrent principalement sur les phénomènes de la nature physique, et cette
préoccupation donna à son école (école *ionique*) une tendance au matérialisme. Le célèbre *Pythagore de Samos* (580-500), au contraire, s'attacha exclusivement aux
idées et aux rapports abstraits des nombres : il en résulta
que l'école *italique*, dont il fut le maître, s'égara bientôt
dans les rêveries d'un spiritualisme outré, qui fut le propre caractère de la troisième grande école philosophique,
l'école d'*Elée*. L'exagération de ces sectes philosophiques

les avait fait tomber en discrédit, quand *Anaxagoras* parut (v. 490). Cherchant à unir ce que chacune avait de
vrai, il mit au premier rang la partie intellectuelle et morale de l'homme, sans négliger la partie matérielle. Il commença la régénération de la philosophie, et fut le précurseur
de *Socrate* (469-400). Ce grand homme acheva l'œuvre
qu'Anaxagoras avait commencée, et ramena les penseurs
des vaines spéculations où ils se perdaient à l'étude de
l'âme humaine ; il voulut faire de la philosophie un code
de morale, et sa vie fut le modèle des vertus qu'il ensei-
gnait. Nul homme dans l'antiquité ne mérita mieux que
Socrate le nom de sage, nul ne prêcha une doctrine plus
pure. Dieu semble l'avoir choisi, ainsi que Platon, son disciple chéri, pour montrer jusqu'où peut s'élever par ses
propres forces la raison humaine. Socrate eut le sort de
tous ceux qui se déclarent hautement les adversaires du
vice et des préjugés. Poursuivi par les railleries insultan-
tes, puis par les attaques plus directes de ses ennemis, il
fut victime de leur haine, et but la ciguë en 400. Après
Socrate, la philosophie se partagea de nouveau en un grand
nombre d'écoles diverses.

Platon (430-347), le chef de l'*Académie*, comprit et développa les idées de son maître ; il suivit la route que Socrate avait tracée, alla plus haut que lui encore, et la sublimité de ses doctrines lui valut le surnom de *Divin*. Il
rapporta des sanctuaires égyptiens des notions nouvelles ;
quoiqu'il admît l'éternité de la matière, il proclama hautement l'existence d'un Dieu suprême et unique, il entre-
vit quelques-uns des dogmes que le christianisme devait ré-
véler plus tard, et c'est lui qui, pour compléter le portrait
du juste sur la terre, le représente *honni de tous, flagellé
et mis en croix*. Ses écrits ont presque tous la forme de
dialogues où Socrate est le principal interlocuteur. Malgré
la hauteur de son génie, il tomba quelquefois dans de
singulières erreurs, et il osa conseiller dans la *République*
la communauté des biens et des femmes ; tant il est vrai
que les plus fermes esprits chancellent sans cesse quand ils

sont privés des secours de la vérité révélée. On n'a du reste sur la doctrine de Platon que des données incomplètes : il paraît avoir eu, comme la plupart des philosophes, un enseignement public et un enseignement secret. Les dialogues ne renferment que la partie élémentaire de sa philosophie.

Un élève de Platon, *Aristote* (384-322), l'un des plus vastes génies qu'ait produits l'antiquité, étudia à la fois et les facultés de l'esprit humain, et les lois de la nature physique, et l'art du gouvernement. Philippe de Macédoine, en lui confiant l'éducation d'Alexandre, se disait *heureux d'avoir eu un fils du temps d'Aristote*. Moins élevé cependant que Platon dans ses conceptions, Aristote ne comprit pas les plus hautes destinées de l'homme : il proclama l'indifférence absolue de Dieu pour les actes de l'homme, restreignit à ce monde toutes ses pensées, et s'occupa peu de son perfectionnement moral.

Les principaux ouvrages d'Aristote sont la *Poétique*, la *Rhétorique*, la *Métaphysique*, la *Politique*, et de nombreux traités d'histoire naturelle.

Les principes posés par les deux grands disciples de l'école socratique furent bientôt appliqués et exagérés dans les sectes qui s'élevèrent autour d'eux. La secte stoïcienne, avec *Zénon* (362-264), mit la vertu au-dessus de tous les biens; mais elle voulut la porter à l'excès en refusant même de reconnaître que la douleur fût un mal ; et cette morale pleine d'ostentation eut bien plutôt pour résultat d'exalter l'orgueil, que de développer dans les âmes une vertu solide et pratique : on voit le stoïcien Sénèque écrire sur une table d'or les pages où il vante la pauvreté, et l'austère Brutus mourir en s'écriant : « O vertu, tu n'es qu'un nom ! » Les *Cyniques* poussèrent cet orgueil jusqu'à la démence, et bientôt *Antisthène*, et *Diogène* après lui, firent consister la perfection morale à porter un manteau déchiré, et à vivre dans une vaniteuse indigence, sans souci des plus grands intérêts de l'humanité. *Épicure* (342-270), au contraire, livré à la contemplation des choses matérielles, Épicure plaça le bonheur dans la jouissance des biens de cette vie, dans le contentement des sens; et si lui-même n'entendait pas lâcher les rênes à toutes les passions, ses disciples, plus logiques, « poussèrent le principe à ses dernières conséquences, et l'antiquité elle-même rougit du *troupeau d'Épicure*. » L'épicuréisme peut se traduire en deux mots : Égoïsme et volupté.

Au milieu de toutes ces doctrines diverses, l'esprit humain comprenait qu'il n'avait pas trouvé la vérité. Quelques esprits, las de la chercher, se jetèrent dans un scepticisme désespéré, et *Pyrrhon* (v. 276) en vint à douter même de son existence. C'était folie, sans doute; mais les plus sages philosophes eux-mêmes sentaient que la certitude manquait à leurs idées : Socrate, si frappé de l'absurdité du polythéisme, recommandait en mourant qu'on offrît pour lui un coq à Esculape! Le monde, flottant d'opinions en opinions, cherchait un appui qui ne pouvait venir que d'en haut.

Après le grand mouvement philosophique qui suivit la mort de Socrate, on ne vit plus guère surgir que les reproductions plus ou moins fidèles des doctrines anciennes. Les Grecs se bornèrent à étudier la science de leurs ancêtres, et c'est seulement à Alexandrie qu'on vit se ranimer quelque peu l'étude de la philosophie; encore y fut-elle à peu près réduite à l'érudition, heureuse quand le scepticisme et la sophistique ne vinrent pas l'ébranler jusque dans ses bases. Alexandrie cependant vit briller dans ses écoles : *Théophraste* (371-286), l'auteur des *Caractères*, élève d'Aristote, et *Démétrius de Phalère* (v. 296), pendant quelque temps gouverneur d'Athènes, qui écrivit sur la politique, la poésie, la grammaire, comme sur la philosophie, et fut l'un des hommes les plus remarquables de son siècle.

La littérature commença, chez les Grecs, comme chez tous les peuples, par la poésie. *Orphée, Musée, Linus, Amphion*, répétaient sur la lyre ces chants harmonieux, qui, disait-on, charmaient les forêts et les rochers, c'est-

à-dire adoucissaient les mœurs farouches des anciens habitants de la Grèce. Bientôt le génie poétique prit un essor immense. Neuf cents ans avant Jésus-Christ, *Homère*,
de Smyrne ou de Chios, donna au monde une œuvre qui
depuis tant de siècles est toujours le modèle de la poésie
épique. Admirateurs enthousiastes de l'auteur de l'*Iliade*
et de l'*Odyssée*, les Grecs lui élevèrent des autels, et des
poëtes nommés *rhapsodes* allèrent de ville en ville, comme
les troubadours du moyen âge, chantant sur la lyre quelques fragments des immortels poëmes.

A l'époque d'Homère, et même quelque temps auparavant, la Grèce d'Europe et surtout l'Ionie possédaient
de nombreuses épopées, réunies plus tard sous le nom de
Cycle épique. On y trouvait les traditions mythologiques
qui forment le fond de l'histoire primitive de la Grèce,
depuis la création du monde jusqu'à la mort d'Ulysse.
« Homère, loin d'être le seul poëte de son siècle, fait partie d'une nombreuse famille de chanteurs, qu'il a tous
éclipsés, sans les faire oublier, par l'éclat de sa gloire. »
Hésiode marcha, mais de loin, sur les traces d'Homère
son contemporain. Il chanta l'origine du monde et les
lois de la nature dans *les Travaux et les jours* et dans la
Théogonie; il donna les premiers modèles du genre didactique.

Une poésie plus légère et plus vive naquit du sein des
troubles et des révolutions qui agitèrent la Grèce. *Tyrtée*
(v. 654) chante ses hymnes guerriers sur le champ de bataille; *Solon* lui-même anime ses concitoyens par une ode
belliqueuse. *Pindare* (en 436), le plus grand des lyriques,
exalte les vainqueurs des jeux olympiques; *Simonide*
(558-468), s'illustre dans le même genre, et y joint de mé-
lancoliques élégies; une femme, *Corinne* (v. 495), se
montre quelquefois leur digne rivale. Une muse plus tendre
inspire des chants d'amour à la triste *Sapho* (v. 612), de
gracieuses peintures et des transports joyeux au vieil *Anacréon* (v. 530). Le Phrygien *Ésope* emprunta à l'Orient
ses spirituels apologues, qui sous une forme attrayante

cachent de salutaires leçons, quelquefois de hautes vérités (v. 582).

La tragédie commença par les informes essais de *Thespis* (v. 536), qui, monté sur un tombereau et le visage
barbouillé de lie, amusait les passants par ses farces grossières. Bientôt les exploits des Grecs pendant la guerre
médique inspirèrent la muse sévère et énergique d'*Eschyle* (v. 477), dont le langage toujours élevé, parfois
sublime, célèbre les hauts faits de ses concitoyens, anime
l'enthousiasme de la liberté, l'amour de la patrie. Eschyle
n'avait pas entièrement dépouillé la poésie dramatique de
son ancienne rudesse; *Sophocle* (m. 405) sait la polir
sans l'énerver, et la revêtir d'une forme harmonieuse et
savante. *Euripide* (480-407), le poëte des tendres passions, des douleurs profondes, ne cherche pas, comme ses
devanciers, à créer des types d'une majesté surhumaine:
il ramène la tragédie du ciel sur la terre, il peint les
hommes tels qu'ils sont, et par ses vers pathétiques il fait
pleurer toute la Grèce sur des infortunes et des faiblesses
réelles.

Parmi les successeurs de ces trois grands hommes, nul
n'hérita de leur gloire ni de leur génie

À côté de la tragédie, naquit la comédie, toute pleine à
l'origine de bouffonneries ignobles, d'injures amères, de
plaisanteries personnelles. Elle n'épargnait ni le talent ni
la vertu : ce furent les vers spirituels et méchants d'*Aristophane* v. 427, qui préparèrent la condamnation de Socrate. *Ménandre* 342-293, génie plein de goût et de finesse,
débarrassa la comédie de toute allusion grossière, et sous
son influence elle devint, comme dans les temps modernes, la critique générale des mœurs, la satire de tous les
ridicules. La comédie de Ménandre fut le type de la comédie latine.

Les derniers temps de la Grèce furent stériles pour tous
les genres de poésie. Beaucoup d'hommes de médiocre talent, tels que *Callimaque*, *Apollonius* de Rhodes, produisent des œuvres régulières, sans défauts graves, mais sans

intérêt et sans grandeur. La poésie didactique se développe patiemment, l'épigramme aiguise ses traits forgés à loisir ; mais l'inspiration languit et s'éteint. La philologie, l'érudition, la critique, sont en honneur. A défaut d'invention, on commente, on explique, on discute les ouvrages des anciens auteurs. Les colonies siciliennes seules donnent naissance à un poëte qui, ainsi qu'Homère, a été souvent imité, jamais atteint ; *Théocrite* dans ses idylles est admirable de fraîcheur, de simplicité, de naturel (v. 252).

Hérodote (m. 484), d'Halicarnasse eut la gloire de fonder l'histoire, composée avant lui de sèches et froides annales ou de fictions poétiques. Son imagination put s'exercer à l'aise sur les fabuleuses origines des nations, sur les brillants faits d'armes de ses compatriotes, et quelquefois peut-être il sacrifia la vérité à son enthousiasme pour la gloire nationale. L'histoire devint plus grave et plus certaine dans les écrits de *Thucydide* (471-391), que son style concis et énergique, ses vues fermes et élevées, son impartialité constante, placent à la tête des historiens grecs. *Xénophon* (445-355), guerrier, philosophe et historien, se montra le digne émule de ses illustres devanciers dans sa *Cyropédie*, dans son récit de la *retraite des Dix Mille*, bien qu'il ait moins d'imagination qu'Hérodote, moins de vigueur et de précision que Thucydide. Après lui *Théopompe*, à la fois historien et orateur, se distingua par la sagacité, la critique et l'amour du vrai ; puis l'histoire sembla se restreindre en Grèce aux proportions de la biographie : les grands écrivains manquèrent quand le temps des grands exploits fut passé.

Aucun genre de littérature ne fut plus cultivé en Grèce que l'éloquence. Il devait naître en effet une foule d'orateurs du sein de ces discussions perpétuelles sur la place publique, où s'agitaient chaque jour les questions politiques les plus importantes. Nul n'arrivait au pouvoir que par le talent de la parole. Le peuple oisif et spirituel d'Athènes donnait son suffrage à celui qui avait charmé ses oreilles. Ainsi *Pisistrate* avait commencé à fonder son in-

fluence ; ainsi *Périclès*, *Alcibiade*, se créèrent dans une
république un pouvoir presque royal ; ainsi de cette tribune, où luttait contre lui l'éloquence d'*Eschine*, *Démosthène* put à son gré soulever tout un peuple, et par ses
foudroyantes philippiques entraîner toute la Grèce contre
le père d'Alexandre. Démosthène, lâche sur les champs de
bataille, accessible à la corruption, soudoyé plus d'une
fois par les ennemis de sa patrie, Démosthène, avec toutes
ses faiblesses, se sentait animé d'une incroyable énergie,
en face du peuple assemblé pour l'entendre. La noblesse de
l'action, la grandeur des pensées, le feu des mouvements,
il réunissait tout ; nul orateur de l'antiquité ne l'a sur-
passé, bien peu l'ont égalé quelquefois.

La Grèce admira encore le talent d'*Isocrate* (436-338),
plus remarquable par la grâce que par la vigueur de son
expression. Les autres orateurs, compris sous le nom
d'orateurs attiques (entre autres, *Andocide*, *Lysias*, *Hy-
pérides*), avaient brillé dans le cours du cinquième siècle.
L'éloquence partagea promptement la décadence de la
puissance grecque, l'altération du caractère national ; elle
devint, comme la philosophie, un art de vaines disputes,
et les rhéteurs remplacèrent les orateurs.

Nous savons par quels brillants succès la littérature
grecque marqua ses destinées. Non moins heureuse dans
les sciences, la Grèce cite avec orgueil des noms qui ne
périront jamais ; les sciences elles ne s'élevèrent pas toutes
à la même hauteur. Pythagore, instruit par les prêtres égyptiens, cultiva surtout les sciences mathématiques, qu'il
confondit avec la philosophie ; mais elles restèrent pendant
plusieurs siècles à peu près au point où il les avait laissées.
Le célèbre *Euclide* d'Alexandrie (v. 285) vint enfin leur
donner une impulsion nouvelle et établir les principes
fondamentaux de la géométrie, dont il fut véritablement le
père. Thalès de Milet cultiva l'astronomie, et sut prédire
des éclipses de soleil. Ainsi que Pythagore, il n'eut que
peu de successeurs. L'Occident n'imita point l'Orient dans
son zèle pour les études astronomiques. Cependant *Aristar-*

que (v. 265) soupçonna le mouvement de la terre, et faillit être condamné comme athée pour avoir émis ses opinions. *Apollonius* (v. 247) étudia le mouvement des astres, et fit quelques observations importantes. *Hipparque* (101) se rendit célèbre autant par ses calculs astrologiques que par ses recherches réellement scientifiques. La mécanique fut cultivée avec un succès merveilleux par l'un des plus grands mathématiciens de l'antiquité : l'illustre *Archimède* de Syracuse (287-212), qui avait étudié à Alexandrie. Une seule science prit en Grèce un essor remarquable : enseignée d'abord par *Esculape*, que la reconnaissance publique mit au rang des dieux, la médecine grandit rapidement sous *Hippocrate* (v. 404), dont l'autorité a régné longtemps sans rivale, et est encore, malgré les progrès des sciences, respectée même aujourd'hui. *Érasistrate* (v. 300), petit-fils d'Aristote, fonda à Smyrne l'anatomie, en osant le premier chercher, le scalpel à la main, les secrets de la nature, et analyser les cadavres humains.

La Grèce peut être appelée la patrie des beaux-arts, aussi bien que la patrie des lettres. Le beau dans tous les genres était l'objet des ardentes études d'hommes au génie élevé, aux conceptions sublimes. La musique se développa, dans les temps les plus anciens, avec la poésie. Elle avait l'influence la plus forte sur les mœurs des Grecs. Agamemnon, partant pour le siége de Troie, laissa, dit-on, un musicien auprès de sa femme Clytemnestre, pour protéger sa vertu par la puissance de l'harmonie; et Égisthe ne put la séduire qu'après avoir assassiné ce gardien de la chasteté. Les instruments de musique, qui se bornaient jadis à la lyre aux trois cordes, inventée par Mercure, se multiplièrent et se perfectionnèrent rapidement. Anacréon se vante de savoir chanter sur une harpe de vingt et une cordes. La musique jouait un grand rôle dans toutes les fêtes religieuses et les jeux publics. Périclès construisit l'*Odéon* pour y établir une école de musique. Le prix de la musique, aux jeux olympiques, était un vase rempli d'huile.

L'art musical chez les Grecs, quelle qu'ait été sa perfection, n'a pu laisser que des souvenirs dans l'histoire; il n'en est pas ainsi de l'architecture et de la sculpture, dont le temps n'a pu détruire tous les vestiges. Les trois ordres d'architecture, *dorique, ionique, corinthien*, offrirent le type toujours imité de la grâce et de la régularité des lignes. Les temples aux majestueux portiques, aux imposantes colonnades, furent encore embellis de tous les trésors de la sculpture. On aura quelque idée de la splendeur des monuments grecs, quand on saura que le temple de Diane d'Éphèse, tout entier en marbre blanc de Paros, ne fut achevé qu'après deux cents ans; et que Pisistrate jeta à Athènes les fondements d'un temple de Jupiter olympien qui ne fut terminé que quatre siècles plus tard.

La sculpture, née en Égypte, se dégagea rapidement des entraves où la retenait la pesante imagination d'un peuple qui n'avait d'admiration que pour les formes colossales. Athènes surtout fut la ville des arts. Là fleurirent *Phidias* (v. 448) et *Alcamène :* « et en regardant les chefs-» d'œuvre de ces grands artistes, le Jupiter d'Olympie » ou la Minerve d'Athènes, les Grecs pouvaient croire » les dieux descendus dans leurs temples. » *Polyclète, Myron, Scopas* et *Praxitèle*, héritiers du talent et de la gloire de leurs devanciers, formèrent, jusqu'à *Lysippe* (v. 300), une suite de sculpteurs dont la renommée est toujours aussi brillante depuis tant de siècles. La peinture n'était guère dans l'Égypte, où elle prit naissance, qu'un grossier mélange de couleurs. Jusqu'au temps de la guerre médique, elle se développa à peine en Grèce. La bataille de Marathon inspira le premier grand tableau d'histoire. Bientôt après, *Apollodore* (v. 504) varia les teintes par l'opposition des ombres et de la lumière. *Zeuxis* (478-390) le premier anima ses figures par un coloris naturel et brillant. *Parrhasius* (v. 375) s'attacha surtout à la correction du dessin, à la pureté des lignes. Le nom d'*Apelle* (v. 332) couronna cette glorieuse série.

12.

Alexandre le Grand le jugea seul digne de reproduire ses
traits.

OUVRAGES A CONSULTER. — Histoire de la Philosophie, par
Brucker. De Gerando. Tennemann. M. Cousin, *Cours d'histoire
de la Philosophie. École d'Athènes*, par Riambourg. *Histoire de
la littérature grecque*, par Schœll. Barthélemy. *Voyage d'Anacharsis. Précis. Cahiers d'histoire littéraire.* — Consulter les
divers articles du *Dictionnaire universel d'histoire et de géographie*, par M. Bouillet. — Quintilien. St-Justin.

TABLEAU

CHRONOLOGIQUE ET SYNCHRONIQUE

DE

L'HISTOIRE ANCIENNE.

TABLEAU SYNCHRONIQUE

HISTOIRE SACRÉE.

HISTOIRE

Ann. avant J.-C.	HISTOIRE SACRÉE	HISTOIRE — ASIE ET AFRIQUE
4963	Création du monde. Adam et Ève. Caïn et Abel...... Seth...... Caïn bâtit la première ville, à laquelle il donne le nom de son fils Hénoch. Ses descendants inventent les instruments de musique et l'art de travailler les métaux.	
3908	Naissance de Noé.	
3408	Sem... Cham... Japhet.	
3308	Déluge universel.	
2907	Tour de Babel. Dispersion des hommes.	
		La plus grande partie de l'Asie est peuplée par les descendants de Sem ; la terre de Chanaan, l'Égypte et le reste de l'Afrique sont occupés par la postérité de Cham.
		Fondation des premiers empires, au nombre desquels il faut placer sans doute ceux qui s'élevèrent dans l'Inde et dans la Chine..... Premières dynasties égyptiennes..... Sidon fondée par l'aîné des fils de Chanaan..... Royaume de Phrygie.
2760		
2690		Fondation de Tyr.
		Fondation de Babylone par Nemrod, et de Ninive par Assur.
2296	Vocation d'Abraham.	
2266	Naissance d'Isaac.	
2261	Ismaël, père de la plupart des tribus arabes, chassé avec sa mère Agar de la maison de son père Abraham.	
2206	Ésaü, Jacob et ses douze fils.	
2126		

DE L'HISTOIRE ANCIENNE.

PROFANE.

EUROPE.

GRÈCE.	ITALIE.	Ann. avant J.-C.
		4963
		3908
		3408
		3308
La postérité de Japhet se répand successivement dans toutes les parties de l'Europe.		2907
		2760
		2690
Temps fabuleux.		2296
		2966
		2264
Pélasges.		
	L'Italie reçoit ses premiers habitants de l'Illyrie, de l'Espagne et de la Celtique ou Gaule.	2206
Sicyone fondée par Égialus.		2126

HISTOIRE SACRÉE.   HISTOIRE

ASIE ET AFRIQUE.

Ann. avant J.-C.		
		Conquête du royaume de Babylone par les Arabes pasteurs, qui envahissent aussi l'Égypte... Règne des Pharaons pasteurs en Égypte.
2096	Joseph vendu et conduit en Égypte.	
1993		Bélus, l'un des successeurs
1986		d'Assur, réunit le royaume de Babylone à celui de Ninive. Premier empire d'Assyrie.
1968		Ninus, second roi d'Assyrie.
1924		
1916		Sémiramis, veuve de Ninus,
1904		fait la conquête de l'Asie centrale.
1884		Grandeur de l'empire d'Assyrie.
1883		
1874		Ninyas succède à Sémiramis... Décadence de l'empire
1837		d'Assyrie.
1832		Pasteurs chassés de l'Égypte.
	Oppression des Israélites en Égypte.	Construction des premières pyramides. Lac Mœris.
1725	Naissance de Moïse.	
1645	Les Israélites sortent de l'Égypte. La loi donnée sur le Sinaï. Séjour de quarante années dans le désert.	
1605	Josué succède à Moïse... Prise de Jéricho. Les Israélites établis dans la Terre promise. Gouvernement des Anciens.	Scamandre, premier roi de Troie... Sidon recueille les peuples de Chanaan.
1579		Fondation du royaume de Lydie... Teucer, puis Dardanus, succèdent à Scamandre dans le royaume de Troie.
1572		
1570		
1562	Première servitude des Israélites, sous Chusan-Rasathaïm, roi de Mésopotamie.	
1554	Ils en sont délivrés par Othoniel, premier juge d'Israël. Gouvernement des juges.	
1549		

PROFANE.

—

EUROPE.

Grèce.	Italie.	Ann. avant J.-C.
		2096
		1993
		1986
Inachus arrive en Grèce, et règne le premier dans l'Argolide.		1968
Fondation de la ville Phoronique, nommée plus tard Argos.		1924
		1916
Pélasgus règne dans l'Arcadie.		1904
Fondation de la ville de Mycènes.		1884
		1883
Pélasgus, roi d'Arcadie, passe dans la Thessalie, que l'écoulement des eaux qui l'avaient couverte jusqu'alors, a depuis deux ans rendue habitable.	Peucetius et OEnotrus amènent de la Grèce en Italie les premières colonies pélasgiques.	1874
		1837
Déluge d'Ogygès dans l'Attique.		1832
		1725
		1645
		1605
		1579
L'Égyptien Danaüs aborde en Grèce, et s'empare d'Argos.		1572
L'Égyptien Cécrops premier roi d'Athènes.		1570
		1562
		1554
		1549
Arrivée en Béotie du Phénicien Cadmus, qui fonde la Cadmée, citadelle de Thèbes.		

HISTOIRE SACRÉE.   HISTOIRE

—

ASIE ET AFRIQUE.

Ann. avant J.-C.	HISTOIRE SACRÉE	ASIE ET AFRIQUE
1541		
1529		
1520		
1519		
1514	Deuxième servitude des Israé-	
1510	lites, sous Églon, roi des Moa-bites.	
1508		
1498		
1496	Ahod, deuxième juge, les en	
1491	délivre.	Sésostris, roi d'Égypte, fait de
1462		grandes conquêtes en Afrique, en Asie et même dans la Thrace.
1458		Les Pharaons successeurs de
1431		Sésostris gouvernent l'Égypte pendant plusieurs siècles.
		Tros... Ilus succèdent à Dardanus dans le royaume de Troie.
1416	Troisième servitude des Israé-	
1408	lites sous Jabin, roi des Chana-néens.	
1401		
1397		
1396	La prophétesse Débora les en	
1391	délivre, par la mort de Sisara, général de Jabin.	
1372		
1362		

PROFANE.

EUROPE.

Grèce.	Italie.	Ann. avant J.-C.
Deucalion règne en Thessalie.		1541
Déluge de Deucalion.		1529
Cranaüs, deuxième roi d'Athènes .. Minos Ier règne dans l'île de Crète, et Hellen, fils de Deucalion, dans la Thessalie.		1520
Institution de l'Aréopage.		1513
		1514
Amphictyon, troisième roi d'Athènes... Eurotas et Lacédémon règnent ensemble dans la Laconie.		1510
Institution du Conseil amphictyonique.		1508
Erichthonius, quatrième roi d'Athènes.		1498
		1496
		1491
Pandion Ier, cinquième roi d'Athènes.		1462
Érechthée, sixième roi d'Athènes... Invasion dans la Grèce centrale et méridionale, des Hellènes conduits par Dorus, Xuthus, Achæus et Ion, fils et petit-fils d'Hellen.		1458
		1431
Amphion règne à Thèbes.		1416
La culture du blé est introduite dans l'Attique.	Janus... Saturne règnent dans le Latium.	1408
Laïus, roi de Thèbes.		1401
Cécrops II, septième roi d'Athènes.		1397
		1396
Premiers établissements des Ioniens dans l'Asie-Mineure.		1391
Pandion II, huitième roi d'Athènes.		1372
Pelops envahit la Péninsule, qui prend alors le nom de Péloponnèse.		1362

HISTOIRE SACRÉE.   HISTOIRE

ASIE ET AFRIQUE.

Ann. avant J.-C.	HISTOIRE SACRÉE.	ASIE ET AFRIQUE.
1361		
1358		
1356	Quatrième servitude des Israé-	
1354	lites, sous les Madianites.	
1350		
1349	Gédéon, quatrième juge d'Is-	Laomédon règne à Troie.
1334	raël, défait les Madianites.	
1322		
1321		
1317		
1310		Troie prise et détruite par Her- cule. Priam succède à Laomé-
1307		don.
1292		
1289		
1285		
1270		Prise de Troie par les Grecs,
1269		après un siége de dix ans.
1262	Cinquième servitude des Israé-	
1261	lites, sous les Ammonites.	
1243	Jephté, septième juge d'Israël,	
1229	défait les Ammonites.	
1220		Dynastie des rois de Lydie de
1212	Sixième servitude des Israélites	la race d'Hercule.
1199	sous les Philistins.	
1198		
1190		

PROFANE.

EUROPE.

GRÈCE.	ITALIE.	Ann. avant J.-C.
Commencement des exploits d'Hercule.		1361
Laïus tué par son fils OEdipe.		1358
		1356
Égée, neuvième roi d'Athènes.		1354
Expédition des Argonautes.		1350
Jason, Castor et Pollux.		1349
	Colonies crétoises dans l'Italie	1334
Thésée, dixième roi d'Athènes, réunit les douze bourgades de l'Attique, et organise le gouvernement.	méridionale...... Colonie d'Evandre et des Arcadiens, qui fondent Palantium sur les rives du Tibre.	1322
Les Héraclides chassés du Péloponnèse.		1321
Guerre de Thèbes. Mort d'Étéocle et de Polynice, fils d'OEdipe.		1317
Atrée, fils de Pélops, règne à Argos.		1310
Guerre des Épigones.		1307
Ménesthée, onzième roi d'Athènes.		1292
Enlèvement d'Hélène par Pâris.		1289
Agamemnon, roi d'Argos.		1285
Démophon, douzième roi d'Athènes.		1270
Malheurs des princes grecs après la ruine de Troie. Meurtre d'Agamemnon. Voyages d'Ulysse.	Énée amène une colonie troyenne en Italie. Fondation de plusieurs colonies helléniques	1269
Oreste absous par l'Aréopage du meurtre de sa mère Clytemnestre.	dans la partie méridionale de cette péninsule.	1262
		1261
		1243
		1229
Oxynthès, treizième roi d'Athènes.		1220
		1212
Aphidas, quatorzième roi d'Athènes.		1199
Thymœtès, quinzième roi d'Athènes.		1198
Retour des Héraclides dans le Péloponnèse.		1190

HISTOIRE SACRÉE.   HISTOIRE

ASIE ET AFRIQUE.

Ann. avant J.-C.	HISTOIRE SACRÉE	HISTOIRE — ASIE ET AFRIQUE
1178		Chéops... Chéphren... My-cérinus... Asychis, rois d'É-gypte, constructeurs des pyra-mides.
1172	Samson triomphe des Philistins	
1158	par sa force prodigieuse.	
1153		
1152	Le grand prêtre Héli.	Etablissement des principa-les colonies éoliennes, ionien-nes et doriennes dans l'Asie-Mineure et dans les îles voi-sines.
1132	Le prophète Samuel, dernier	
1092	juge d'Israël.	
1080	Saül, premier roi, sacré par Samuel.	
1040	David, second roi d'Israël.	
1032	Il enlève aux Jébuséens la for-	
1031	teresse de Sion, citadelle de la ville de Jérusalem, dont il fait sa capitale.	Hiram, roi de Tyr, fait al-liance avec David, et ensuite avec Salomon, auquel il fournit du bois pour la construction du temple.
1028	Conquêtes de David, dont les états s'étendent jusqu'à l'Eu-phrate.	La Syrie soumise à David, puis à Salomon.
1012	Révolte et mort d'Absalon.	
1001	Salomon succède à David.	
991	Dédicace du temple de Jéru-salem.	Le Pharaon égyptien fait al-liance avec Salomon.
968		
962	Schisme des dix tribus.	

Ann. avant J.-C.	ROIS DE JUDA.	ROIS D'ISRAEL	HISTOIRE
	Roboam.	Jéroboam.	
958			Sésac, roi d'Égypte, pille Jé-rusalem.
946	Abiam.		
944	Asa.		
943			
942		Nadab.	
935		Baasa.	
919		Éla.	Le roi d'Éthiopie Sabacon, qui avait conquis l'Égypte et envahi la Judée à la tête d'un million d'hommes, est défait par Asa.
918		Zamri.	
		Amri.	
907		Achab, le plus impie des rois d'Israël, épouse	
904	Josaphat, cé-lèbre par sa piété.	Jézabel, fille d'I-thobal, roi de Tyr.	
898			

PROFANE.

EUROPE.

GRÈCE.	ITALIE.	Ann. avant J.-C.
Mélanthus, seizième roi d'Athènes.		1178
		1172
	Albe la Longue, fondée par Ascagne, fils d'Énée. Zancle, connue depuis sous le nom de Messane, fondée en Sicile par les Sicules, qui avaient chassé les Sicanes.	1158
Proclès et Eurysthènes, tiges de deux maisons royales des Proclides et des Agides à Lacédémone. Codrus, dernier roi d'Athènes.		1153
		1152
Dévouement et mort de Codrus. Archontat.		1132
		1092
La royauté est successivement abolie dans la plupart des états de la Grèce.		1080
		1040
		1032
		1031
		1028
		1012
		1001
		991
Naissance d'Homère.		968
		962
		958
Hésiode compose ses poèmes vers cette époque.		946
		944
		943
		942
		935
		919
		918
Naissance de Lycurgue... Homère fleurit vers cette époque.. Paix générale en Grèce.		
		907
		904
Lois de Lycurgue.		898

HISTOIRE SACRÉE.   HISTOIRE

ASIE ET AFRIQUE.

Ann. avant J.-C.			
888		Ochozias.	
887		Joram.	
884			
880	Joram épouse Athalie, fille de Jézabel, qui fait massacrer tous les princes de la famille royale.		
879			Pygmalion, roi de Tyr.
877	Ochozias.	Jéhu s'empare	
876	Athalie.	de la royauté, et	
870	Joas, qui seul a été sauvé du massacre de sa famille, par le grand prêtre Joad.	tue Jézabel.	
860			Didon, sœur de Pygmalion, s'enfuit de Tyr, et fonde Carthage.
848		Joachas.	
832		Joas.	
831	Amasias.		
817		Jéroboam II.	
803	Ozias ou Azarias.		
776		Zacharie.	
766		Sellum.	
765		Manahem.	
759			Mort de Sardanapale, dernier roi d'Assyrie. Division du premier empire d'Assyrie : Phul, roi de Ninive ; Bélésis, de Babylone ; Arbacès, de Médie.
754		Phacéia.	
753		Phacée.	
752	Joathan.		Téglath phalasar, roi de Ninive.
749			Invasion des Éthiopiens en Égypte.
747			Ère de Nabonassar, roi de Babylone.
744			
742		Le roi de Ni-	
737	Achaz.	nive défait Phacée.	Conquête d'une partie de la Syrie par les Ninivites.

PROFANE.

EUROPE.

GRÈCE.	ITALIE.	Ann. avant J.-C.
		888
		887
Rétablissement des jeux olympiques.		884
		880
		879
		877
		876
		870
		860
		848
		832
		831
		817
		803
Date de la première olympiade.		776
		766
		765
		759
	Numitor, roi d'Albe, renversé par Amulius et rétabli par Romulus et Rémus.	
Archontat décennal à Athènes.	Fondation de Rome. Meurtre de Rémus. Règne de Romulus..... Organisation intérieure.	754
Fondation de Syracuse par les Corinthiens.		753
		752
	Enlèvement des Sabines..... Guerres.	749
		747
	Le Sabin Tatius partage la royauté.	744
Première guerre de Messénie qui dure 19 ans.		742
		737

HISTOIRE SACRÉE.   HISTOIRE

Ann. avant J.-C.	HISTOIRE SACRÉE		ASIE ET AFRIQUE.
735			Déjocès, roi de Médie.
726		Osée.	
724			Le roi éthiopien d'Egypte fait alliance avec Osée.
723	Ézéchias, il-		Règne de Salmanasar à Ni-
718	lustre par sa	Prise de Sa-	nive.
715	sainteté.	marie par Sal-	
		manasar. Des-	
714		truction du	
713		royaume d'Is-	Séthos, prêtre de Vulcain, roi
		raël.	d'Egypte.
712			Sennachérib, roi de Ninive.
710	Invasion de Sennachérib.		Invasion des Ninivites en Egypte.
708			Gygès, roi de Lydie.
707	Armée ninivite détruite par		Assar-Haddon, roi de Ninive.
	l'ange exterminateur.		
694	Manassès.		
684			
680			Prise de Babylone, par Assar-
673	Manassès emmené en captivité		Haddon.
671	par le roi de Ninive.		Les douze rois d'Egypte.
668			
667			Nabuchodonosor Ier, roi de Ni-
			nive.
665			
659	Holopherne, général ninivite,		
656	tué par Judith.		Psammétique, seul roi d'Egypte.
655			Nabuchodonosor tue Phraorte,
640	Amon.		roi des Mèdes.
639	Josias.		
625			Prise de Ninive par le Babylo-
624			nien Nabopolassar, allié à Cyaxa-
			re, roi des Mèdes... Second em-
			pire d'Assyrie.
614			Expéditions maritimes sous
			le règne de Néchao, roi d'E-
609	Joachas emmené en captivité		gypte.
	par le roi d'Egypte.		
608	Joakim.		
606	Captivité de Babylone... Ruine		Règne glorieux de Nabuchodo-
	de Jérusalem par Nabuchodo-		nosor II.
	nosor.		Il défait les Egyptiens.

PROFANE.

EUROPE.

GRÈCE.	ITALIE.	Ann. avant J.-C.
		735
		726
		724
		723
		718
	Meurtre de Romulus... Inter-règne d'un an.	715
	Numa, roi pacifique et reli-gieux.	714
		713
		712
		710
		708
		707
Archontat annuel à Athènes.		694
Seconde guerre de Messénie... Aristomène.		684
		680
		675
Soumission de la Messénie...	Tullus Hostilius, prince guer-rier.	671
Fondation de Messine.		668
	Combat des Horaces et des Cu-riaces.	667
	Destruction d'Albe la Longue.	665
		659
		656
		655
		640
	Ancus Martius.	639
		625
Lois cruelles de l'archonte Dracon.		624
	Tarquin l'Ancien, Étrusque, agrandit la puissance de Rome et embellit la ville..... Rome exerce sa suprématie sur tous les peuples voisins.	614
Anarchie à Athènes.		609
		608
		606

13

HISTOIRE SACRÉE.   HISTOIRE

ASIE ET AFRIQUE.

Ann. avant J.-C.	HISTOIRE SACRÉE.	ASIE ET AFRIQUE.
597	Jéchonias. Sédécias.	
596		
593		Cambyse, père de Cyrus, gouverne les Perses.
587	Destruction du temple de Jérusalem.	
578		
572		Prise de Tyr par Nabuchodonosor, après un siége de douze ans. Nouvelle Tyr bâtie dans une île.
561		L'Égypte est ravagée par les Assyriens, sous le Pharaon Ophra.
560		Cyaxare II, roi des Mèdes.
555		Cyrus bat les Assyriens.
547		Il défait Crésus, roi de Lydie, à Thymbrée.
538		Il prend Babylone... Mort de Balthasar, dernier roi d'Assyrie.
536	Edit de Cyrus qui termine la captivité de Babylone... Le temple est rebâti par Zorobabel.	Cyrus réunit la Médie à la Perse et à l'Assyrie conquise. Fondation de l'empire des Perses.
534		
530		Cambyse, fils de Cyrus.
528		
526		Psamménit, dernier roi d'Égypte.
525		Conquête de l'Égypte par le roi des Perses.
522		Mort de Cambyse.... Imposture de Smerdis le mage dévoilée. Darius Ier, fils d'Hystaspe, roi.
513		Il prend Babylone révoltée, après un siége de dix-huit mois.
510		
509		Expédition des Perses contre les Thraces.

PROFANE.

EUROPE.

GRÈCE.	ITALIE.	Ann. avant J.-C.
		597
Epiménide, Crétois, à Athènes.		596
Sages lois de l'archonte Solon.		593
		587
	Assassinat de Tarquin l'Ancien... Servius Tullius. Réforme dans le gouvernement. Le peuple est partagé en centuries. Guerres glorieuses.	578
		572
Pisistrate usurpe à Athènes le pouvoir suprême. Prospérité d'Athènes sous son gouvernement.		561
		560
		555
		547
		538
		536
	Tarquin le Superbe remplace Servius Tullius, assassiné. Sa tyrannie..., ses guerres et ses succès.	534
		530
Hipparque et Hippias succèdent à Pisistrate.		528
		526
		525
		522
Meurtre d'Hipparque. Liberté rétablie à Athènes.		513
		510
	Expulsion des Rois. République romaine. Brutus et Tarquin Collatin, premiers consuls.	509

HISTOIRE SACRÉE.   HISTOIRE

ASIE ET AFRIQUE.

Ann. avant J.-C.	HISTOIRE SACRÉE	ASIE ET AFRIQUE
508		Division de l'empire des Perses en vingt satrapies.
504		Révolte de l'Ionie.
500		Ruine de Sardes.
498		Soumission de l'Ionie.
496		Première guerre contre la Grèce.
495		
492		
491		Seconde guerre contre la Grèce.
490		Révolte de l'Egypte.
486		Xerxès succède à Darius ; il soumet l'Égypte.
485		
481		Xerxès envahit la Grèce.
480		Les Carthaginois sont vaincus par Gélon, tyran de Syracuse.
479		
472		Assassinat de Xerxès. Troubles en Perse.
462		Artaxerxès Longue-main.
454	Jérusalem rebâtie par Néhémie.	
451	Esdras.	
449		
444		
443		
431		
422		Guerres des Carthaginois en Sicile.
414		Extension de la puissance carthaginoise en Afrique et en Sicile.

PROFANE.

EUROPE.

GRÈCE.	ITALIE.	Ann. avant J.-C.
	Premier traité des Romains avec les Carthaginois.	
	Guerres suscitées par les Tarquins... Porsenna.	508
		504
Les Athéniens donnent des secours aux Ioniens.		500
	Premier dictateur à Rome.	498
Expédition de Mardonius en Thrace.		496
	Bataille du lac Rhégille.	495
	Retraite sur le Mont Sacré... Tribunat.	492
Datis et Artapherne en Grèce.	Exil de Coriolan.	491
Miltiade vainqueur à Marathon.	Siége de Rome par Coriolan.	490
	Première proposition de la loi agraire.	486
Premiers exploits de Thémistocle... Puissance de Sparte dans le Péloponnèse.		485
	Guerres des Romains contre les Èques, les Volsques, les Herniques, les Véiens.	481
Léonidas... Bataille de Salamine... Fuite de Xerxès.		480
Batailles de Platée et de Mycale.		479
Affranchissement de l'Ionie.... Pausanias, Aristide, Cimon. Succès des Grecs contre les Perses. Élévation d'Athènes. Commencement de la rivalité de Sparte et d'Athènes.	Mort des 306 Fabius. Troubles intérieurs.	472
	Loi Terentilla.	462
	Le Sabin Herdonius s'empare du Capitole. Exploits de Cincinnatus. Querelles intérieures.	454
	Décemvirat. Lois des douze tables.	451
Glorieux traité imposé aux Perses par Cimon.	Abolition du décemvirat.	449
Périclès... Gloire et puissance d'Athènes.		
	Tribunat militaire.	444
	Censure.	443
Guerre du Péloponnèse... Peste d'Athènes.	Guerres contre les peuples voisins.	431
Paix de Nicias... Alcibiade.		422
Siége de Syracuse... Désastre des Athéniens.		414

HISTOIRE SACRÉE.   HISTOIRE

Ann. avant J.-C.	HISTOIRE SACRÉE.	ASIE ET AFRIQUE.
404		Artaxerxès Mnémon et le jeune Cyrus en Perse.
401		Bataille de Cunaxa. Retraite des Dix mille.
397		
395		
390		
389		
387		
380		
371		
367		
366		
363		
360		
356		Le temple d'Éphèse brûlé par
355		Érostrate.
343		
338		Les Carthaginois sont vaincus par Timoléon de Syracuse.
336		Darius Codoman, dernier roi de Perse.
335		
334		
333	Conquête de la Judée par Alexandre.	Les Perses vaincus aux batailles du Granique et d'Issus. Conquête de la Phénicie.
332		Prise de Tyr et de Gaza. Conquête de l'Égypte. Bataille d'Ar-
331		belles. Mort de Darius. Conquête de l'empire des Perses. Expéditions contre les Scythes et les Indiens.
326		
323		Ptolémée Lagus gouverne l'Égypte.

PROFANE.

EUROPE.

GRÈCE.	ITALIE.	Ann. avant J.-C.
Prise d'Athènes par Lysandre... Les trente tyrans. Thrasybule rend la liberté à Athènes.	Solde établie pour l'armée.	404
		401
Exploits d'Agésilas, roi de Sparte, contre les Perses.		397
Ligue contre Sparte. Alliance d'Athènes et de la Perse.	Prise de Véies par Camille.	395
	Première invasion des Gaulois.	390
	Prise de Rome, retraite des Gaulois. Exploits de Camille.	389
Traité d'Antalcidas. Commencement de la décadence des Grecs. Puissance de Sparte.		387
Les Spartiates sont chassés de Thèbes par Pélopidas.		380
Victoire de Leuctres remportée par Épaminondas.		371
Grandeur de Thèbes. La lutte avec Sparte commencée.	Camille repousse la deuxième invasion des Gaulois.	367
	Avénement des plébéiens au consulat.	366
Bataille de Mantinée... Mort d'Épaminondas.		363
Philippe II, roi de Macédoine, commence à étendre sa puissance	Invasion gauloise. Guerre avec les peuples d'Italie.	360
	Premier dictateur plébéien.	356
Guerre sacrée. Progrès de Philippe en Grèce.	Paix intérieure pour quelque temps.	355
Phocion, Démosthène.		
	Commencement de la guerre contre les Samnites.	343
Victoire de Philippe à Chéronée.		338
Alexandre succède à Philippe en Macédoine.		336
Il soumet la Grèce.		335
Expédition d'Alexandre en Asie.		334
		333
		332
		331
		326
Mort d'Alexandre. Partage de ses états.		323

HISTOIRE SACRÉE.   HISTOIRE

ASIE ET AFRIQUE.

Ans. avant J.-C.	HISTOIRE SACRÉE	ASIE ET AFRIQUE
321		
310		Agathocle, roi de Syracuse, lutte contre les Carthaginois, et va assiéger leur capitale.
309		
307		
301	La Judée soumise à Séleucus.	Bataille d'Ipsus. Royaume d'Égypte... Lagides. Royaume de Syrie... Séleucides. Lysimaque règne en Asie-Mineure.
290		
285		Ptolémée Lagus abdique en faveur de Ptolémée Philadelphe.
282	La Judée passe au pouvoir de Ptolémée Philadelphe.	Lysimaque vaincu et tué par Séleucus.
281		Antiochus Soter, roi de Syrie.
280		
279		
277	Version des Septante.	
275		
274		Premier traité de l'Égypte et de Rome.
272		
264		
262		Antiochus Théos, roi de Syrie.
260		
256		Arsace se révolte, et fonde l'empire des Parthes.
251		
247		Ptolémée Évergète, roi d'Égypte. Séleucus Callinicus, roi de Syrie.

PROFANE.

EUROPE.

Grèce.	Italie.	Ann. avant J.-C.
Guerres des généraux d'Alexandre. Révolte de la Grèce réprimée. Démétrius de Phalère à Athènes.	Fourches Caudines. Alliance des Samnites avec les Étrusques, les Ombriens, les Èques. Victoire des Romains.	321
		310
Extinction de la famille d'Alexandre.		309
Tous les généraux d'Alexandre prennent le titre de rois.		307
Royaume de Macédoine à Cassandre.		
Révolutions en Macédoine.		301
Lutte de Pyrrhus, roi d'Épire, et de Démétrius Poliorcète.	Paix imposée aux Samnites par Curius Dentatus.	290
Expéditions aventureuses de Démétrius.		
Lysimaque s'empare de la Macédoine.		285
La Grèce a recouvré en partie sa liberté.	Soumission définitive des Samnites.	282
	Guerre de Tarente.	281
	Pyrrhus bat les Romains à Héraclée.	280
Invasion des Gaulois en Macédoine.	Bataille d'Asculum. Pyrrhus passe en Sicile.	279
Antigone Gonatas, roi de Macédoine.		277
		275
Conquête de la Macédoine par Pyrrhus.	Bataille de Bénévent. Pyrrhus retourne en Grèce.	274
Pyrrhus est tué devant Argos.		272
Puissance d'Antigone en Grèce.	Première guerre punique.	264
		262
	Première victoire navale des Romains.	260
	Régulus en Afrique.	256
Aratus délivre Sicyone. Origine de la ligue achéenne.		251
Aratus y fait entrer la plupart des villes grecques.	Alternative de succès et de revers.	
Sparte refuse d'y accéder.		247

13.

HISTOIRE SACRÉE.   HISTOIRE

ASIE ET AFRIQUE.

Ann. avant J.-C.	HISTOIRE SACRÉE	ASIE ET AFRIQUE
242		Ptolémée envahit la Syrie : il protége la ligue achéenne.
241 239		Guerre de Carthage contre les mercenaires. Elle envoie en Espagne Amilcar. Ses conquêtes pendant huit années.
237		Asdrubal lui succède.
225		Séleucus Céraunus, roi de Syrie.
224		
222		Antiochus le Grand, roi de Syrie. Ptolémée Philopator, roi d'Égypte... Antiochus réprime plusieurs révoltes.
220		Annibal succède à Asdrubal en Espagne.
219		Prise de Sagonte.
218		Annibal passe en Italie.
217		
216	Les Juifs sont persécutés par Philopator.	Antiochus, qui avait attaqué le roi d'Égypte, est battu à Raphia.
215		
212		
210		
207 205 202		Ptolémée Épiphane, roi d'Égypte. Les Romains arrêtent en Égypte les progrès d'Antiochus le Grand.
200		
197		

PROFANE.

EUROPE.

GRÈCE.	ITALIE.	Ann. avant J.-C.
	Bataille des îles Égates.	242
	Fin de la première guerre pu-	241
Réforme d'Agis à Sparte.	nique.	239
	La Sardaigne est livrée aux	237
	Romains. Guerres dans l'Italie	
Guerre entre Sparte et la ligue	méridionale.	225
achéenne. Réforme de Cléomène		
à Sparte.		
Aratus appelle à son secours		224
Antigone Dosou, roi de Macé-		
doine.		
Aratus bat Cléomène.		222
Antigone s'empare de Sparte.		
Ligue étolienne.		
Avénement de Philippe IV au		220
trône de Macédoine.		
Guerre des deux ligues.	Seconde guerre punique.	219
	Bataille du Tésin et de la Tré-	218
	bie.	
	Flaminius tué à Trasimène. Fa-	217
	bius le temporiseur.	
	Bataille de Cannes.	216
Philippe fait alliance avec An-	Succès des Romains en Espa-	215
nibal; il est battu par les Ro-	gne.	
mains.		
	Mort de Cn. et de P. Scipion	212
	en Espagne. Prise de Syracuse	
Philopœmen, chef de la ligue	par Marcellus.	
achéenne après Aratus.	La Sicile réduite en province	210
Guerre de la ligue avec Ma-	romaine.	
chanidas et Nabis, tyrans de	Le jeune Scipion soumet toute	
Sparte.	l'Espagne.	
	Défaite et mort d'Asdrubal.	207
		205
	Bataille de Zama. Fin de la se-	202
	conde guerre punique.	
Seconde guerre des Romains	Guerres dans le nord de l'Italie	200
contre Philippe.	et en Espagne.	
Bataille de Cynoscéphales.		
Flaminius proclame la liberté	Grande victoire de Caton.	197
des Grecs.	Guerres en Orient.	

HISTOIRE SACRÉE.   HISTOIRE

ASIE ET AFRIQUE.

Ann. avant J.-C.	HISTOIRE SACRÉE	ASIE ET AFRIQUE
193		Annibal à la cour d'Antiochus.
192		
190		Bataille de Magnésie, gagnée par L. Scipion.
189		Fin de la guerre avec Antiochus.
187		Séleucus Philopator remplace Antiochus assassiné.
186	La Judée est définitivement soumise à la Syrie.	
185		
183		Mort d'Annibal chez Prusias.
181		Ptolémée Philométor, roi d'Égypte. Régence de Cléopâtre.
178		
176	Héliodore frappé de Dieu dans le temple de Jérusalem.	
175	Guerre civile en Judée.	Antiochus Épiphane, roi de Syrie.
		Il envahit l'Égypte, et en est chassé par Popilius.
170	Révolte des Juifs contre Antiochus. Prise et pillage de Jérusalem.	
168	Persécution en Judée.	
166	Judas Machabée, chef des Juifs. Ses victoires.	Mort funeste d'Antiochus.
164		
161	Judas reconnu par le roi de Syrie prince de la nation juive. Sa mort. Jonathas, son frère, lui succède.	Décadence de l'empire des Séleucides.
152		Démêlés de Carthage et de Massinissa, roi des Numides.
149		Les Romains déclarent la guerre aux Carthaginois.
148		
146		Carthage prise et détruite par Scipion Émilien.
		Ptolémée Évergète II, ou Physcon, roi d'Égypte.

PROFANE.

EUROPE.

GRÈCE.	ITALIE.	Ann. avant J.-C.
Sparte adhère à la ligue achéenne.		193
Antiochus en Grèce.		192
		190
		189
	Scipion s'exile de Rome.	187
		186
	Censure de Caton.	185
Mort de Philopœmen, prisonnier des Messéniens.	Mort de Scipion l'Africain à Literne.	183
Affaiblissement de la ligue achéenne.	La guerre continue en Espagne. Sempronius Gracchus.	181
Persée, roi de Macédoine.		178
		176
		175
Guerre de Persée avec les Romains.		
		170
Persée vaincu à Pydna par Paul-Émile.	La guerre continue dans la Gaule cisalpine.	168
		166
		164
		161
		152
Influence des Romains en Grèce.	Troisième guerre punique.	149
Le sénat divise la ligue achéenne.	Commencement de la guerre contre Viriathe. Succès de l'Espagnol. Guerres en Macédoine et en Grèce.	
Défaite d'Andriscus. Réduction de la Macédoine en province romaine.		148
Rome déclare la guerre à la ligue achéenne. Défaite des Achéens. Ruine de Corinthe.		146

HISTOIRE SACRÉE.   HISTOIRE

ASIE ET AFRIQUE.

Ann. avant J.-C.	HISTOIRE SACRÉE.	HISTOIRE — ASIE ET AFRIQUE.
143	Simon succède à Jonathas ; il délivre Jérusalem de la domination des Syriens.	Réduction de l'Afrique en province romaine.
140		Démétrius Nicator, roi de Syrie, prisonnier des Parthes.
135	Jean Hyrcan succède à Simon.	
134		
133		
131 130	Succès de Jean Hyrcan contre les Syriens.	Attale III, roi de Pergame, lègue son royaume aux Romains. Guerre contre Aristonic, prince de Pergame.
129		Réduction du royaume de Pergame en province romaine. Crimes de Cléopâtre, reine de Syrie, depuis la captivité d'Antiochus Sidètes.
123		Mithridate VI, roi de Pont.
121		Antiochus Gryphus fait périr sa mère Cléopâtre.
119		Mort de Micipsa, roi de Numidie.
118 117		Ses deux fils, Hiempsal et Adherbal, assassinés par Jugurtha. Troubles en Syrie. Affaiblissement de l'empire des Séleucides. Démêlés de Lathyre et d'Alexandre Ier en Égypte. Décadence du royaume des Lagides.
112		Calpurnius commence la guerre de Numidie.

PROFANE.

EUROPE.

GRÈCE.	ITALIE.	Ann. avant J.-C.
Réduction de la Grèce en province romaine, sous le nom d'Achaïe.	Triomphe de Scipion Émilien.	143
	Les Romains font assassiner Viriathe.	140
	Première révolte des esclaves en Sicile.	135
	Prise de Numance. Fin de la guerre des esclaves.	134
	Tribunat de Tibérius Gracchus.	133
	Mort de Tibérius Gracchus.	
		131
	Troubles à Rome. Mort de Scipion Émilien.	130
		129
	Fondation d'Aix par les Romains.	
	Tribunat de Caïus Gracchus. Sa puissance.	123
	Mort violente de Caïus Gracchus. Sanglante victoire du parti aristocratique.	121
	Gaule narbonnaise réduite en province romaine.	119
		118
		117
	Apparition des Cimbres, et bientôt après des Teutons en Gaule. Leurs victoires.	
	Guerre contre Jugurtha.	112

HISTOIRE SACRÉE.

HISTOIRE

Ann. avant J.-C.		ASIE ET AFRIQUE.
108	Aristobule Ier, roi de Judée.	Progrès de Mithridate le Grand en Asie-Mineure.
106	Alexandre Jannée lui succède.	Guerre contre Jugurtha terminée par Marius, qui réduit en province romaine une partie de la Numidie.
105		
103		
102		
101		
91		
89		Mithridate s'empare d'une partie de la Grèce.
88		
87		
86		Sylla bat les armées du roi de Pont en Grèce, puis en Asie.
85		Mithridate obtient la paix.
84		
83		La Syrie se donne à Tigrane, roi d'Arménie.
82		Alexandre II élevé sur le trône d'Égypte par Sylla.
81		Ptolémée Aulète lui succède.
79		
77	Alexandra gouverne la Judée. Querelles des Pharisiens et des Sadducéens.	
75		Nicomède III lègue son royaume de Bithynie aux Romains.
74		Deuxième guerre contre Mithridate.

PROFANE.

EUROPE.

GRÈCE.	ITALIE.	Ann. avant J.-C.
	Premier consulat de Marius, qui supplante Métellus dans le commandement en Afrique.	108
	Commencement de la rivalité de Marius et de Sylla.	106
	Seconde révolte des esclaves en Sicile.	105
	Marius, consul pour la quatrième fois, extermine les Teutons et les Cimbres... Fin de la guerre des esclaves.	103 102
	Tribunat de Saturninus. Sa mort.	101
	Tribunat de Livius Drusus... Il est assassiné.	
	Guerre sociale.	
	Fin de la guerre sociale... Sylla chargé de la guerre contre Mithridate... Tentatives de Marius pour lui enlever le commandement.... Fuite de Marius.	89 88
Prise d'Athènes. La Grèce est le théâtre du commencement de la guerre contre Mithridate.	Marius rentre dans Rome.... Proscriptions.	87 86
	Septième consulat, et mort de Marius.	85
	Sertorius en Espagne.	
	Retour de Sylla en Italie.Guerre civile.	84
	Sylla à Rome.... Proscriptions nouvelles.	83
	Sylla, dictateur perpétuel... Ses réformes dans le gouvernement.	82
		81
	Abdication de Sylla.	79
	Mort de Sylla... Guerre civile de Lépidus.	77
	Métellus Pius combat Sertorius.	75
		74

HISTOIRE SACRÉE.

HISTOIRE

ASIE ET AFRIQUE.

Ann. avant J.-C.		
73		Succès de Lucullus.
71	Hyrcan II, roi de Judée, rem-	Antiochus l'Asiatique, roi de
70	placé par Aristobule II.	Syrie.
69		Défaite de Tigrane, roi d'Armé-
67		nie, allié de Mithridate.
66		Victoires de Pompée en Asie.
64	Hyrcan II rétabli par Pompée.	La Syrie réduite en province romaine... Mort de Mithridate... Le Pont est réduit en province romaine.
60		
59		
58	Révolution dans le gouverne-	
57	ment de la Judée, opérée par Gabinius... Troubles.	
54		Guerre de Crassus contre les Parthes.
53		Sa défaite et sa mort.
52		Ptolémée Dionysius.... Cléo-
51		pâtre.
49		
48		César en Egypte, après la bataille de Pharsale... Mort de Dionysius... Ptolémée Néotéros.
47		Défaite de Pharnace, fils de Mithridate.
46		Le parti de Pompée vaincu en
45		Afrique. Mort de Caton d'Utique.
44		
43		

PROFANE.

EUROPE.

GRÈCE.	ITALIE.	Ann. avant J.-C.
	Perpenna assassine Sertorius. Il est vaincu par Pompée... Révolte de Spartacus, gladiateur. Sa défaite et sa mort.	73 / 71 / 70 / 69
	Guerre contre les pirates. Puissance de Pompée.	67
	Conjuration de Catilina. Cicéron, consul, déjoue les projets du conspirateur, tué deux ans après.	66 / 64
	Influence de Pompée et de Crassus... César travaille à relever le parti populaire.	
	Premier triumvirat.	60
	César commence la guerre des Gaules.	59
	Clodius, tribun... Exil de Cicéron.	58
	Retour de Cicéron. Pouvoirs extraordinaires donnés à Pompée.	57
	César en Grande-Bretagne.	54
		53 / 52
	Soumission complète de la Gaule.	51
Le dénoûment des trois grandes guerres civiles a lieu en Grèce.	Guerre civile entre César et Pompée. César soumet l'Italie et l'Espagne. Bataille de Pharsale. Mort de Pompée.	49 / 48
	César, dictateur.	47
		46
	César défait les fils de Pompée à Munda.	45
	Assassinat de César...Antoine... Octave soutenu par Cicéron... Guerre civile.	44
	Second triumvirat. Proscriptions nouvelles.	43

HISTOIRE SACRÉE.   HISTOIRE.

ASIE ET AFRIQUE.

Ann. avant J.-C.	HISTOIRE SACRÉE.	ASIE ET AFRIQUE.
42		
41	Hérode, roi de Judée, renverse la famille royale des Asmonéens.	Antoine en Égypte, près de Cléopâtre.
39		Les Parthes sont vaincus par Ventidius.
37	Jérusalem prise par les Romains, protecteurs d'Hérode.	
36		
35		Expédition d'Antoine contre les Parthes.
31		
30		Réduction de l'Égypte en province romaine.
		Phraate, roi des Parthes, renvoie à Auguste les aigles enlevées à Crassus.
20		
6	NAISSANCE DE JÉSUS-CHRIST.	

L'usage de compter les années en prenant pour point de départ la naissance de Jésus-Christ ou l'ère chrétienne, n'a été introduit en Europe qu'au sixième siècle, et n'a même été généralement adopté en France qu'au milieu du huitième siècle. Or il arriva qu'une erreur fut commise alors par le moine Denys le Petit, auteur de cette ère nouvelle, dans la fixation de la date à laquelle il fallait rapporter la naissance du Sauveur, arrivée réellement le 25 décembre de l'an 6, avant l'époque fixée par Denys pour le commencement de l'ère chrétienne. Cette erreur ayant été reconnue par la suite, on l'a laissé subsister pour ne pas bouleverser toute la chronologie.

PROFANE.

EUROPE.

GRÈCE.	ITALIE.	—Ann. avant J.-C.
	Bataille de Philippes... Mort de Brutus et de Cassius.	42 41
	Sextus Pompée, maître de la mer.	39
		37
	Défaite de Sextus Pompée.	36
		35
		31
	Bataille d'Actium.	30
	Octave, sous le nom d'Auguste, est le premier empereur romain. Il se fait donner successivement tous les titres, toutes les dignités.	
	Soumission complète de l'Espagne.	20
	Guerres en Germanie.	
	Paix universelle.	
		6

HISTOIRE

Ann. de l'ère chrét.	DE LA RELIGION DEPUIS JÉSUS-CHRIST.	EMPIRE HISTOIRE INTÉRIEURE.
		Auguste, empereur depuis l'an 30 avant Jésus-Christ.
3		
4		Mort de Lucius César.
6	Jésus-Christ au milieu des docteurs.	Mort de Caïus César. Auguste adopte Tibère.
9		Tibère associé à l'empire.
11		
13		
14		Mort d'Auguste. Avénement de Tibère.
15		
17		
19		Mort de Germanicus.
21		
23		Le favori Séjan fait assassiner Drusus, fils de Tibère. Sa puissance.
27		
28		Tibère à Caprée.
30	Première année de la prédication de Jésus-Christ.	
31		Tibère adopte Caligula.
33	Passion, mort et résurrection de Jésus-Christ, sous Ponce-Pilate, gouverneur romain de la Judée. Saint Pierre, premier pape. Prédication des apôtres. Saint Étienne, premier martyr. Conversion de saint Paul.	
36	Saint Pierre fonde à Antioche une église dont il est le premier évêque.	
37		Caligula succède à Tibère.
40		
41	Les chrétiens sont persécutés en Judée par Agrippa.	Claude remplace Caligula assassiné.
42	Saint Pierre établit son siége à Rome.	
43		
44		Influence des affranchis sur le gouvernement.

ROMAIN. HISTOIRE EXTÉRIEURE.	PEUPLES BARBARES.	Ann. de l'ère chrét.
		3
		4
Guerre en Germanie.	Auguste donne un roi aux Parthes.	6
Défaite et mort de Varus.	Hermann à la tête des Germains révoltés.	9
		11
	Vononès élevé au trône des Parthes par Auguste, renversé par Artaban III.	13
		14
Germanicus fait la guerre en Germanie.		15
Il bat Hermann à Idistavisus.		
Cappadoce réduite en province romaine.	Guerre de Hermann contre Maroboduus, roi des Marcomans... Révolte du Numide Tacfarinas.	17
		19
	Mort de Hermann.	21
		23
		27
	Révolte et succès des Frisons.	28
Condamnation et mort de Séjan.		30
		31
		33
	Troubles chez les Parthes entretenus par les Romains.	
		36
		37
Ridicule expédition de Caligula dans les Gaules.		40
		41
		42
		43
Expédition de Claude en Grande-Bretagne.	Mort d'Agrippa, roi de Judée.	44

HISTOIRE

Ann. de l'ère chrét.	## DE LA RELIGION DEPUIS JÉSUS-CHRIST.	# EMPIRE HISTOIRE INTÉRIEURE.
48		Mort de l'impératrice Messaline.
50	Saint Pierre se rend à Jérusalem pour y présider le premier concile.	Claude épouse Agrippine, et adopte Néron.
54		Mort de Claude... Néron, empereur...
55		Burrhus, Sénèque... Néron assassine Britannicus.
59		Néron fait périr sa mère Agrippine.
61		
64	Première persécution.	
66	Martyre de saint Pierre et de saint Paul. Saint Lin, 2e pape.	Néron sur les théâtres de la Grèce.
68		Révolte de Vindex... Galba.
69		Néron se tue... Othon... Vitellius tue Othon. Vespasien, empereur.
70	Prophéties de Jésus-Christ accomplies sur Jérusalem.	

ROMAIN. HISTOIRE EXTÉRIEURE.	PEUPLES BARBARES.	Ann. de l'ère chrét.
		48
		50
		54
		55
Succès de Corbulon contre les Parthes.		59
		61
Soulèvement excité en Grande-Bretagne par Boadicée.	Néron couronne Tiridate.	64
		66
Vespasien commence la guerre de Judée.		68
Révolte des Bataves... Civilis... Il fait la paix avec les Romains.		69
Prise et destruction de Jérusalem et du temple.		70

TABLE ALPHABÉTIQUE.

FIN DE LA TABLE ALPHABÉTIQUE.

TABLE GÉNÉRALE

DES MATIÈRES CONTENUES DANS CE VOLUME.

FIN DE LA TABLE DES CHAPITRES.

Paris.—Imprimerie de Vᵉ DONDEY-DUPRÉ, rue Saint-Louis, 46, au Marais

www.ingramcontent.com/pod-product-compliance
Lightning Source LLC
Chambersburg PA
CBHW050155030726
47505CB00005B/1380